目標指向型

介護予防ケアプラン

記載事例集

はじめに

　「人生100年時代」がポジティブに語られる長命社会日本。日本の介護保険制度の特徴の一つは，「要支援」という介護予防のハードルを作ったことでした。当時は水際作戦とも称されました。とは言え，取り組みの成果も乏しく，約10年間は要介護になる人の歯止めにならない，厳しい状況が続きました。

　しかし，ほぼ25年が経過し，要介護状態になる人のピークは80代後半〜90代になり，90代でも要支援〜要介護１・２で暮らす長寿高齢者が大勢います。これらは，医療・リハビリテーションの進化，栄養への意識変化と健康づくりの意識の普及・浸透の成果です。そして，市町村と地域包括支援センター，地域団体などの介護予防の取り組み（ポピュレーションアプローチを含む）の成果だと考えます。

　日本のケアマネジメントはICIDH（国際障害分類）からICF（国際生活機能分類）への転換の下，医学モデル，社会モデル，生活モデルが「拮抗」する中で進化してきました。介護予防ケアマネジメントもその影響下にあり，これまでは問題指摘・解決指向の保健指導スタイルが基本となってきました。

　一方で，奈良県生駒市など全国で先進的な取り組みも生まれ，着実な成果が積まれてきました。これからは「指導」ではなく，本人が取り組む「自助」をベースにした「自立・自律とモチベーション（動機づけ）への支援」が必要です。

　介護予防ケアプランを「目標指向型」にする牽引力となるのが，

著者が提唱しているCADL（文化的日常生活活動・行為）理論です。従来のADL・IADL，心身機能や認知機能の改善だけでなく，「自分らしい人生・生活」の改善・回復に連続することが重要です。本人のポジティブでレジリエンスな行動変容をどう動機づけていくのかがポイントとなります。

　要支援の時期は，「介護生活の予備校」と言えます。「自分らしい要介護ライフ」の準備期間とするためにも，介護予防ケアマネジメントは本人の自律意識とモチベーションを高めるレベルにアップデートが求められています。

　本書は，利用者が「私の介護予防ケアプランだ」と自ら取り組めるための工夫がいくつもされています。それが「基本チェックリスト」と著者オリジナルの「意欲・動機づけシート」を使ったアセスメントとやりとりを通した「プレ・プランニング」です（「意欲・動機づけシート」はダウンロード可。P.8参照）。さらに間取り図と支え合い周辺マップで「支援の見える化」を図りました。

　協力をいただいた21事例は，個人情報に配慮すると共に，コンセプトである「目標指向型」と「CADL＆モチベーション」に着目して大幅に改変しています。協力をいただいた地域包括支援センターとケアマネジャーの方々に心から感謝を伝えたいと思います。

　本書が要支援高齢者の方々の「自分らしい人生」と現場で日々取り組む地域包括支援センターやケアマネジャーの皆さんの一助となることを心から願っています。

2024年3月

高室成幸

目次

「意欲・動機づけシート」ダウンロード方法

本書で紹介している「意欲・動機づけシート」は, 下記URL
もしくはQRコードからアクセスすると, PDFデータをダウン
ロードすることができます。ぜひ, ご活用ください。

https://www.nissoken.com/601496.pdf

## 第1章

CADL理論を活用した介護予防ケアマネジメント

CADL理論と介護予防ケアマネジメント
～「主観的自律意識」と本人の尊厳を重視する～

　本書において，介護予防ケアプランのアセスメントからプランニングおよび実践ワークのベースとなるのは「CADL（文化的日常生活活動・行為）理論」（2016年に著者〈高室〉が提唱）です。この理論は，支援領域を従来のADLやIADL，健康管理，生活環境，意思疎通などの範囲でなく，本人のモチベーション（意欲づくり，動機づけ）に着目しているのが特徴です。要支援となる前の「これまで」の「自分らしい暮らし」を基本チェックリストや意欲動機づけシートなどを基に聴き取り，そのやりとりから「本人のモチベーションワード」を抽出し，介護予防ケアプランの目標として位置づけ，実施します。

　CADLの「C」は「Culture（文化）」を表しています。私たちの「文化性」は，国，地域，年代だけでなく，その人の生活様式や生活習慣，価値観，生活行動（食事，身なり，話し方など），さらには伝統的な祭りや家庭行事にも色濃く表れます。この文化性は，**個人（自分らしさ）および集団（県民性，地域の気質など）のアイデンティティ形成**に重要な役割を果たします。

　また，CADLでは「**耕す，磨く，鍛える**」の意味も重要と位置づけます。「知りたい」「学びたい」「成長したい」は，人間の基本的欲求（成長欲求）であり，それに取り組んでいる自分を承認したいという欲求（自己承認欲求）は，自己肯定感や有能感と密接に関係しています。

■CADLの定義

　「CADL（文化的日常生活活動・行為：Cultural Activities of Daily Living）とは，ICF（国際生活機能分類）の個人因子と環境因子に依拠し，参加・活動を含む日常生活で行う文化的な活動・生活行為及び要素を言います。構成する領域に「楽しみ，趣味，役割，関係，仕事，参加・交流，学び，こだわり」などがあり，ADLやIADL，健康状態，認知機能，意思疎通の維持・改善・向上に影響を与えます。基本的人権と基本的尊厳（生きて在ることへの肯定）として位置づけられ，認知症や看取り期までを含めた本人を支える「基本要素」です。

表1 ◆ 3つの支援モデルとその解釈

モデル	解釈
医学モデル	健康状態から病気や傷害により直接引き起こされた「障害」を個人の特性と見る。個人の持つ問題を解決するために，医療あるいはそれにかかわる治療や介入を行う。ICIDH（国際障害分類：機能障害，能力障害，社会的不利）の構成要素でもある。
社会モデル	学校や職場，建造物，慣習や制度，文化，情報などは健常者を基準にしたものであり，「障害」は社会と個人の関係性によってつくり出されるもの（障壁）と考える。その障壁を取り除くのは社会の責務であり，社会の課題としてとらえる。
生活モデル	個人と生活全体（生活環境）の関係性を重視し，QOL（生活の質）の向上と自立支援を目指し，個別性が高い生活上のニーズへの支援を通じて個人の自己肯定感を高め，本人自ら支援のプロセスに参加できるように働きかける。ICF（国際生活機能分類：心身機能・構造，活動，参加，環境因子，個人因子）は医学モデルと社会モデルの統合されたもの。

3つの支援モデルの特徴とCADL

　日本のケアマネジメントは，大別して3つの支援モデルに整理され，専門領域ごとに一定の解釈が定まっています（**表1**）。

　これらの支援モデルの特徴は，利用者の「意欲（モチベーション）」を過小評価し，それぞれの専門職目線になっている点です。具体的には，①医療・看護的ケアの提供，②社会・環境的な障害（バリア）の解消（バリアフリー），③生活上の困り事へのパーソンサポート（介護）に限定されがちです。そのため，「自分らしさ」を尊重した支援を行うには限界があると著者（高室）は考えます。

　こうした支援モデルが構築される原因の一つは，「支援者目線のアプローチ」が基本スタンス（支援者側の立場から「何ができるか」を考える）であることです。アセスメント項目に被支援者（利用者）側の「満足度（CS）」や「主観的幸福度（充足度）」は含まれません。そして，もう一つの原因は，アセスメントの評価軸が「自立」「一部自立」「全介助」という3つの大まかな客観的評価軸しかないことです。被支援者（利用者）の心理的作用である「意欲」「動機」「満足」「充足」などの主観的評価軸を無視していることです。これらは，介護予防ケアマネジメントにおいても同様です。

CADL理論で尊重される
「主観的自律意識と自分らしさ（尊厳）」

　前述のように，これまでの日本のケアマネジメントにおける3つの支援モデル

は，専ら「本人が行うことの阻害要因」に着目し，その解決・改善のアプローチは部分的支援（自立支援）にならざるを得ませんでした。支援対象となる本人に対しては，「寄り添い」「その人らしさ」「なじみ」「居場所」という言葉や「ストレングス（強み）」「個別性」「多様性」という表記を象徴的に使うことで，「本人支援」を示してきました。

しかし，支援対象の主体者である本人の「決める（意思決定）」ことへの支援（**自律支援**）は不十分でした。CADL理論は，本人の「自分らしさ」を尊重した「生きて在ることへの肯定」を理論的に支えることを目指しています。

CADL理論と介護予防ケアマネジメントとの「親和性」

CADL理論では，「**主観的自律意識**」を前提とします。主観的自律意識とは，「主観的（自分視点）な自律意識（自己分析，自己判断，自己決定）」と考えます。

これまでのケアマネジメントでは，ADLやIADLなどの生活機能とそれに伴う健康状態や意思疎通を支えるための心身機能，認知機能の維持・改善・向上を目指してきました。しかし，そのプロセスに本人を意欲・動機づける「説明・対話と合意」がなければ，それらは支援者側が押しつける「義務的な強制行為」となりかねません。

介護予防ケアマネジメントの対象となる要支援高齢者（予備軍含む）の多くは，コミュニケーションが可能です。介護予防ケアマネジメントにより，自らの暮らしや心身の機能と状態をセルフ・アセスメントし，維持・改善・向上に向けて行動することを期待できる人たちです。

介護保険がスタートして25年。「人生100年時代」を思考する高齢者は，安全・安心な「穏やかな日々」だけでなく「刺激的な日々」と出会い，「アクティブな人生」を送りたい，自分の価値観を大切にする層です。人や地域との交流や関係づくり，興味のある楽しみや趣味，仕事や役割，学び，筋トレやストレッチなどを楽しみながら取り組みたい「**アクティブシニア層**」です。その多くは後期高齢者となった団塊の世代です。高度経済成長期，常に次代を拓く先駆者だった彼らの思考パターンは，「できないのであれば，闘い，克服する」でした。主体的に取り組む介護予防プログラムをサポート型ではなくコラボレーション型（協同作業）とすることで，本人の「**行動変容**」が可能となります。CADL理論の主観的自律意識の尊重と団塊高齢者の**主体第一意識**とは高い親和性があります。

第2節 逆ピラミッド欲求階層説と自己実現支援
～「自己実現」支援は介護予防ケアプランの「推進力」～

　介護予防ケアマネジメントでは，本人の**主体的な行動変容**をどう引き出すかが支援のポイントとなります。行動変容を引き出すためには，本人が自分の状態に向き合い，「このままではさらに心身の機能低下が予測される」と自身で分析・理解し，状態を変化させなければならないと意思決定するプロセスが必要です。

　従来の支援モデル（医学モデル，社会モデル，生活モデル）では「〜ができない」というネガティブな指摘が多く，支援内容は体調の改善や心身の機能低下への対応と生活機能へのサポートが目的化していました。そのため，「なぜ行わなければならないのか」の説明はあっても，本人の「取り組みたい」「目指したい」という意欲や動機づけは十分ではありませんでした。

マズローの欲求5段階説の低位欲求への支援とケアマネジメントの問題

　CADL理論を考察する上で，アメリカの心理学者マズローの欲求5段階説は示唆に満ちています。人間の基本的欲求には「階層的な構造」があり，**基本階層の欲求が満たされるとより高位の欲求が生じるという考え方**です（表2）。

　欲求5段階説では，「**低位の基本的欲求が満たされない限り，高位の欲求は生じない**」とされています。これまでのケアマネジメントはこの理論の影響を大きく受け，とりわけ**低位（最低限の生命・生活行為）となる生理的欲求と安全欲求**

表2◆マズローの欲求5段階説

生理的欲求：生存に必要な欲求（食物，水，空気，睡眠，性欲など）
安全欲求：安全な環境や状況，住環境，仕事の安定性など
社会的所属と愛の欲求：他者との関係や社会的なつながり，集団やコミュニティ（家族含む）への所属など
尊重・尊敬の欲求：自己および周囲からの尊重と尊敬など
自己実現の欲求：自己成長や自己実現を目指す欲求。創造性，個人的な目標，自分らしい人生の達成など

【マズローの欲求５段階説】　　【逆ピラミッド型欲求階層説】

自己実現欲求

尊重・尊敬の欲求

所属の欲求

安全の欲求

生理的欲求

自己実現欲求

尊重・尊敬の欲求

所属の欲求

安全の欲求

生理的欲求

３大高位欲求

２大基本欲求

にアプローチする支援を主としてきました。そのため，本人自身の課題である高位３つの欲求に対する支援は不十分なものにならざるを得ませんでした。

　CADL理論は，「**逆ピラミッド型欲求階層説**」（**図１**）に基づいています。マズローの欲求５段階説の図解では，生理的欲求が最も大きく，高位になるほど小さくなり，自己実現欲求は「ごく小さな三角形」として描かれます。果たしてそうでしょうか？

CADL理論では３つの高位欲求が２つの基本欲求の推進力になる

　もちろん，重度の疾患を抱えていて健康面に不安があったり，金銭的な問題などで安全が確保されていなかったりする高齢者であれば，生理的欲求や安全の欲求が大きくなります。しかし，CADL理論では，それらの不安の有無にかかわらず要支援者・要介護者へのアプローチにおいては，本人を動機づけるモチベーションの「見える化」として逆ピラミッド型欲求階層説が最も妥当と考えます。

　従来のケアマネジメントでは，前述したように生理的欲求や安全の欲求への支援に重点が置かれてきました。しかし，その欲求への支援が本人の幸福感や充実感につながるとは限らないということです。つまり，低位の２つの欲求から生まれるニーズを満たす支援は必要ですが，本人の幸福感・充実感への支援としては限界があるということです。その意味では，日本緩和医療学会が指摘するターミ

表3 ◆ スピリチュアルな苦痛への「問い」

人生の意味への問い：私はなんのために生きているのだろう？

価値観の変化：名誉やお金より大切なものはなんだろう？

苦しみの意味：私のこの苦しみにはどのような意味があるのだろう？

死生観に対する悩み：死とはなに？死んだら私はどうなるのだろう？

自己喪失の苦しみ：自分がこの世からいなくなると家族たちはどうなるの？

自律性喪失の苦しみ：自分をコントロールできなくなったらどうなるの？

日本緩和医療学会：PEACEプロジェクト資料より一部改変

ナル期になった患者本人が抱く「本質的な人生の問い（スピリチュアルな苦痛への問い）」（**表3**）の指摘は実に示唆的です。

　これらの問いに医療や介護が支援できることはわずかです。医療であれば，激しい痛みや全身に走るしびれ，極度のだるさ，極端な意欲低下を「治療」という手段で支援します。介護であれば，食べづらい食事行為や困難な排泄行為，危険を伴う入浴行為，転倒死さえ予測される移動行為に「介助」という手段（人手，用具，機器，環境整備）で支援します。

　しかし，ターミナル期にある本人に医療が行えることは，疼痛と栄養のコントロール，緊急時の救命措置などが中心となります。介護においても，食事摂取は経管栄養に，入浴は清拭に，排泄はおむつ交換に，移動もほぼ寝たきりとなると何とか車いすでの移動となり，行える介助行為は看護に移り，極端に制限されることになります。

　では，スピリチュアルな苦痛への問いに答えを出せるのは誰でしょうか？

　それは，「本人自身」です。このことはターミナル期に限らず，高齢者が要支援・要介護状態となった場合も同様です。CADL理論では，**これらの「問い」に向き合うプロセスが「セルフケアの推進力」を生み出す**と考えます。

CADL概念図とモチベーションスイッチ

　国際障害分類（ICIDH）から国際生活機能分類（ICF）に改訂される際に訳者として深くかかわった上田敏氏は，「ICFは生活機能とプラス面に注目した画期的なもの」と高く評価する一方で「**心の中（主観的次元：障害を克服しようとする認知的・情動的・動機づけ的な心理状態）をまったく考えていない**」と批判し，「**主観的満足度**」や「人生と自己の価値・意味・目標，人間関係，集団への帰属感」

15

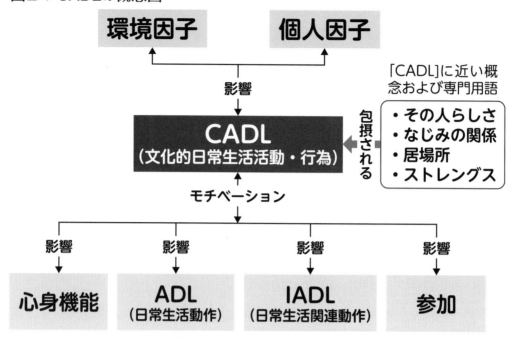

図2 ◆ CADLの概念図

などの重要性を提案しました。

　主観的満足度は，個人の価値観や立場，環境，人間関係，文化などによって多様（個別性）です。そして，これまで「その人らしさ，なじみの関係，居場所，ストレングス」などの専門用語はCADLに包摂されます。CADL理論では，多様な「幸福度（well-being）」の体系化を目指します。

　ポイントは，「その人が**何にモチベーション（意欲・動機づけ）を抱くか**」です。寝たきりや認知症になっても，思い浮かべる（触れる，身に着ける，操作する，そばにいるなど）だけでワクワクする，楽しくなる，待ち遠しくなる，心満たされる。つまり，**主観的感情・心的感覚**が幸福感や充実感で満たされる「何か」は人それぞれです。その多様な「モチベーション」を「**モチベーションスイッチ**」と呼称します。誰もが「モチベーションスイッチ」を複数持っており，心身機能やADL・IADL，参加に大きく影響を与えることになります（**図2**）。

第3節 「本人らしさ」と介護予防ケアマネジメント

　介護予防に取り組むのは本人です。本人が望んでいるのは，要支援状態ではなかった，これまでの「自分らしい暮らし」を取り戻すこと（回復・改善）であり，要介護状態とならないように「現在の暮らし」を継続する（維持する）ことです。本人が介護予防にやる気を起こすモチベーションワードは，「**自分らしい暮らし（本人らしい暮らし）**」なのです（**図3**）。

　利用者基本情報は，本人らしい暮らしの基本となる「これまで」と現在の状況をまとめたシートであり，支援するための「カルテ」です。

図3 ◆ 過去・現在・未来シート

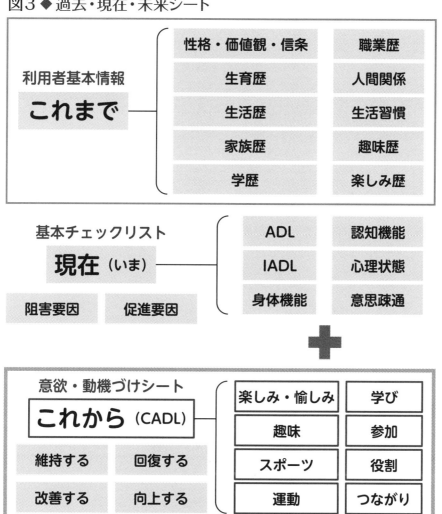

「本人らしさ」の基本：性格・価値観・生活信条

　「本人らしさ」の基本は，「性格」「価値観」「生活信条」の3つです。日常生活での考え方や優先順位のつけ方，人間関係の幅と距離感，何にストレスを感じ，どのように対処するか，何がモチベーションとなるのかなどは，性格や価値観，生活習慣が大きく影響します。利用者基本情報に記入する際は十分に意識しましょう。

■性格

　性格とは，その人の心・感情の状態や考え方の性質・傾向，特性です。性格には，気難しいが筋を通す，周囲を気にする性格だが内面は自由奔放などのように，TPO（時間・場所・目的）によって周囲に見せる外面的性格と見せない内面的性格があります。

　例）ポジティブ：明るい，やさしい，ネガティブ：暗い，怖い，きつい

■価値観

　価値観は100種類近くあります。生育歴や家族環境，教育環境，県民性などが影響し，挫折や成功の体験などを通して本人が学び，身につけた「生きるための基準」です。具体的には，物事の評価や判断・決断，行動をする時の基盤となります。

　例）愛情，信用，貢献，友情，健康，勝利，自由，安定，優しさ，協調など

■生活信条

　日常生活を送る上での信念やモットー，規範，意識・大切にしている習慣（ルーチンワーク）などで，心がけや行動規範，対処の仕方，考え方，距離感の取り方，生活規範までさまざまです。親や友人，本から教わったものから体験から感じ取ったものまで多様です。個別性だけでなく世代意識（感覚）も反映されます。

　例）一日一善，早寝・早起き，明るくあいさつ，腹八分目，エレベーターではなく階段を使うなど

「本人らしさ」の構成要素：生育歴，生活歴，家族歴，学歴，職業歴，人間関係，生活習慣

　「本人らしさ」の構成要素は，生育歴や生活歴，家族歴，学歴，職業歴，人間関係，生活習慣です。

■生育歴

　生育歴とは, どのような育ち方（育てられ方）をしたのかです。生活の歴史（生活歴, 生活史）や家族歴とも重なります。どのような「育ち方」をしたのか, どのような「育てられ方」をしたのかは, かけがえのない情報です。

　例）出生のエピソード, 両親のこと, 躾けられ方, きょうだい構成など

■生活歴

　生活歴とは, どのような地域でどのような環境で育ち生活してきたのかです。育った地域によって食文化や言葉（方言）は異なります。地理的要素（中山間地, 沿岸部, 平野部）や地域用途（農業地帯, 商業地帯, 工業地帯）も影響します。また, 経済状況（裕福, 貧乏, 土地持ち, 借家住まい）や引っ越し歴も大切な情報です。

　例）農業, 漁業, 建設業, 販売業, 製造業, サービス業, 自営業, 公務員, 出稼ぎ, 転勤, Uターン・Iターンなど

■家族歴

　家族歴とは, どのような家庭で育ったか（育った家族）です。祖父母がいる3世代家族から両親のみの家族, 父母のいずれかが離婚・死亡による一人親家族などがあります。きょうだいの人数とどのポジション（長男・長女, 二男・二女, 弟・妹, 一人息子・娘）で育ったかなども本人の性格や考え方に影響します。

　例）家族の人数, きょうだい, 子ども, 孫・ひ孫, 叔父・叔母, 義兄・義弟, 義姉・義妹, 甥・姪など

■学歴

　学歴とは, どのような学校で何を学んだかです。どのような資格を取得したかなども含まれます。自分の希望どおりに学校で学んだ人ばかりではありません。家業を継承していれば職業の選択の自由はなく, 人生設計（就職, 結婚, 引っ越し, 収入など）にも大きく影響します。また, 学校制度も戦前（6・5・3・3制）と戦後（6・3・3・4制）では異なります。

　例）進学した学校と理由, 得意・不得意な科目, 思い出, 友人との交流, 課外活動（クラブ活動）など

■職業歴

　職業歴とは，本人が働いてきた歴史です。人生設計や価値観，考え方，能力，資格，人間関係などがその人の人生や収入に大きく影響しています。また，心身の健康状態（健康被害，ストレスなど）を知る上でも大切な情報です。職種（商社，製造，金融，販売，流通，教育，美容，医療，介護，農業，漁業，公務員など）や所属した法人・団体の規模・自営業，肩書き（昇進歴），勤続年数，勤務地（転勤先も含む）は重要です。女性の場合，内職・パートという非正規労働が多く，目的（教育費，ローン返済，生活費）や苦労（子育て，人間関係）なども大切な情報です。

　　例）職業を選んだ理由・事情，昇進の苦労，人間関係，役職，収入，転勤，転職理由と回数など

■人間関係

　本人らしさで象徴的なのは，その人の人間関係です。幼少期・学齢期から続く成長過程での関係（幼なじみ，親友，友人，部活動の仲間），子育てのつながり（ママ友，保護者会，PTA），職場・仕事先でのつながり（同僚，上司，部下，取引先），地域でのつながり（地元サークルや町内会・消防団，寺の檀家，神社の氏子などの地縁団体，近隣住民，なじみの店など）があります。

　これらの人たちが「心の支え手」であり「意欲の引き出し手」の候補者です。

　　例）人脈の広さ，かかわりの期間，程度（深さ），かかわりの頻度，手段（対面，電話，メール，LINEなど）

■生活習慣

　生活習慣は，本人の性格や体調，こだわり，仕事習慣，家族関係などが大きく影響し，「日課」と言ってもよいものです。要支援状態がさらに進行してしまう悪い生活習慣と，要介護状態にならない・心身機能が回復・改善が期待できる良い生活習慣の両方を把握します。

　　例）睡眠時間，栄養バランス，飲酒，喫煙，運動，社会参加，健康管理，住環境，仕事・役割など

CADL領域につながる本人らしさ：楽しみ・愉しみ, 趣味, スポーツ, 運動, 学び, 参加, 役割, つながり

　楽しみや趣味, 特技（得意）には最も「本人らしさ（自分らしさ）」が表れ, CADL領域とも広く重なります。これらを介護予防ケアプランの目標や支援内容にうまく位置づけられ, 本人が取り組めば, より充実した日々を送ることが期待できます。

■楽しみ・愉しみ

　「楽しみ」とは, 期待すること, ワクワクする**未来形の感情**です。基本的には「受動的（受け身）」な行為です。気分転換には効果的な心のサプリメントであり, 心のパワーになります。一方, 「愉しみ」とは, 何かをすることで夢中になる, 没頭する, **現在進行形の感情**です。基本的には, 「能動的」な行為です。インドアでも, アウトドアでも, 趣味ほど打ち込むわけではないが気軽・気楽に楽しむ・愉しむことがポイントです。

　　例）インドア：テレビ・音楽鑑賞, 手芸, 絵画, 読書, ゲームなど
　　　　アウトドア：散歩・散策, スポーツ, 運動, 野菜作り, ドライブなど

■趣味

　趣味歴にも, カジュアルに楽しむ派とストイックな真剣派の2つに分かれます。始めた動機, 続けてきた期間, かけたコスト, 実力・能力, つながっている人脈の濃さと広さなどが本人らしさであり, 個別性です。

　　例）鑑賞系：音楽, 演劇, 映画, 博物館, 美術館など
　　　　創作系：文芸, 工作, 手芸, 演奏, 合唱・カラオケ, 踊り・ダンス, 料理, 陶芸など
　　　　巡り系：温泉, 名所旧跡, 記念碑, 記念館など
　　　　収集・調査系：小物, 置物, キャラクター, レコード, 絵画, グッズ, 昆虫, 土産物, 化石, 遺跡, 名所旧跡, 地元史など
　　　　育て系：野菜, 観葉植物, ペットなど

■スポーツ・運動

　近年の健康ブームもあり, スポーツや運動に親しむ高齢者は増えています。スポーツの種類や頻度（回数）・つながりなどに着目し, 個人で取り組むことが多

い運動では種類や頻度，場所，始めたきっかけ，人間関係などを聴き取ります。

　　例）スポーツ：テニス，ゴルフ，卓球，グラウンドゴルフ，バレーボールなど
　　　　運動：散歩，ジョギング，地元オリジナル体操，ジムトレーニングなど

■学び歴

　「学び」は高齢者の人気ジャンルです。シニア向け大学やカルチャーセンター，通信教育など機会はさまざま。認知症予防や仲間づくりにも効果的であり，種類や時期，つながり，きっかけなどを聴き取ります。これから学びたいテーマなども参考になります。

　　例）文芸，手芸，楽器演奏，郷土史，クッキング，ゲーム，ダンス，パソコン

■参加

　高齢期の孤独化予防に「居場所」の有無はポイントです。趣味の参加・役割だけでなく，これまでの町内会行事や祭り，同窓会の集まり，老人会・婦人会のイベント，地域ボランティアへの参加に着目します。種類，場所，頻度，きっかけ，つながりを聴き取ります。

　　例）ボランティア活動，地域行事，祭り，同窓会，老人会・婦人会など

■役割

　役割とは「集団の中のポジション」です。役割を与えられる要素には「能力」「立場」「貢献」「思い入れ」などがあり，役割があることで「そこに居ることの承認」を自覚でき，「周囲からの感謝」を得ることができます。本人の自己肯定感や有能感の大切な部分を構成しています。

　集団には，家族・親族などの身内から町内会や檀家，氏子など地元のつながり，同窓会やOB・OG会など学校・仕事のつながり，趣味の会など友人のつながりなどで，どのような役割を担ってきたのかを聴き取ります。

　　例）家族行事（あいさつ，料理など），檀家・氏子としての雑事，神事の伝承役，
　　　　同窓会の幹事，趣味の会の係など

■つながり（人間関係）

　つながりには，性差と個人差があります。一般的に，男性は狭く限定的で，女性は広く緩やかであることが特徴です。仕事におけるつながりは，会社員であれば定年後にかなり減り，子育てにおけるつながりも子どもの成長と共に変化します。

一方で，高齢期になって再開されるのが，小・中・高等学校や大学のクラスやゼミ，クラブの同窓会です。また，地域のなじみの遊び仲間（釣り，将棋，スポーツなど）やなじみの店のお客仲間，趣味仲間のつながり，ご近所つながり（町内会，檀家・氏子，消防団，老人会・婦人会など）もあります。付き合いの度合い（親しさ・距離感，頻度，手段）を聴き取り，支え手（話し相手）の可能性を探りましょう。

　例）小・中・高等学校のクラスやクラブの同窓会，地元の遊び仲間，なじみの
　　　店の客仲間，趣味仲間，ご近所つながりなど

コラム 改訂：課題分析標準項目視点が示す「本人らしさ」の視点

　「課題分析標準項目」（1999年：厚生労働省）が25年ぶりに改訂（2023年10月：介護保険最新情報Vol.1178）され，標準項目名と項目の主な内容（例）について，利用者・家族の現状に沿った踏み込んだ追加・修正がされました。

　この改訂では「本人らしさ」（個別性）が示され，介護予防ケアマネジメントにも良い影響が期待されます。その部分の主な特徴を示します。詳細は，巻末資料（P.248）を参照してください。

〈基本情報に関する項目〉
・現在の生活状況だけでなく「これまでの生活」を把握する（No.2）
・現在，利用している支援だけでなく「社会資源」の把握をする（No.4）
・主訴だけでなく「意向」のアセスメントを重視する（No.7）

〈課題分析（アセスメント）に関する項目〉
・健康状態：詳細な表記と医療連携，服薬及び本人の健康意識（No.10）
・ADLは「生活動作」に細分化したアセスメント（No.11）
・IADLに「電話，交通機関利用，クルマの運転等」を追加（No.12）
・「生活リズム」の項目が新規設定（No.15）
・「排泄，清潔の保持，口腔内，食事摂取」の状況のアセスメントを詳細化（No.16〜19）
・社会との関わりに「地域と仕事との関わり」が追加（No.20）
・家族等の状況に「参加意思，負担感，本人の生活課題」を追加（No.21）
・居住環境を「日常生活を行う環境」とし，生活動線等，危険個所，室温，環境維持の機器類，自宅周辺の環境と利便性等について追加（No.22）

介護予防と「やる気スイッチ」
〜「CADL理論」でモチベーションを引き出す〜

介護予防の主体は本人です。要支援状態となった心身の機能を改善するには，本人自身が主体的に生活習慣の改善や体調管理，服薬管理を行うことで要支援状態を改善させることが可能となります。

その「心のエンジン」となるのが**モチベーション**（意欲の動機づけ）です。何か行動を起こす時（初期動作）に必要となる「心を押すパワー」です。その行動を維持していくための「**動力源**」であり「**推進力**」とも言えます。

介護予防における「やる気スイッチ（モチベーション）」は推進力（図4）

スポーツ選手がモチベーションの大切さを説くのは，能力や環境だけで結果を出せるとは限らないからです。その時の状態が万全ではなくても，モチベーションが高ければ期待以上の結果を出すことも多くあります。逆に，能力では勝（まさ）っていてもモチベーションが低ければ期待外れの結果となることもあるでしょう。

つまり，能力とモチベーションのレベルのどちらか一方では，良い結果は生まれないということです。数式にすると，次のようになります。

能力×モチベーション＝結果

これを介護予防ケアマネジメントに応用するならば，本人の心身の機能や体調が良くなくても高いモチベーションと多様なサポートがあれば結果は期待できると読み解くことができます。

モチベーションとは，日本的な精神論で語られる気合や根性ではなく，結果に影響を与える**心理的モーション**です。アメリカでは，行動心理学の研究分野の一つになっており，以下の2点が論争されています。

・何に（What）に対して，モチベーションがなぜ（Why）上がるのか？
・どのようにしたら（How）モチベーションは上がるのか？

モチベーションの高低やモチベーションポイント（**やる気スイッチ**）は外から見て評価・判断できるものではありません。内にやる気を秘めていてここぞとい

図4 ◆ やる気スイッチの構成要素

う時に頑張る人もいれば，ギリギリになって初めてやる気100％で取り組む人もいます。賞賛や表彰状などの褒賞を意識するとモチベーションが上がる人もいれば，人前で腕前を披露できることでモチベーションが上がる人もいます。

　ポイントは，「○○のためなら△△に取り組む」と自ら主体的になることです。「○○のために××をしなさい・するべき」という指示・命令は，本人に義務感しか生みません。自らが前向きに取り組んでこそ継続した取り組みになり，良い結果が期待でき，そのことで達成感と自己肯定感（自信）を得ることができます。

「行動変容」のポイントは「初動・継続・達成のステージ」の声かけ

　介護予防における行動変容とは，要支援状態となっている心身機能と生活機能の改善・向上（維持も含まれる）を目的とした行動の変化のことです。取り組む内容には，①新しいことを始める，②かつて行っていたことを再開する，③好ましくないことを止める，④今の行動や習慣を修正する，⑤①～④の行動を継続する，があります。①と②に取り組むには，本人のメンタル・ブロック（億劫・面倒・不安，否定的思い込み）への支援が必要です。本人が主体的に取り組みモチベーションを高められるように，「初動」「継続」「達成」のステージごとに「声かけ」を工夫します。

初動のステージ：提案（○○をやってみるのはいかがですか？）

継続のステージ：応援（○○を頑張っていますね！）

　　　　　　　　評価（○○ができるようになりましたね！）

達成のステージ：応援（あと少しですね！）
　　　　　　　承認（○○さん，頑張りましたね！）
　　　　　　　賞賛（よかったですね！すごいです！）

　モチベーションを高めるには，本人に寄り添って小まめに声かけする伴走型の「モチベーター」が必要であり，その役割を担うのはあなたです。

「意欲・動機づけシート」を使って「やる気スイッチ」を見つける

　本人のやる気スイッチ（モチベーション）を単純に趣味と決めつけるのは誤りです。戦前〜戦中生まれの世代は，むしろ「趣味は贅沢」「生きがいは仕事・子育て」が一般的でした。自らの人生を豊かにする・楽しくすることを忌避（我慢）してきた世代（例：戦時中の国策標語「欲しがりません勝つまでは」など）だからです。

　やる気スイッチは個別性が高く，CADL理論では次の３つからアプローチします。

> ・**本人らしさ（自分らしさ）**
> ・**好きなこと・得意なこと**
> ・**社会的役割，仕事，頼まれごと**

　やる気スイッチを見つけるために，著者オリジナルの「意欲・動機づけシート」を使用します。

　「意欲・動機づけシート」は，利用者のCADLを効率的に引き出し，話題を広げる**聴き取りシート**です。これまで「趣味・生きがい」とされた１項目を58項目に細分化したものです。特徴は，「現在」だけでなく「これまで（過去）」に着目して思い出や思い・体験を引き出し，「これから（未来）」に関する質問で「改善・回復したら可能となるCADL」をシミュレーションし，意欲を引き出すという点です。

　58項目すべてに当てはまる人はいませんし，「**重みづけ**」には個人差があります。とことん打ち込む趣味もあれば，気軽に楽しむ趣味もあり，一言で趣味と言っても個人差があります。会話を広げるきっかけ・道具（ツール）として「意欲・動機づけシート」を活用しましょう（**資料**）。

資料 ◆ 「意欲・動機づけシート」の使い方と聞き取り方のポイント

「楽しみ・生きがい（やりがい）」を聴き取る

やる気スイッチのヒントは過去・現在・未来にあり

記入するのは，○のみ。ネガティブになるので×は使わない

意欲・動機づけシート

作成日　　　年　　月　　日　※記入できるところから楽しみながら記入してください。

| 氏名 | | 年齢 | | 性別 | | 要支援 | | 担当 | |

聴き取りはT（いつ），P（どこへ），O（何のため）＋P（誰と）がポイント

種類（犬，猫，小鳥など）と名前，飼育期間，かわいさエピソードを聴き取る

食べ歩きには歩行，咀嚼・のみ込み，食事動作，排泄機能が影響しやすい

近所付き合いの復活で孤独死を防ぐ支え合い関係をつくる

お参り〜名所巡りは外出の動機づけにはGood！

温泉巡りだけでなく，近くの健康入浴施設は低料金で楽しめる大規模デイサービス！

野菜づくり，ガーデニングは年間を通したエンタメ。それに収穫付きなら楽しみ倍増！

短歌や俳句のモチーフ探しに散策（散歩）は必須

散歩時のスケッチは外出の動機づけになる

散歩時の「スマホ撮影」はとてもやる気になる

エンタメ鑑賞のお出かけは，「楽しみ＋運動」！

この聴き取りは「ジャンル＋曲名＋仲間」がポイント

「誰と＋どこで」が聴き取りのポイント

観戦はリアルorテレビor配信。野球，テニス，ゴルフ，サッカー，ラグビー，バレーボールなど

祭りの聴き取りは「時期＋名称＋場所＋誰と」がポイント

仕事の役割，集団での役割を生きがいとする高齢者は多い

ちょっといいエピソードや本人らしい思いをメモ

	私の「楽しみ・生きがい」（CADL）（該当するところに「○」を記入してください）	していた	している	してみたい		私の「楽しみ・生きがい」（CADL）（該当するところに「○」を記入してください）	していた	している	してみたい
1	家事（内容：　　　）				31	読書（内容：　　　）			
2	日曜大工（内容：　　　）				32	創作（内容：　　　）			
3	料理作り（内容：　　　）				33	語学（種類：　　　）			
4	買物（店：　　内容：　　）				34	資格（種類：　　　）			
5	おしゃれ（内容：　　　）				35	カルチャー教室（　　）			
6	お出かけ（内容：　　　）				36	絵画（内容：　　　）			
7	子ども・孫・ひ孫との関わり				37	パソコン・スマホ等（　）			
8	家族・親戚との関わり				38	SNS（内容：　　　）			
9	ペット（種類：　　）の世話				39	写真（種類：　　　）			
10	友達と会話（話題：　　）				40	映画・観劇等（内容：　）			
11	友達と遊ぶ（内容：　　）				41	茶道・華道（流派：　　）			
12	異性との交流（　　）				42	歌唱（内容：　　　）			
13	ランチ・ディナー（店名：）				43	音楽（内容：　　　）			
14	食べ歩き（店名：　内容：）				44	コンサート（内容：　）			
15	お取り寄せ（内容：　　）				45	楽器演奏（内容：　　）			
16	ボランティア（　　）				46	遊び（内容：　　　）			
17	地域活動（　　）				47	運動（内容：　　　）			
18	集り（内容：　　　）				48	散歩（場所：　　　）			
19	お参り（場所：　　　）				49	アウトドア（内容：　）			
20	史跡巡り（場所：　　）				50	エンタメ（内容：　　）			
21	文化施設（内容：　　）				51	スポーツ（内容：　　）			
22	名所めぐり（場所：　）				52	観戦（内容：　　　）			
23	温泉・健康ランド（場所：）				53	ダンス・踊り（内容：）			
24	国内旅行（場所：　　）				54	ギャンブル・賭け事（　）			
25	海外旅行（国：　　　）				55	投資（種類：　　　）			
26	手芸（内容：　　　）				56	祭り（内容：　　　）			
27	工芸（内容：　　　）				57	就労（内容：　　　）			
28	家庭菜園（内容：　　）				58	役割（内容：　　　）			
29	ガーデニング（内容：）				59				
30	模型（内容：　　　）				60				
メモ									

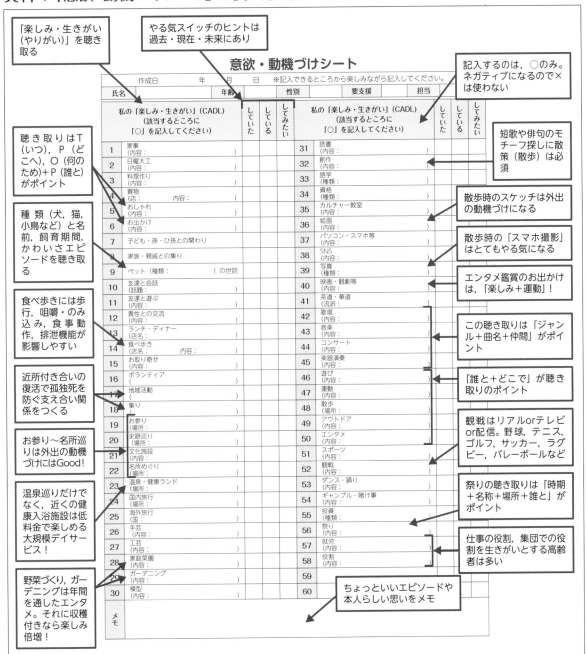

楽しみ：趣味とまでは言えないが，楽しいこと，わくわくすること，夢中になれること。音楽を聴く，読書をする，テレビ番組（ドラマ，歌，お笑い）を見る，散歩するなど，心地良くなることは人それぞれ。

趣味：一口に趣味と言っても，鑑賞系，創作系，巡り系，収集系，調査系，育成系などさまざま。始めたきっかけ（クラブ活動，職場サークル，カルチャー教室など），かけた期間，資格・レベル，仲間・人間関係などを聴き取る。

つながる・集う：趣味の仲間や友人のこと。CADLの話題には人間関係の枠・壁を越える効果がある。時期や団体名，エピソードなどを聴き取る。

学ぶ・教える：学びは新しい知識の発見であり，脳の活性化は認知症予防や気分転換に効果大。教えることで自己肯定感と有能感を得ることができる。

社会的役割・仕事：社会的役割や家族内役割，仕事の役割を担うことによって周囲からの感謝を得られる。所属の欲求，尊重・尊敬の欲求，自己実現の欲求，3大高位欲求（P.14参照）を満たす大切な要素。

第5節 「これから」を未来志向でシミュレーション
～プラス面に着目し「まとまり目標」を設定する～

　介護予防ケアプランで大切なのは，これから取り組むことに対して本人がモチベーション高く前向きになれることです。「これまで」を延長させただけの「これから」ではなく，本人の願いや希望が「どうすれば実現できるか（**未来志向**）」を専門的視点で一緒に考え，楽しく取り組んでもらうことが大切です。

　専門的視点とは，「マイナス面（弱み）」ばかりに着目し，本人の暮らしの可能性を潰す視点ではありません。求められるのは，ICF（国際生活機能分類）の環境因子・個人因子の「**プラス面（強み）**」に着目し，6カ月～1年先の「これから」を未来志向で可能性を高めていく視点です。

未来志向でなければ生じる介護予防ケアプランの3つのリスク

　未来志向でなければ，介護予防ケアプランだけでなく，本人の意欲や緊急時の予防・対応に次のようなリスクや問題が生じる可能性があります。

- **短期目標ばかりになる**：手元にある情報やデータばかりを頼りにして，目の前にある問題や課題に集中すると，改善・回復の目標が短期的になり，長期的な生活の質の向上や機能の回復・維持が難しくなりがちです。
- **本人の意欲が低下する**：本人が改善・回復した時のビジョンや暮らしが見える化されないため，リハビリテーションへの取り組みや日常生活の改善への意欲が低下します。
- **疾患や事故予防の手立てがない**：疾患の悪化や転倒などの事故を未来形で考えることで予防が可能になり，起こった時も無理・無駄なく対応することができます。未来志向の発想がないと，介護予防ケアプランに予防策や早期対応が明記されず，新たな疾病や事故のリスクが高まる可能性があります。

エピソード1：「まとまり目標」によって意欲的に リハビリテーションに取り組めた例

　ある年の12月，Aさん（男性，83歳，要支援1）は雪が積もった道を散歩していて側溝に落ち，膝に大けがをしました。入院中のリハビリテーションの目標は「3カ月以内に再び歩けるようになること」でした。この目標は「歩けること」だけに着目したもので，未来志向はありません。

　実は，Aさんは1年後に「好きなパターゴルフをもう一度仲間と毎週楽しめるようになりたい」という思いがありました。それを聞いたケアマネジャーは，単に「歩けるようになること」という目標ではなく，「再び転倒しないようにバランス能力を養うこと」「河川敷のゴルフコースを2時間歩き回れる体力をつけること」「尿失禁をコントロールできるようになること」などを関連づけた「**まとまり目標**」（詳細は，P.31参照）を設定しました。

　明確なゴールが示されたおかげで，Aさんはリハビリテーションに積極的に取り組むことができ，その効果も目に見えて現れてきました。そして，入院からちょうど1年後の12月には，念願のパターゴルフを仲間と楽しむことができるようになりました。

未来志向だから可能になる5つの行動変容（効果）

　日常生活がおっくうになり買い物や近所を散歩するのが難しくなった要支援高齢者でも，本人が未来志向で自分の「これから」に向き合えば，ADLやIADL，CADL，さらには健康管理や日常のコミュニケーション，人間関係に「5つの行動変容（効果）」が生まれることが期待できます。

・**健康的な食生活**：数年先も健康な生活を送るために，栄養のバランスがとれ，咀嚼機能を改善・維持できる食生活になる。

・**適度・適切な運動**：体力・体調の維持と認知機能の改善・維持，ストレスの解消などを目指し，ストレッチや軽い運動などを自ら行うようになる。

・**家族や友人との関係づくり**：家族や友人，デイサービスなどさまざまな機会でふれあうことを増やし，関係づくりを広げる。

・**趣味や学びの活動**：夢中になれる趣味は，楽しい時間を過ごせるだけではなく，認知症予防と孤独感の改善に効果がある。学びは脳トレにもなり，心の活性化や認知症予防に効果的。趣味や学びを通したつながりができると，人間関

係の広がりも期待できる。

・**ありたい自分への期待**：人は期待されることでモチベーションが上がり，良い結果で応えようとする。周囲からかけられる**役割期待**は未来への評価と信頼である。

エピソード2：未来志向の目標がみつかり行動変容が生まれた例

　　Bさん（女性，85歳，要支援1）は1年前に脳梗塞で入院しました。手術は成功し，1カ月後に退院できましたが，老人性うつを発症し，外出するのもおっくうになって自宅に閉じこもるようになりました。そんなBさんの口癖は，「早くお迎えが来てほしい」でした。

　　しかし，面談しているうちに，Bさんの今の生きがいは，毎年孫娘の誕生会に参加することだと気づきました。その後，孫娘から「来年6月の私の結婚式に一緒に歩いてほしい」の一言がきっかけとなり，老人性うつだったBさんは1年先を意識しはじめました。

　　1カ月後，Bさんは，健康の回復と足腰のリハビリテーションのために自宅で屈伸運動を始め，散歩にも出かけ，孫娘に手伝ってもらいオンラインで趣味のフラワーブーケの講座に参加するようになりました。また，週1回介護予防デイサービスに通いはじめ，そこでは地元の友人たちとの再会を果たしました。孫娘とのビデオ通話を始めたことで，孫たちとの会話を深める機会が増え，老人性うつも改善してきました。

　　6月の孫娘の結婚式では，目標どおりバージンロードを一緒に歩くことができました。

「Wish」（願い，思い，望み）を未来志向で形にする

　未来志向のポイントは「Wish」です。Wishとは「こうなりたい（ありたい）願い」のことです。Wishには意思，意志，意向の3つがあり，少しずつ意味が違います。

意思：頭や心で思っている考えや気持ち

意志：志を遂げたい（叶えたい）心の働き

意向：さまざまな事情や人間関係，立場を熟慮・忖度して「自分としてどうしたいのか（どうするのか）」を決めた「意思の方向」

意向は，日常生活で抱く本音，本心，内心とは異なり，どこか建前的な意味が含まれます。背景に言葉にならない「葛藤や迷い」があるからです。

意欲・動機づけシートの聞き取りを通じて語られる難しい現状にも，その原因となっている阻害要因（膝の痛み，極度の倦怠感，視力の低下，難聴など）を，未来形の**「もし解決したら何をしたいですか？」**と仮説質問を行い，1年後にどうありたいのか，本人の「Wish」を引き出しましょう。

複数の目標を重ねた「まとまり目標」でゴールの方向性を示す

介護予防ケアプランでは「目標」を設定しますが，この目標が，ADLやIADL，認知機能，健康管理，生活習慣の改善だけでは「**単体の目標**」になってしまいます。本人が意欲的になれるCADL（楽しみ，趣味，役割，参加，人間関係など）や意思疎通（コミュニケーション）などを総合的な「**まとまり目標**」として設定します。

これまではADLやIADL，疾患・健康管理などを単体の項目（移動，入浴，整容，買い物，服薬，体調など）として目標設定することが広く行われてきました。シンプルなのですが，理由・目的・ゴールがあいまいになり，取り組む主体である本人の意欲が低下しがちになるというデメリットがあります。さらにCADL的な課題が後回しにされたり，軽視されたりするというのもデメリットです。

こうした点を解決するのがCADLの視点を盛り込んだ「**まとまり目標**」（**一石三鳥～五鳥**）です。ADLやIADL，疾患管理など単体だった目標はCADLを実現するための手段として一つにまとめることで理由・根拠が明確になり，本人は前向きに取り組むことができるようになります。なお，まとまり目標が複数ある時は，効果，実現可能性，意欲レベル，コスト（時間，手間）などを基準に優先順位を決めます。

介護予防ケアプランには**固有名詞**を書き込み，「本人らしさ」を強調しましょう。

エピソード１の例）

単体目標：好きなパターゴルフを楽しめるようになる。

まとまり目標：転倒しないバランス能力と２時間歩ける体力をつけ，週１回は○○の仲間と△△河川敷でパターゴルフを楽しめるようになる。

（①転倒しないバランス能力＋②２時間歩ける体力＋③○○の仲間との交流＋④パターゴルフを楽しむ）

「未来形」の目標はポジティブな語尾にする

　目標をポジティブな表現にするには，語尾がポイントです。「○○である」「○○だ」「○○をする」などの断定表現や決意表現は押しつけがましい印象になり，本人の動機づけにはつながりません。前向きなニュアンスを出すためにポジティブな語尾を工夫します。

　例）

　望み：○○をしたい，○○になりたい

　行為：○○できる（やれる）ようになる，○○を行えるようになる，○○をする

　可能性：○○にチャレンジする，○○に取り組み○○を目指す

　回復：○○ができる暮らし（生活，身体機能，体調）を取り戻す

　ただし，本人が意欲的でなかったり，本人の意欲を確認できなかったりする場合は，ポジティブな表現にこだわらず，改善の状態・方向性を示す表現にするのでもよいでしょう。その際も，個別性を意識して，固有名詞を明記しましょう。

　例）週○回は入浴して，身ぎれいにして○○スーパーに買い物に行けるようになる。

伝わる表記は「6W5H1R」で書く
～伝わらない書き方はNG～

　介護予防ケアプランは，**アセスメントシート**であり，本人や家族との**合意シート**であり，これからの取り組みを見える化した**プランニングシート**です。しかし，あの限られたスペースに求められる要素を書き込むには，長文は不向きです。とは言え，要約した文章ばかりでは意味が十分に伝わらない恐れがあります。また，介護・看護・医療分野の専門用語を使えば本人や家族にはチンプンカンプンです。

　介護予防ケアプランは，チームケアの**連携シート**でもあり，介護予防サービスの**エビデンス（根拠）シート**でもあります。そして，改善度を評価できる評価シートでなければいけません。何より，本人や家族，ケアチームをやる気にさせる**モチベーションシート**でなければなりません。

　求められるのは，**利用者（家族）に伝わる**，「6W5H1R」を満たす表現です。

介護予防ケアプランが分かりにくい原因はとてもシンプル

　本人や家族にとって，なぜ介護予防ケアプランはとっつきにくくて分かりにくいのでしょうか？　その原因は次の3つです。

- **どこを読めばよいのか分からない，何が書いてあるか分からない**：多くの内容が1枚にまとめられている複雑な構成
- **文字が小さくて読みづらい**：狭いスペースにびっしり書かれている
- **上から目線で意味不明である**：介護・看護・医療専門用語が随所に書かれている

　本人や家族がこのような印象を持ってしまうと，モチベーションが上がることは期待できません。

　そして，**日本語の特性を意識せずに書いている**ために，ケアチームにとっても分かりにくくなっていることに着目すべきです。原因は3つです。

- **主語があいまいで人称代名詞が多い**（例：家族，夫・妻，兄弟・姉妹，甥・姪など）
- **抽象的な言葉が多い**（例：いつも，かなり，しょっちゅう，たびたび など）
- **アセスメントの表現が抽象的である**（例：食事や移動が困難，排泄に一部介助，

更衣に手間取る，入浴に時間がかかる，人間関係が疎遠，○○が遠い　など）

解釈によって尺度が違う表現は，誤解と思い込みを生む原因になり，「かなり歩けるようになる」というような表現では評価もできません。

では，ケアチームがまとまり「取り組みたくなる介護予防ケアプラン」にするには，どのようにすればよいのでしょうか。

本人と家族がやる気になり
ケアチームがまとまる伝わる書き方とは

介護予防ケアマネジメントにおいて，介護予防ケアプランは本人と家族を支援するためのチームケアの「**マスタープラン**」です。そして各事業所が作成する個別サービス計画は「**サブプラン**」であり，実行のための「**アクションプラン**」です。

本人や家族が取り組みたくなる個別サービス計画を立てやすくするためにも，介護予防ケアプランの表現には，次の4つを意識しましょう。

- 分かりやすい（理解と納得）
- イメージが湧く（想像とシミュレーション：リスクの予知・予見，予後予測後の改善・回復）
- 何をすればよいかが分かる（合意された役割と業務）
- モチベーションがアップする（意欲，動機づけ）

介護予防ケアプランは5つのポイントを守って書く

繰り返しになりますが，介護予防ケアプランは効果的かつ信頼性のあるコミュニケーションツールであることが求められます。協働するケアチームにとって介護予防ケアプランが「**コラボレーションシート**」となるように，次の5つを意識します。

■エビデンスが明確で，イメージしやすい

限られた狭いスペースですが，アセスメント領域の現在の状況や領域の課題は，エビデンスが分かるように書きます。専門用語や省略語は使わず，簡単なエピソードを例示するのがよいでしょう。

■事実を描写し，データを提示する

現在の状況や領域の課題は，事実（例：室内・屋外，生活行為，身体動作など）

を描写し，数字で示せるもの（例：体温，血圧，体重，室温，湿度など）は「**数値**」を示して客観的に表現します。その上で専門職の評価や必要な治療情報・服薬情報などを示します。

■「本人らしさ（個別性）」を意識して情報を共有する

本人（家族）の不安や困り事，予知・予見されるリスクなどのほか，**改善・回復の意欲やモチベーションを上げるポイント**（「やる気スイッチ」P.24参照）などを基本チェックリストや意欲・動機づけシートで聴き取ります。その内容を利用者基本情報（**別の用紙にしても可**）と介護予防ケアプランに反映させてケアチームで共有します。ゴールの方向性が分かりやすい「**まとまり目標**」（**P.31参照**）とし，**具体的かつ実現できそうな目標を本人が動機づけられるように表現**します。

■共同作業であることを強調する

介護予防ケアマネジメントとは，本人・家族とケアチームによる共同作業をマネジメントすることです。本人とチームケアの進行状況や役割，責任分担を明記することで，各自の協力を円滑にします。

■評価ができる表現を使う

本人の状態やケアの実践と効果を評価することが求められます。具体的な評価基準や数値を明記すると共に，本人の状態の変化などを示し，ケアの適切性や効果（**期待値**）を客観的に記します。

「6W5H1R」で分かりやすく書く

小説やエッセイ，俳句・短歌などでは読み手の想像力をかき立てる表現が求められますが，介護予防ケアプランに求められるのは，そうしたものではありません。正確で分かりやすい現状（アセスメント），本人・家族の現在の気持ち，生活への意向・意欲，ケアチームが取り組む具体的なアクションです。

正確で分かりやすい介護予防ケアプランにするためには，「6W5H1R」（**図5**）を意識します。この視点は，介護予防ケアプランを書く時だけでなく，ケアマネジメントにかかわる文書類を書く・読み込む際に「分かりにくさ」を判断する基準として役に立ちます。

図5 ◆ 介護予防ケアプランに求められる「6W5H1R」

6W	**Who（誰が）**	人称代名詞（夫・妻，長男・長女，息子・娘，孫）は，誰を基点とするかで変化するので複雑。基本は名前で表記。年齢も明記するのがベスト。
	When（いつ）	日本語の時間表現はさまざま。時間，時間帯，時間量，時期，頻度は，数字で表記するのが基本。午前・午後の12時制ではなく24時制。
	Where（どこで）	屋内・屋外は具体的な場所名とし，近所・近隣，地域は町名・地区名，名前，関係性を表記。建物は正式名称で，距離は数値（km, m）＋手段。
	What（何を）	生活行為，モノ，コトを表記。ひとまとまりの生活行為は身体動作に細分化して表記。モノは固有名詞，コトは時期，場所，内容を表記。
	Why（なぜ）	原因・要因，理由，状況・事情，意向を表記。主観的・客観的要素，阻害・促進要因，エピソードを表記するのが効果的。
	Wish（願い・思い）	本人（家族）の話したままの言葉（方言あり）で表記。願いは，揺れる・矛盾する思い，葛藤と前向きな思いに着目して表記する。
5H	**How（どのように）**	手段，プロセス，状況を表記。認知行為（動作）は五感＋思考作業＋感情，生活行為は身体行為（動作）に細分化して表記する。
	How many（いくつ）	数値化するのが基本。助数詞（匹，本，冊，枚，人，頭，羽，階，円，番，着，軒など）は正確に使い分ける。
	How much（いくら）	具体的な金額が必要なので，数値化が基本。未確定であれば，数字の前後に「約」「前後」「以上」「以内」などを追記。
	How Long（期間）	期間とは時間の幅のこと。時間や期間は数値化が基本。本人がイメージしやすいのであれば，「○○年の春には」などの表現も可。
	How Size（広さ）	広さは重要。屋内であれば畳・m²，屋外であればm²・坪，農地などはm²・町歩・反などの単位も明記する。
1R	**Result（どうなった）**	文章の述語にあたる部分。結果の「行動・評価＋結論」であり，予知予見・予後予測と感情行動を含めて表記すると分かりやすい。

具体的・個別性・本人らしさ

※さらに学びたい方は，拙著『利用者・家族に伝わるケアプラン書き方術』（中央法規出版，2023年）を参照。

36

第7節 モチベーションを上げる話し方・見せ方

あなたは指示・命令されたり，マイナス面を指摘されたりした時でもモチベーションを上げられますか？ 「このままでは○○ができなくなります」「もう85歳なんですから…」と脅されたり諭された後で，前向きに取り組めるでしょうか？

介護予防ケアプランを取り組むのは本人です。ケアチームはサポーターですから本人が主体的に取り組めるように動機づける**モチベーター**としての役割があります。

モチベーションを上げるための話し方と資料の見せ方のスキルを身につけて，**伴走型サポーター**を目指しましょう。

俳優になったつもりで話す・伝える

話し方と言っても声の表現だけではありません。自分はモチベーターであることを意識して，本人（家族）のタイプに合わせ，俳優になったつもりで表情，発声，言葉（語彙），話すリズム（抑揚），身振り（動作）を使い分けましょう。

■表情

「見た目が9割」とは，人に与える印象は見た目でほぼ決まるという意味です。その「見た目」で大きく影響するのが表情です。本人や家族はあなたの表情を1mの距離で見ていることを意識しましょう。表情の基本は笑顔ですが，「○○には気をつけましょう」と話す時は真剣な表情，「それは不安ですよね」の時は心配な表情など，使い分けることがポイントです。

　例）明るい顔，笑顔，真剣な表情，不安・心配な顔

■発声

声は，あなたの感情だけでなく，体調，相手への信頼感や思い，介護予防ケアプランへの自信などがストレートに相手に伝わります。話す時には，声の大小・高低とスピードを意識し，地声が小さい人は大きめ・強めに，滑舌に自信のない人は意識してゆっくりと丁寧に話すようにしましょう。

　例）元気な声，明るい声，やさしい声，心配する声，希望を込めた声など

■言葉 (語彙)

　本人も家族も，あなたの言葉を聞き漏らすまいと集中して聞いています。介護・看護・医療分野の専門用語，行政・法律用語などは一般的な言葉に言い換えて分かりやすいことを第一に心がけます。どうしても専門用語を使わなければならない時は「説明・解説」を付け加えます。

　また，「○○は危険です」といったネガティブな表現でなく，「○○の時は△△が危ないので××を注意しましょう」とサポーティブでポジティブな表現を用いましょう。

　　例）分かりやすい言葉，暮らしでよく使う言葉，地域に根づいた言い方，方言

■話すリズム (抑揚)

　リズム感のある話し方は聞きやすく心地良いものです。介護予防ケアプランを棒読みするような説明の仕方は絶対NGです。大切な部分は**大きめの声でゆっくり，繰り返す**だけで伝わり方が深くなります。明るく話す時の声は**高めで少し早めに**，難聴の人に話す時は**大きめで，ゆっくり，メリハリをつけて，**が基本です。

　　例）ゆっくりめ，声に大小をつける，声に高低をつける　など

■身振り (動作)

　身振りも非言語コミュニケーションの一つです。適度に身振りを交えることでプレゼンテーションにメリハリがつきます。本人や家族にとって介護予防ケアプランは何がどこに書いてあるのか分からないくらい複雑なレイアウトなので，説明する部分を指で示しながら話します。本人や家族が話した時は，大きくうなずきましょう。うなずくことで，しっかり聞いているという意思が相手に伝わります。

　　例）身振りは両腕，両手，手のひら，指先を上下する，うなずく

エビデンスを正確に分かりやすく伝える4つの方法

　「伝える」ことの目的は「伝わること」。要支援となった本人は何らかの心身機能や認知機能（五感含む）が低下しているだけでなく，理解にもバイアス（偏り・歪み）がかかることがあります。本人が介護予防ケアプランに前向きに取り組むためには，本人が納得するエビデンス（根拠）を示さなければいけません。

　正確に分かりやすく伝えるための方法は次の4つです。

■拡大コピー，色付け，付箋

　介護予防ケアプランの書式はB4サイズなので，文字は小さく，高齢者にはとても読めたものではないので，**A3サイズ**に拡大します。強調部分はマーカーやサインペンで**下線を引いたり，囲んだり**して色を付けるとよいでしょう。説明が必要なら余白に「**吹き出し**」を書き加えたり，説明を書いた**付箋を貼ったり**します。**イラスト**を描く，キャラクターシールを貼るなどの工夫もお勧めです。

■クリップボード

　説明する時はどうしてもうつむいた状態になります。この姿勢が続くと互いに表情が分からず，かなり疲れます。手に書類を持っていると身振りもできません。クリップボードに書類を挟んで掲示すると「目線」が上がりよいでしょう。

■基本チェックリスト

　プレ・プランニングで書き込んだ内容にさらに情報を書き加えた基本チェックリストは，本人にとっての「**エビデンスシート**」です。できている・できていないところ，心配なところ，改善したいところを説明するシートとして使いましょう。基本チェックリストはコピーをして，大事なところをマーカーで強調し，本人用として渡しましょう。

■意欲・動機づけシート

　意欲・動機づけシートは**心の玉手箱**です。プレ・プランニングで語られた本人の楽しみ，趣味，役割，お世話，交流などを書き込んだシートは前述の基本チェックリストと同様，コピーしてマーカーで色付けし，ケアプランを説明する時に活用しましょう。

「暮らし」を見える化する

　要支援高齢者の暮らしの範囲は，主に自宅と自宅周辺（300m～1km）です。この範囲で安全に心地良く暮らすためには，地域のリスクとサポーター（支え手）の見える化が必要です。

■自宅の間取り図

　高齢者にとって，家庭内事故（転倒，転落，やけどなど）は要支援・要介護に

なる大きな要因です。屋内の阻害要因（段差など）がどこにあり，どこが危険か，災害時の屋内避難の場所なども表記して見える化を図ります。

例）玄関・階段・敷居・風呂場の段差，エアコン・換気扇・照明の位置

■周辺マップ

自宅周辺の**地理の特徴（坂の有無と傾斜度，歩道・横断歩道の有無，信号の有無，交通量，夜間照明，なじみの店舗，一時避難所までの距離）**を周辺マップで見える化します。そこに，支え手（家族，友人，民生委員など），なじみの人・場所・店のほかごみ集積所や避難場所などのインフラも加えます。

例）坂の傾斜，時間帯別の交通量，付き合いのある近隣住民，支え手，なじみの場所，危険な場所（道路，交差点，溜め池，橋，河川）など

文字や言葉にしづらいことはビジュアルで伝える

本人の動機づけにとても効果的と活用されているのが，写真（画像）や動画，SNSです。介護予防ケアプランには**書き切れない・伝わりにくい情報は，ビジュアルにして伝えるのが効果的**です。

■写真（画像）

屋内の段差，自宅周辺の坂・階段・交差点などの危険場所，ごみ集積所などを撮影してケアチームで共有します。見覚えのある風景や場所の写真を添付することで，より自分のプランだと感じてもらえるため，動機づけとして効果的です。

■動画

動画であれば，本人の歩行動作（屋内，屋外），階段昇降の動作，料理・掃除の動作，趣味の動作などを具体的に記録できます。モニタリング時に**取り組んだ前後を比較**するにはもってこいです。本人の改善・維持・向上の動機づけにもつながります。

■SNS

介護予防デイサービスなどで撮影したレクリエーションやリハビリテーションの写真や動画を本人に了解を得て**YouTubeで配信（公開・限定）**したり，**LINEなどで家族で共有**したりすることで意欲づくりと動機づけに役立てることができます。

トータルアプローチと
プランニング

トータルアプローチの流れ

その1：インテーク

　介護予防のインテークで出会う要支援者は，次の4つのパターンに分かれます。

- 基本チェックリストから抽出された人
- 軽度の要介護状態から改善して要支援者になった人
- 家族からの強い勧めを受け入れられず認定調査までに時間がかなりかかった人
- 医師などからアドバイスされ，入院中または退院後に認定調査を受けた人

　しかし，この4つのパターンに関係なく，要支援者となっても心身の改善を図ろうと「前向き」な人もいれば，心身の機能低下に強い不安を抱き自己否定的な気分にいる「後ろ向き」な人もいます。どちらになるかは性格や価値観，健康観・既往歴・病識，生活習慣，年齢，世代感覚，性差などが大きく影響します。

　インテークでは，本人の気持ちや気分などの心の状態を気づかいながら，介護予防サービス（地域支援事業含む）の役割，自立（自律）支援の考え方，介護予防サービスの仕組みとサービス内容の概略，自己負担額，行政の独自サービスなどについて行政のパンフレットなどを使って説明します。その上で，介護予防ケアプランを目の前に開き，リスク喚起として介護予防の目的と期待される効果について説明します。

その2：「利用者基本情報」の聴き取り

　利用者基本情報の項目はデリケートな内容です。項目によっては「なぜそこまで答えなくてはいけないのか？」と疑問を持たれることもありますので，まず聴き取りを行う理由を説明します。初めに何も記入していない「利用者基本情報」のシートを見せ，どのような項目について聴かれるのかを理解してもらってから聴き取りを進めます。

　「この利用者基本情報は，○○さんの生活習慣や健康面，こだわりを大切にし，適切なサービスを提供するために事業所間で共有するものです。話しづ

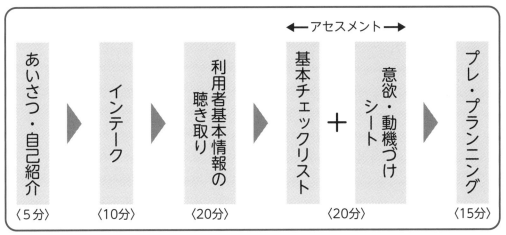

※かける時間はあくまで目安です。

らい項目や話したくない項目があれば，その都度教えてください。<u>お話しできる範囲で答えていただければ結構です。</u>なお，お話しいただいた内容は個人情報として法律で守られます。私たちには秘密を守るという守秘義務が課せられていますので，安心してお話しください」

　「緊急連絡先」「家族構成」「本人の住環境」などの項目は聴き取りやすいでしょう。「今までの生活」「現在の生活状況」「１日の過ごし方」の項目は項目ごとに，「趣味・楽しみ・役割」「友人・地域との関係」などは後述の「意欲・動機づけシート」を使って，具体的に聴き取ります。

その3：「基本チェックリスト」と 「意欲・動機づけシート」の記入

　トータルアプローチでは，「基本チェックリスト」と「意欲・動機づけシート」はこの後で行うアセスメントの資料として記入してもらいます。「意欲・動機づけシート」は項目数が多いので，初めに「該当する項目ごとに，『そうだ』と思うなら〇を記入してください。×は記入しなくても結構です」と伝え，まずは記入してもらいましょう。

　細かい文字を読んだり書いたりするのがつらい人であれば，質問項目を読み上げて回答を代筆してもよいでしょう。本人のプライドに触れるような項目もありますので，記入する手が止まったら，気づかいの言葉（例：「分かる範囲で結構です」「判断がつかないようなら，記入しなくても構いません」）をかけます。質問の意味が分からないと言われたら説明します。それぞれ10分程度で記入してもらいましょう。

その4：アセスメント

　「基本チェックリスト」からは，基本的なADL，IADL，健康状態，認知機能，こころの状態を把握します。項目ごとに「はい」「いいえ」を確認しながら追加質問，関連質問を行い，介護予防ケアプランの「アセスメント領域の現在の状況」「本人・家族の意欲・意向」「領域における課題（背景・原因）」「総合的課題」を聴き取ります。

　「意欲・動機づけシート」からは，本人のCADL（楽しみ・愉しみ，趣味，仕事・役割，人間関係など）を聴き取り，「利用者基本情報」の「趣味・楽しみ・役割」「友人・地域との関係」に記入します。

その5：プレ・プランニング

　2種類のシートを基にした聴き取りとアセスメントを終えたら，想定される目標についての具体策を提案します。本人（家族）の反応に配慮しながら**「取り組み可能な目標」**を話し合いましょう。「一石三鳥〜五鳥」を目指す**「まとまり目標」**を提案し，反応を見ます。「本人のセルフケア（自助）や家族支援，インフォーマルサービス」「サービス種別」などを話し合いながら，白紙の介護予防ケアプランに直接メモ書きをしていきます。

利用者基本情報の聴き取り

利用者基本情報

作成担当者：

《基本情報》

相 談 日	年　月　日（　）	来 所・電 話 その他（　　　　　）	初 再
本人の現況	在宅・入院又は入所中（　　　　　　　　　　　　　　　）		
フリガナ 本人氏名		男・女　M・T・S　年　月　日生（　）歳	
住　　所		Tel Fax	

日常生活 自立度	障害高齢者の日常生活自立度	自立・J1・J2・A1・A2・B1・B2・C1・C2
	認知症高齢者の日常生活自立度	自立・Ⅰ・Ⅱa・Ⅱb・Ⅲa・Ⅲb・Ⅳ・M
認定情報	非該当・要支1・要支2・要介1・要介2・要介3・要介4・要介5 有効期限：　年　月　日～　年　月　日　（前回の介護度　　　　　） 基本チェックリスト記入結果：事業対象者の該当あり・事業対象者の該当なし 基本チェックリスト記入日：　年　月　日	
障害等認定	身障（　　）、療育（　　）、精神（　　）、難病（　　）	
本人の 住居環境	自宅・借家・一戸建て・集合住宅・自室の有無（　）階、住宅改修の有無	
経済状況	国民年金・厚生年金・障害年金・生活	

来 所 者 （相談者）				家族構成	◎=本人、○=女性、□=男性 ●■=死亡、☆=キーパーソン 主介護者に「主」 副介護者に「副」 （同居家族は○で囲む）
住　　所 連 絡 先			続 柄	家 族 構 成	
緊急連絡先	氏名	続柄	住所・連絡先		
				家族関係等の状況	

戦前・戦中・戦後世代のいずれかを知ることで，価値観や信条，生活を知ることができる。

画像データや手描きのイラストがあると，よりイメージしやすく，アドバイスも具体的になる。

どのような経緯で把握されたかは，大切な情報の一つである。

家族構成は重要な要素。親族とかかわりがある場合は必ず記載する。
別紙にまとめてもよい。

連絡先としてメールアドレスも記載する。

緊急連絡先は家族の中での代理人的存在である。
2人以上の連絡先を記入する。

〈介護予防に関する事項〉

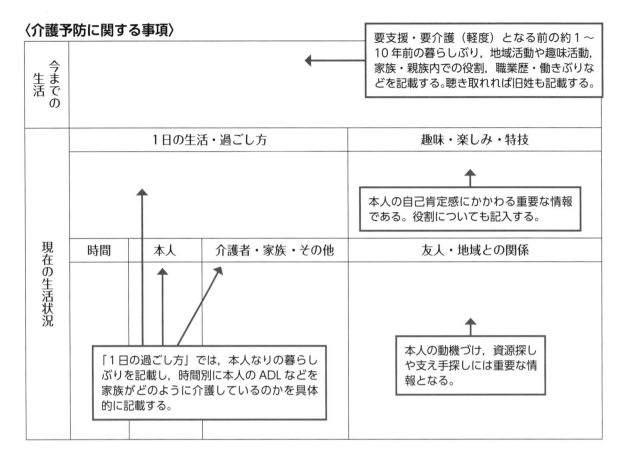

今までの生活	要支援・要介護（軽度）となる前の約1～10年前の暮らしぶり，地域活動や趣味活動，家族・親族内での役割，職業歴・働きぶりなどを記載する。聴き取れれば旧姓も記載する。			

現在の生活状況	1日の生活・過ごし方			趣味・楽しみ・特技
				本人の自己肯定感にかかわる重要な情報である。役割についても記入する。
	時間	本人	介護者・家族・その他	友人・地域との関係
	「1日の過ごし方」では，本人なりの暮らしぶりを記載し，時間別に本人のADLなどを家族がどのように介護しているのかを具体的に記載する。			本人の動機づけ，資源探しや支え手探しには重要な情報となる。

〈現病歴・既往歴と経過〉（新しいものから書く・現在の状況に関連するものは必ず書く）

年月日	病名	医療機関・医師名 （主治医・意見作成者に☆）		経過	治療中の場合は内容
			TEL	治療中 経観中 その他	
	要支援高齢者は複数の疾患を患っていることが多い。多剤（重複）服用が問題となることもあり，服薬管理する上で重要な情報になる。症状や支援上の留意点などの助言をもらう場合に重要。		TEL	治療中 経観中 その他	
			TEL	治療中 経観中 その他	
			TEL	治療中 経観中 その他	

〈現在利用しているサービス〉

公的サービス	非公的サービス
介護予防サービスだけでなく行政の横出しサービスも表記。	地域の集い場や地域サロン活動，自費サービスも含む。

「思い」の聴き取り方

　介護予防ケアマネジメントで本人が改善に取り組むために，本人の「思い」を聴き取れる信頼関係づくりから始めます。下記の「思いの聴き取りフレーズ」を参考に現状の受け止めとこれからの希望や意欲を把握しましょう。

■不安と障害受容のレベル

・「先々，どのようなことに対して不安をお持ちですか？」
・「特にできなくなったことはどのようなことですか？」
・「以前と比べて，どのようなことができるようになりましたか？」
・「要支援と認定された今のお気持ちを聞かせていただけますか？」

■性格，人柄

・「○○についてはじっくりと（テキパキと）やりたい方ですか？」
・「何かを始める時は，すぐに始めるタイプですか？　それともかなり時間をかけてコツコツと始めるタイプですか？」
・「ご両親やごきょうだい，ご友人たちから，どのような性格と思われていますか？」

■本人の趣味・楽しみ・特技

・「以前はどのようなことに夢中になっていらっしゃいましたか？」
・「どのようなことをしている時が楽しいですか？」
・「以前はどのようなことが得意でしたか？」

■これからへの意欲・希望

・「もし○○の痛みや麻痺が軽くなったら，どこにお出かけになりますか？」
・「もし○○の不安がなくなれば，何を始めたいと思われますか？」
・「まだまだやってみたいことはどのようなことですか？」

第**3**節 アセスメント

　介護予防ケアプランの特徴は，プランシートにアセスメントとプランニングの要素が１枚に収まっていることです（保険者によって様式の構成やサイズなどに工夫があります）。本書が提案するアセスメント手法は，次の３つです。

①「基本チェックリスト」と「意欲・動機づけシート」をフル活用する。

②４つの領域別に「現在の状況→本人・家族の意向→領域ごとの課題」を順番にアセスメントする。

③総合的課題は「領域ごとの課題の解決が１つの課題設定で複数見込める（共通の阻害要因）ものを１～５つ設定する。

アセスメントを始める前に

　アセスメントを始める前に，「基本チェックリスト」と「意欲・動機づけシート」を記入してもらいます。次に白紙の介護予防ケアプランのシートを利用者の前に広げ，計画作成者はメモ用の白紙の介護予防ケアプランを広げます。

　記入してもらった基本チェックリストと意欲・動機づけシートを受け取って横に置き，聴き取りを始めます。その際は，利用者の老化や疾患による耳の聞こえや視力，認知能力，判断力，体調や心の状態などにも配慮しましょう。

> 「この介護予防ケアプランシートの流れに沿って，今書いていただいた『基本チェックリスト』と『意欲・動機づけシート』を基に40分程度，お話をうかがいます。では，この４つの領域ごとに『現在の状況』と『本人・家族の意欲・意向』から聞かせていただきます」

５つの領域：「聴き取り」の勘所

　「基本チェックリスト」で「はい・いいえ」と回答されている項目と「意欲・動機づけシート」で「していた・している・してみたい」と回答されている項目を基に現在の状況を質問します。

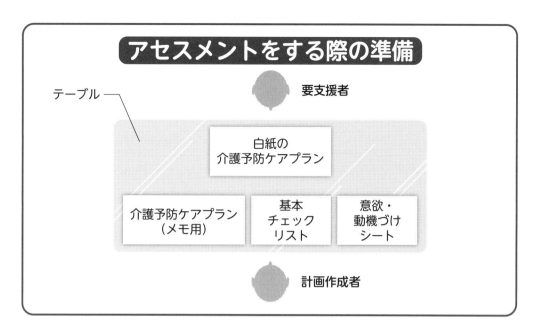

アセスメントをする際の準備

テーブル

要支援者

白紙の
介護予防ケアプラン

介護予防ケアプラン
（メモ用）

基本
チェック
リスト

意欲・
動機づけ
シート

計画作成者

　「基本チェックシート」や「意欲・動機づけシート」は，いずれも簡単な回答を引き出すだけです。**追加・関連質問**で，「どのようにしているのか」「なぜなのか」「いつからか」「どのような場面で困っているのか」など具体的なことを順番に聴き取りをします。その際，回答の中に「本人の強み」を表しているものがあれば「どのようにやっているのか」「どのように工夫しているのか」に共感し，自己肯定感を醸成します。

　そして，やりとりの中で本人から「意欲的な姿勢」のサインを感じたらチャンスです。「どのような条件がそろえばできるようになると思いますか？」「いつごろ実現できるとよいですか？」など，**未来形で「目標化」**を試みてみましょう。

サイン）　・笑顔になる　・声にハリが出て明るくなる　・言葉が多くなる

■活動 (日常生活, ADL, IADL, CADLなど)

　日常生活の移動，食事，入浴，買い物，掃除，野菜づくりなどの行為は，互いに関連しています。心身機能や認知機能，体力・体調，気力・意欲，こだわり，人間関係，住環境・地域環境などが複雑に影響し，共通の阻害要因・促進要因と先々のリスクを本人の中に「気づき」を生むことが重要です。

　活動の聴き取りの勘所は，基本チェックリストの「はい」「いいえ」のどちらに○があっても，追加・関連質問で「全体像」を聴き取ることです。

質問：握力が弱くなって杖がつけないとのことですが，掃除や料理，買い物などでどのようなことがつらいですか？

回答：掃除機が使えないし，鍋やフライパンが重くて扱えないのよ。買い物かごを持つのもつらくてね。

■個人因子（自分流，こだわり，性格，習慣・癖など）

　私たちには他人とは異なる「個人因子（特徴・個別性）」があります。それは，自分流，こだわり，性格，習慣・癖です。高齢者とりわけ認知症の人は，個人因子をないがしろにされると否定された気分になり，意欲は削がれ，一種の暴力に近いものを感じるようです。

　では，個人因子（特徴・個別性）をどのように把握すればよいのでしょうか。それは「本人らしさはこれまでの暮らしぶり」の中にあります。

例：みそ汁の出汁，玉子焼きの味，風呂の湯温と浸かる時間，洗身の順番，部屋の片づけ，洗濯物の干し方・たたみ方，外出着と家服の好み，好きなペット

　今の困り事・できない事探しの前に，「以前はどのようにされていましたか？」と追加質問し，続いて関連質問で自分流のやり方，こだわり，習慣・癖を聴き取ります。その時の勘所は，「興味を示すこと」。次に「それはいいですね」と共感と尊重の言葉を伝えましょう。そして「いつから，どのようにつらくなってきたのか，今はどうしているのか」を把握します。

質問：お子さんたちにはどんな料理を作っていらっしゃいましたか？

回答：栗ご飯が好きでね。ただ栗の皮むきが大変でね（笑）。またやりたいですよ。

■社会参加（地域活動，趣味活動，祭事，つながり，SNSなど）

　高齢期になると「つながり」が減っていきます。つながり（＝社会参加）は外出への動機づけになり，近い将来への目標にもなります。意欲・動機づけシートの聴き取りでは，「誰と？」を必ず尋ねるようにしましょう。その人は「支え手候補」です。

　では，つながりにはどのような種類があるのでしょうか。幼なじみや親友，クラスメートなどのように「10～20代のつながり」もあれば，仕事関係などの「20～50代のつながり」もあります。また，地域活動（町内会など）や祭りなどの「地元のつながり」から趣味活動のように「共通の好きが一致した熱いつながり」，さらに「なじみの店の緩やかなつながり」があります。SNSが普及したことでインターネット上の「デジタルなつながり」もこれからは増えていくでしょう。

　社会参加は外出支援になり，分かりやすい目標となります。どのように心身機能を改善するか，そのための支え手は誰かなどを本人と話し合いながら計画します。

質問：○○グラウンドゴルフの集まりには，いつごろにカムバックしたいと思いますか？

回答：1年後にはカムバックしたいなあ。1人でプレーできるくらい足腰強くして腕の力もつけておかないとね。

■環境因子（居室環境，屋内環境，周辺環境，地域環境など）

　高齢者の日常生活にバリアとなるのか，サポートとなるのか，大きな鍵を握っているのが環境因子です。かつての民家は外風呂，外便所が一般的でした。高度経済成長期になると核家族化が進み，子育てに適した家が増えました。自営業の家では，1階を店舗，2階を住まいとする店舗兼用の家も増えました。

　聴き取りの勘所は，「間取り図」と「周辺マップ」の作成です。間取り図には，玄関，廊下，台所，居間，トイレ，風呂，洗面所などを描き，周辺マップには，周辺の道路や坂，階段，交差点，なじみの店舗などを描きます。「どこへの移動がつらいですか？」「どのように歩いてらっしゃいますか？」を質問します。

症状（例）：動作が遅い，何かをかばう，左右に傾く，つま先が上がってない，引きずるように歩く，聞こえが悪い，箸を持てない，しゃがむ・立つ動作が遅い

原因（例）：痛い，しびれる，ふらつく，力が入らない，めまいがする

　屋内なら実際に動いてもらい，その状況を観察しながら質問しましょう。本人も答えやすくなります。

質問：廊下を歩く時に足を引きずっていらっしゃるのはなぜですか？

回答：膝が痛くて上がらないのよ。この間，そこの敷居でつまずいて転んじゃったの。

■阻害要因と促進要因

　基本チェックリストの「はい」「いいえ」は「本人の主観的評価」です。「どの程度できないのか・できるのか」「なぜ（原因）できないのか・できるのか」までは他人には分かりません。本人の主観なので，「かなりできない」場合もあれば，意外と「できている」場合もあります。「自分なりにどうしたいのか」などの望みはさらに分かりません。

　そのため，追加・関連質問で「できなくさせている阻害要因」を利用者本人が気づき，改善・維持・向上するための行動変容を促す動機づけをします。

阻害要因であり促進要因（例）：疾患，障害，心身機能，認知機能，体力，体調，性格，教養，知識・理解，価値観，生活習慣，家族関係，つながり，住環境，地域環境

　ポイントは，阻害要因を探すだけのネガティブなプランにしないこと。改善・促進要因（どうすれば可能になるか？）も本人と一緒に話し合います。阻害要因克服をポジティブな「まとまり目標」で動機づけ，「心の免疫力」をアップさせます。

質問：もし膝の痛みが改善して体力がついたら，どなたとどこに出かけたいですか？

回答：来年は夫と孫3人で，一緒にディズニーランドを満喫したいですね。

「基本チェックリスト」は，基本的なADLやIADL，体と心の健康状態の質問で構成されています。利用者は自分の主観や判断に基づいて，すべて「はい」または「いいえ」で答えます。トータルアプローチでは，追加質問で詳細に聴き取ることでアセスメントシートとして活用します。

やりとりの内容は手元の白紙の介護予防ケアプランに直接書き込みます。漏れがなくなり，利用者にとってはライブ感もあり，アセスメントからプランニングまでを効率的に行えます。基本チェックリストについての考え方は，「介護予防・日常生活支援総合事業のガイドライン」（P.78）で確認してください。

現在の状況を「追加質問」と「関連質問」で深める・つなげる

前述したとおり，「基本チェックリスト」は，「はい」「いいえ」のどちらかを選ぶようにはなっています。しかし，これはあくまで本人の主観ですから，その回答だけでは，**原因**（例：疾患や障害，筋力低下，機能低下，認知機能低下）や**程度**（例：まったくできない，ときどきできる・できない，できるが不安），**頻度**（例：毎日，毎度，週１回くらい）は全く分かりません。**時刻**（例：朝，午前，夕方，夜間），**時期**（例：冬場，夏場），**場所**（例：廊下，玄関，トイレ），**場面**（例：移動，料理，洗身・洗髪など）も特定されません。

質問項目で４つのアセスメント領域（運動・移動，日常生活〈家庭生活〉，社会参加・対人関係・コミュニケーション，健康管理）に該当する項目の「はい」「いいえ」を確認したら，追加質問でアセスメントを行い，関連質問で気になるほかの項目につなげましょう。

> 「No.○○の項目は『はい（いいえ）』にチェックしていらっしゃいますが，どのような状況なのか，具体的に教えていただけますか？」

■追加質問

「はい」「いいえ」で状況を確認したら，より詳しく知るために，「追加質問」

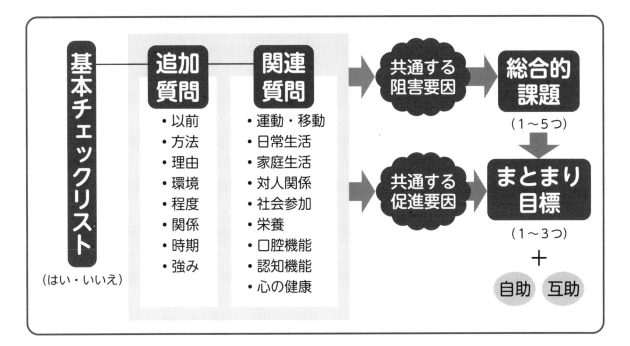

表1 ◆ 追加質問で確認したい事柄

- ・以前 「要支援の認定を受けるまでは，どのようにしていらっしゃいましたか？」

- ・理由 「これが"はい（いいえ）"なのはなぜですか？」
  「原因はご自分では何だと思われますか？」

- ・程度 「どれくらいつらいのですか？」「どれくらいならご自分でできますか？」

- ・時期 「いつごろから○○のような状況になったのですか？」

- ・方法 「どのようなやり方をされているのですか？」
  「何か工夫していらっしゃることがありますか？」

- ・環境 「特につらい（大丈夫な）のはどのような場所（時間帯）ですか？」

- ・関係 「○○で困った時に手伝ってくれる人はいらっしゃいますか？」

- ・強み 「○○な状態でも△△ができているのは，どのような努力（工夫）をされていらっ
  しゃるのですか？」

をします。その際のポイントは**表1**のとおりですが，尋ねる順番はその時の流れ
で構いませんし，ここですべてを確認する必要はありません。関連質問につなが
るように，エピソードも話してもらいましょう。

■関連質問

　トータルアプローチのポイントは「関連質問」です。「追加質問」で得た情報
を基に，他領域の課題の発見や目標の設定につなげていきます。**表2**のように本
人や家族が「共通している阻害要因」に気づけるようなやりとりをすることが大
切です。

表2◆関連質問で確認したい事柄

- **家事** 「No.2の日用品の買い物は『いいえ』と答えていますが，ご家族やご近所の方に頼んでいらっしゃるのですか？」→ご近所関係，インフォーマル資源
- **生活** 「No.3で預貯金の出し入れはしていないとのことですが，どなたにお願いをしていらっしゃるのですか？」→家族関係
- **家族** 「No.5で家族や友人の相談にのっていると答えていますが，スマートフォンでやりとりをしておられるのですか？」→意思疎通，友人関係
- **運動** 「No.6の階段を手すりや壁をつたわらずに昇れるかという質問に『いいえ』と答えていますが，外出をあきらめることはありませんか？」→社会参加
- **移動** 「No.9の転倒は『いいえ』と答えていますが，買い物に出かけて足元がふらついて行くのをやめようとしたことはありませんか？」→IADL，社会参加
- **栄養** 「No.13の固いものが食べにくいかで『いいえ』と答えていますが，お友達とどのようなものをよく食べるのですか？」→人間関係
- **認知** 「No.20では何月何日かわからない時があるとのことですが，ご家族やご友人から言われてどのような気持ちになりましたか？」→意欲，感情

　共通した阻害要因を明らかにできれば，改善・解決するためのターゲットが明確になります。それを介護予防ケアプランの「総合的な課題」に記入し，改善のアクションを「一石三鳥〜五鳥」の視点で「**まとまり目標**」に設定します。「まとまり目標」に取り組むことで，**複数の生活行為の改善**を可能にします（**課題と目標のひもづけ**）。

「基本チェックリスト」追加・関連質問のポイント

	No.	質問項目	追加・関連質問のポイント
日常生活（家庭生活）	1	バスや電車で1人で外出していますか	・バスや電車が利用できる心身の機能のレベルだけでなく，行き先とその際の苦労を尋ねる。 ・買い物や通院を目的とした外出だけでなく，地域のイベントや趣味・楽しみの場への参加状況なども尋ねる。 ・昨今はバスや電車の減便・廃止も話題になっている。タクシーや行政運営のデマンドバスの利用についても確認する。
	2	日用品の買い物をしていますか	・どのような日用品を買っているのかを尋ね，暮らしの状況を把握する。 ・移動手段（例：徒歩〈杖，シルバーカー〉，自転車〈電動アシスト含む〉，自家用車，タクシー）は重要な追加質問である。 ・店舗までの距離，商品の選別から支払いまでの買い物行動のレベル，持ち帰りの有無を確認し，買い物にどのような不安があるかなどについて尋ねる。
	3	預貯金の出し入れをしていますか	・出し入れの手順（ATM操作含む），印鑑や通帳，銀行カードなどの管理状況，銀行やATMまでの移動についても尋ねる。 ・生活費の管理状況や預貯金の管理をサポートする人の有無も確認すると，身体機能や認知機能などのアセスメントに展開できる。
社会参加・対人関係	4	友人の家を訪ねていますか	・「友人」と言っても，幼なじみや学校関係，仕事関係，趣味仲間，近隣住民，なじみの店の客仲間，地域サークルなどさまざま。関係の親密度に加え，家を訪ねるだけの身体機能や意欲，移動距離・手段（例：徒歩，自家用車）などを質問する。
	5	家族や友人の相談にのっていますか	・家族や友人から頼りにされる関係の親密度とレベル（役割），相談にのれるコミュニケーションができるか（意思疎通レベル）が把握できる。 ・元気だったころの状況を確認すると，生育歴や家族歴，人間関係を把握できる。
運動・移動	6	階段を手すりや壁をつたわらずに昇っていますか	・下肢筋力の程度やバランスのとれた歩行の可否について追加質問する。 ・屋内での状況だけでなく，バス・電車などの乗り物やスーパーなどの店舗，病院や役所などの建物の階段での状況も質問する。
	7	椅子に座った状態から何もつかまらずに立ち上がっていますか	・自宅であれば居間やキッチン，トイレ，外出先であればバスや電車，レストランなどを例に挙げて状況を確認する。 ・聴き取り時に，実際に居間やトイレで立ち上がり行為をやってもらうのもよい。
	8	15分位続けて歩いていますか	・歩ける時間だけでなく，「歩ける距離」を尋ねる。 ・散歩ならば，行動範囲を尋ねる。 ・行き先（例：公民館，スーパー，医院など），目的（例：趣味，買い物，通院など），同行者の有無などを聴き取り，日々の頑張りや工夫について質問する。
	9	この1年間に転んだことがありますか	・転倒は骨折の原因となる。直近1年間を振り返るのが困難であれば，1カ月，1週間での状況を尋ねるとよい。 ・転びやすい場所（例：居間，廊下，玄関など）と理由（例：つまずき，ふらつきなど），転んだことで生じた制約（例：外出など）の有無を尋ねる。
	10	転倒に対する不安は大きいですか	・転倒に不安を抱きはじめた時期ときっかけ，場所，その理由（例：めまい，つまずき，ふらつきなど）を尋ねる。 ・不安があることで控えていること（例：散歩，食べ歩き，買い物，観劇など）を尋ね，生活の変化を把握する。

	No.	質問項目	追加・関連質問のポイント
栄養・口腔機能	11	6カ月間で2〜3kg以上の体重減少がありましたか	・低栄養かどうかの確認だけでなく，食生活の状況（例：誰と食事をしてるか，好き嫌いはあるかなど）や食事の満足度，調理習慣，味覚・嗅覚障害の有無，運動の有無などについても質問する。 ・体重を維持している場合は，食習慣の工夫や努力について質問する。
	12	身長（　）cm，体重（　）kg ⇒BMI＝（　）	・BMIは18.5〜25未満が標準。25以上は肥満，30以上が超肥満。 ・BMI25以上であれば，心臓病や糖尿病，高血圧，下肢への負担について確認し，BMI18.5未満であれば，筋肉量の減少や免疫力の低下などについて確認する。
	13	半年前に比べて固いものが食べにくくなりましたか	・咬合力（噛む力）の低下は，食べることの満足度に影響する。咀嚼力の低下は，低栄養や唾液分泌量の低下につながるだけでなく，認知症の進行や体力・意欲・生活機能の低下に大きく影響するため，咀嚼力低下の原因となる顎関節の痛みや歯痛・歯肉炎の有無について確認する。
	14	お茶や汁物等でむせることがありますか	・嚥下力が低下すると，窒息や誤嚥性肺炎などを招く危険が高まり，滑舌も悪くなる。むせはじめた時期やむせやすい飲み物・汁物，むせた時の対応，日常で注意していること，あきらめたこと（例：食べ歩きなど）などについて追加質問する。
	15	口の渇きが気になりますか	・「口の中がカラカラになる・ネバネバする」というのは，脳血管障害や糖尿病，精神疾患などが原因かもしれない。気になりはじめた時期やきっかけを確認する。
社会参加・対人関係・認知機能	16	週に1回以上は外出していますか	・外出する目的を尋ねる。散歩であれば時間と距離，コース，目的（例：運動，ペットなど）を，買い物であれば店舗を確認する。 ・趣味や娯楽のための外出（例：映画鑑賞，観劇など）も回数に数え，本人の意欲に着目した質問をする。
	17	昨年と比べて外出の回数が減っていますか	・外出回数が減った原因と共に，ここ2〜3年の外出回数を確認する。心身機能の低下，友人・知人の入院・入所や他界，趣味サークルの解散・退会などがきっかけとなりやすい。 ・外出が減ることによる心身の状態や生活習慣，人間関係の変化などについても関連質問するとよい。
	18	周りの人から「いつも同じ事を聞く」などの物忘れがあると言われますか	・言われはじめた時期やタイミング，質問の内容（例：食事の献立，買い物，人の訪問など）を尋ね，本人がどれだけ自覚しているかを確認する。 ・周囲の人（例：家族，親族，友人，近隣住民など）の顔ぶれとかかわり方についても確認する。
	19	自分で電話番号を調べて，電話をかけることをしていますか	・電話をかける頻度と相手，どのような時に電話番号を調べるのか（例：救急車の要請など），電話をかける際に困ることはないか（例：相手の声がよく聞こえないなど）を確認する。 ・スマートフォンや携帯電話の使用状況についても確認する。
	20	今日が何月何日かわからない時がありますか	・わからないために困ったことや，わからなくならないために工夫していることについて尋ねる。 ・さらに関連する困り事（例：置き忘れ，ガスの元栓の締め忘れ，水道の止め忘れなど）はないか，それによる近隣住民とのトラブルはないか（トラブルがあればその内容も）確認する。 ・家族や周囲の人のかかわり方にも着目する。

	No.	質問項目	追加・関連質問のポイント
こころの健康	21	（ここ2週間）毎日の生活に充実感がない	・これまでどのようなことに充実感を感じていたのかを具体的に質問する。 ・「生活の充実感」は，本人なりの趣味やこだわり，生活習慣，価値観，性格，人間関係によってとらえ方はさまざま。「充実感」という表現がピンとこない人には，「ハリのある生活」と言い換えるとよい。
	22	（ここ2週間）これまで楽しんでやれていたことが楽しめなくなった	・「充実感がある」とまでは言えなくても，夢中になっていることや時間を忘れるほど楽しんでいること（例：野菜づくり，孫やペットの世話，編み物など）について質問する。 ・楽しめなくなった原因とそれによる影響を確認し，どうすれば再び楽しめるようになるかを一緒に考える。
	23	（ここ2週間）以前は楽にできていたことが今ではおっくうに感じられる	・ADLやIADL，CADLの中でおっくうになったことやその理由（原因）を身体動作ごとに確認する。 ・生活全般の変化や人間関係，住環境・周辺環境の原因と影響を関連質問する。
	24	（ここ2週間）自分が役に立つ人間だと思えない	・役に立っているという実感は，自己肯定感や承認欲求の基本。役に立っていると思えるエピソードを具体的に質問する。 ・役割を失うと，生きていても意味がないという考えにつながりやすい。抑うつ状態や心の疲労感が原因のこともあるので，専門医の受診の有無も確認するとよい。
	25	（ここ2週間）わけもなく疲れたような感じがする	・身体的な疲れよりも，心理的な疲れに着目する。ポイントは「わけもなく」という表現。原因がはっきりしない「あいまいな疲れ」があるのはなぜなのか，身体機能の低下の有無，近親者の他界など喪失体験の有無についても併せて関連質問するとよい。

第5節 意欲・動機づけシートの活用

　前節で解説した「基本チェックリスト」はスクリーニングシートですから，「本人（自分）らしい意欲と動機」を引き出すものではありません。一方，「意欲・動機づけシート」はCADL理論に基づいて，本人の意欲を見つける・引き出すためのシートです。58の項目に対して「していた」「している」「してみたい」の3つから当てはまるものを選んでもらい，そこから追加・関連質問で本人の意欲や思いを引き出していきます。

CADL理論と「意欲・動機づけシート」との親和性

　従来のアセスメントは，ADL・IADLや健康管理の領域を中心に行っていました。CADL理論（第1章 P.10参照）は本人の意欲や自己肯定感，モチベーションに着目した考え方ですので，要支援者だけでなく要介護5の状態になってもポジティブな生活を送るための課題を設定したり暮らしの環境をつくったりするためのアセスメントを可能にします。CADL理論は「意欲・動機づけシート」との親和性が高く，本書が提案する「自己実現を支援する介護予防ケアプラン」を作成する際のアセスメントツールとしてとても有用です。

「意欲・動機づけシート」の活用法

　「意欲・動機づけシート」は，「していた」「している」「してみたい」の中から選ぶようになっています。過去に「していた」ことにまで着目するのは，本人の「これまで」を深く知るためです。次の点に注意して聴き取りを進めましょう。

・シートへの記入は「○」のみを使う

　本シートに「×」は記入しません。「×」にはネガティブなイメージがあるので，ポジティブなイメージにつながる「○」のみを使います。本人には次のように伝えます。

> 「該当する項目にのみ「○」を記入してください。「×」は書かなくても結構です」

58

・記入をされた項目ごとに，追加・関連質問で本人の意欲や興味・関心，好みを具体的に掘り下げる。

このプロセスで，本人の「やる気スイッチ（モチベーション）」（第1章 P.24参照）を発見します。過去・現在・未来のどこに「○」を記入したかを踏まえた聴き取りを行います。

■「していた」に「○」を記入した場合

まず，始めたきっかけや状況を質問します。

> ・「いつごろ，どのようなきっかけで始められたのですか？」（状況）
> ・「○○のどのようなところがおもしろかった（楽しかった）のですか？」（魅力）
> ・「その時やっていた方とは，今もお付き合いはありますか？」（つながり）
> ・「皆さんにお見せする（披露する，提供する）機会はありましたか？」（成功体験）

「している」に未記入の場合は，「なぜ現在はしていないのか？」（阻害要因），「先々どのようになったらやってみたいか」（意欲）を尋ねます。

> ・「いつごろ，どのような理由（きっかけ）でやめられたのですか？」（阻害要因）
> ・「やめたことに対してどのような気持ちをお持ちですか？」（理由，後悔）
> ・「また始めるためにはどのような条件がそろえばよいとお考えですか？」（意欲）

■「している」に「○」を記入した場合

それを始めたきっかけや経緯，現在の状況を具体的に質問します。今「している」のだから問題はないと決めつけず，以前より頻度が減っていないか，やりづらさが生じていないか，これから先も続けていくことに不安はないかなどを確かめましょう。

> ・「いつごろからどのような理由で続けてこられたのですか？」（魅力）
> ・「今はどのようにしていらっしゃるのかを聞かせていただけますか？」（状況）
> ・「ご自分なりに工夫したり，周囲の方にお手伝いをしてもらったりしていますか？」（強み，つながり）

・「今やりづらいこと（身体機能，体調）ややりづらい時（環境，時間帯，場所，場面など）はありますか？」（阻害要因）
・「○○を続けていくためにどのようなことが不安ですか？」（リスク予測）

■「したい」に「○」を記入した場合

「したい」に「○」を記入する人には，2つのパターンがあります。

①過去は「していた」が，今は「していない」

　この先，再開したい思いを尋ねると共に，どのような条件（例：心身機能，体調改善，時間の余裕，予算，サポートなど）が整えば可能なのかを話し合いましょう。

②過去も今も「していない」人

　これまでしなかったのは，関心がなかったわけではなくする機会がなかった，できる状態になかったのかもしれません。また，あるきっかけ（例：出会い，人からの提案）でふとやりたくなったと思ったのかもしれません。いずれの場合も，本人の思いに共感し，それを始めるにはどうすればよいかを一緒に考えましょう。

・「過去は『していた』けど今は『していない』。でも，『したい』に○を記入されています。その思いを聴かせていただけますか？」（意欲，動機）
・「過去も今も『していない』けど，『してみたい』という思いを聴かせていただけますか？」（意欲，動機）
・「どのような条件がそろえばできるとお考えになりますか？」（促進要因）

「意欲・動機づけシート」の追加・関連質問のポイント

No.	質問項目	追加・関連質問のポイント
1	家事	家事は内容によって好き嫌いがあり，生きがいと語る人もいる。料理，掃除，洗濯，片付け，買い物，金銭管理など何を再開・継続したいのか。そのための阻害要因を整理して，求められる心身機能や認知機能の改善策を具体的に提案する。
2	日曜大工	男性でも好き嫌い・経験の有無があるのが日曜大工。中には，趣味の域を越えた人もいる。これまで何を作ったのか，どういうものを作りたいのか。スキルと意欲を引き出し，目標設定を試みる。
3	料理作り	料理は文化的行為で郷土色が出ることがある。人によって好き・嫌い，得意・不得意がある。料理好きな人であれば，普段の食事でもこだわりがあることが多いので，そのこだわりについて聴き取る。また，行事メニューやおやつ作りなどは，「いつ，誰に，どのような場面（お盆，正月，誕生日など）で振る舞うのか（振る舞いたいのか）」を聴き取る。
4	買物	買い物を楽しみにしている人は多い。何を買うか（こだわり，好みなど），どこで買うか（店名，場所），誰と買い物をするのか（したいのか）などの関連質問で，人間関係や生活感覚を知る。
5	おしゃれ	おしゃれは心のメリハリにつながる。人によってこだわりはいろいろ。髪形や服装，小物，化粧などについて確認する。また，おしゃれをして，いつ，どこに，誰と，何をする目的で行くのか（行きたいのか）を聴き取る。
6	お出かけ	お出かけは，下肢筋力の維持や体調の改善（便秘など）といった目的がない場合でも，暮らしのリズムとなる行為である。外出の方法と共に目的地と距離，移動時間なども具体的に尋ねる。
7	子ども・孫・ひ孫との関わり	孫やひ孫の世話は，心の若返りと家族関係の改善に大きな効果がある。孫やひ孫の名前（愛称も），年齢，かかわり方も具体的に聴き取る。孫やひ孫とかかわることで心身機能が改善する期待値も明記する。
8	家族・親戚との集り	家族との団らんや親戚が集まる行事は，大切な集いの場である。時期（例：盆，正月，祭り，孫やひ孫の結婚式など）と場所（自宅，寺，店）について関連質問で具体的に聴き取る。
9	ペットの世話	ペットの世話は，生活と運動の習慣化に効果的。ペットの種類，名前（愛称），年齢を質問し，ペットとの思い出やこれからも続けたいこと（例：散歩・お世話など），ペットとやりたいことなどを聴き取る。
10	友達と会話（おしゃべり）	誰（例：親友，サークル仲間，同級生など）とどんな話題で盛り上がるのかを質問する。会話の方法（例：対面，電話，メール・SNSなど）も大事な情報なので確認しておく。
11	友達と遊ぶ	いつごろに誰とどのような遊び（例：トランプ，将棋，囲碁，花札，ゲーム，ゴルフなど）をしていたのか（したいのか）を質問する。SNSを使った遊びであれば，全国に世代を超えて友人ができる可能性がある。
12	異性との交流	異性との交流は気持ちが華やぐもの。老人会や地元のイベントなどで一緒に食事をしたり，電話やインターネットで会話をしたりして異性との交流の場を持ち続けることで「心の活性化」が期待できる。
13	ランチ・ディナー	いつ，誰と，どんな食事（例：和食，洋食など）をするのかが大切な要素。行きつけの店や時期，食事の時に盛り上がる話題などを聴き取ることで，つながりの復活や心身の改善の動機づけにできる。

No.	質問項目	追加・関連質問のポイント
14	食べ歩き	食べ歩きは依然として人気。いつ，誰と，どんなものを食べに行くのか（行きたいのか），場所や店名，思い出話を具体的に聴き取る。
15	お取り寄せ	テレビや新聞広告で紹介される全国の名産品も，宅配便を使えば手に入れられる。関連質問で何がおいしかったか，また，手に入ったら誰と一緒に食べたいか（つながり），何を注文したいか（生活支援）などに広げ，動機づけにする。
16	ボランティア	誰が対象（例：高齢者，障がい者，子どもなど）で，どんなボランティア（例：美化活動，子ども食堂，語り部など）をしていたのか（したいのか），ボランティアを始めたきっかけなどを聴き取る。
17	地域活動	町内会，老人会，消防団，婦人会，マンション管理組合などの地域活動における役割や活動内容を聴き取ることで，地域住民との人間関係や付き合いのレベルが把握できる。
18	集まり	どのような人たち（学校・職場のOB・OG会，地域活動など）といつ，どこで集まっていたのか，頻度や規模，参加の有無，楽しみ・魅力も聴き取る。
19	お参り	高齢者が希望する行き先として多いのは寺社。祈願だけでなく，パワースポットとしても人気。「墓参り」が家族・親族において大切な役割の人もいる（特に長男・長女）。お参りの目的，場所，名前，時期などを聴き取り，目標に設定するのもよい。
20	史跡巡り	高齢男性に人気が高いのが史跡巡り。歴史マニア同士で話が合い，絆も生まれやすい。外出支援とつながり支援としてプランニングすることもできる。砂利道や石段を移動できるよう，下肢筋力の改善などもリハビリテーションに加えることができる。
21	文化施設	芸術系（例：美術館，博物館など）のほかに，憧れ系（例：作家・漫画家・歌手らの出生地などにある記念館など），企業系（例：企業が設立・運営する博物館など）がある。多くはバリアフリー仕様で安全にゆっくりと楽しめる環境なので，安心。
22	名所巡り	歴史やパワースポット，人気スポットが好きな人は名所巡りに関心が高い。いつ，誰と，どこに行ったのか（行きたいのか），その名所を知ったきっかけ（友人の紹介，テレビ番組，雑誌）などを質問する。
23	温泉・健康ランド	旅行先として人気が高いのは温泉。思い出のある温泉地の話から，いつ，誰と行ったのか（行きたいのか），宿泊した（したい）旅館の話なども聴き取る。手初めに近くの健康ランドを外出の動機づけにしてもよい。
24	国内旅行	昭和のころは，社内旅行や，町内会・婦人会・老人会で行く旅行が一大ブームだった。追加質問で，かつての旅行先から思い出話を引き出し，もし旅行するとしたら「どこに，誰と，いつごろ」（外出支援，つながり支援）行きたいかを関連質問し，実現のための具体策を話し合う。
25	海外旅行	昭和のころの海外旅行は高嶺の花。人気はハワイやグアム，韓国，ヨーロッパなど。高齢の海外旅行経験者は優越感を持って熱く語ることが多い。男性なら海外赴任・出張が話題になるかも。思い出や料理などを関連質問で引き出し，本人がどの話題なら楽しくなるのかを把握する。
26	手芸	手芸にも裁縫や刺繍，編み物などがある。これまでの経験（誰に，いつごろ，何を）を追加質問する。気軽に夢中になれる趣味でもあり，阻害要因（例：視力の低下，手先のしびれなど）を整理し，誰に何を作りたいかを聴き取る。

No.	質問項目	追加・関連質問のポイント
27	工芸	工芸の中でも，陶芸，木彫り，竹細工，染色，彫金，和紙づくり，革細工などは，じっくり取り組める趣味としても人気。始めたきっかけや出品経験などを追加質問し，再開するための阻害要因や促進要因を関連質問し，介護予防プランに位置づけることを提案する。
28	家庭菜園	自宅の庭や畑でする人と市民農園などを借りてする人（農業未経験者が多い）がいる。野菜の種類，世話の苦労，野菜の使い道（自家利用，おすそ分け）から，農機具の操作，農作業の苦労まで関連質問で聴き取り，再開・継続するための提案をする。
29	ガーデニング	自宅の部屋やベランダなどで鉢植えを楽しむ人から，屋外の庭木の剪定や庭園づくりなど本格的に楽しむ人まで幅広い。植物の種類と好きな理由，世話の苦労，剪定や水やりの工夫，作業動作の苦労などを関連質問で聴き取り，再開・継続するための具体策を提案する。
30	模型づくり等	プラモデル作りを好む男性は多い。車や飛行機，キャラクターのフィギュアなど種類は多彩。材料の買い物や作品展示会への参加などは外出支援になり得る。SNSによる仲間づくりを提案してもよいかも。
31	読書	好きなジャンル（例：文学，ビジネス，歴史，推理，旅行・紀行，詩・短歌・俳句など），好きな作家，読書量などを聴き取る。書物を手に入れる手段（例：図書館で借りる，書店で買うなど）を尋ね，そこまでの距離や頻度も確認し，目標設定に位置づける。
32	創作	読書は受動的だが，創作は能動的な行為。小説や絵本，紀行文，詩・短歌・俳句・川柳などを新聞や雑誌，地元同人誌（SNS含む）などに投稿している人には，作品のテーマや創作の苦労，掲載歴などを質問して今後の創作の意欲を引き出し，動機づける。
33	語学	SNSが普及したことで，語学学習がより身近になった。「していた」に○をつけた人は，海外赴任や教員の経験がある人かも。語学への興味と理由，さらなる学びへの意欲を動機づける。
34	資格	国家資格は「仕事の免許証」だが，民間資格は「達成証明書」のようなもの。種類ときっかけを追加質問し，関連質問で資格取得の苦労と楽しみ，資格を取得したことで得た経験などに話題を広げ，その知識と経験を何かに生かせないかを話し合う。
35	カルチャー教室	カルチャー教室は，高齢者の「学び直しの場」。地元の公的施設や教室形式の通学スタイルだけでなく，自宅で学べる通信教育（DVD，動画配信）もある。きっかけや面白さ，つながり，さらなる学び直しへの意欲を動機づけ，介護予防ケアプランに位置づける。
36	絵画	水彩画，油彩画，色鉛筆画など種類はさまざま。気軽な絵手紙も人気がある。どんな絵を描くのか（描きたいのか），何を描くのか（描きたいのか）などに加えて，作品作りの思い出や作品展に出品した経験なども聴き取る。モチーフを探す目的で，公園や名所に出かけることは，外出の動機づけにもなる。
37	パソコン・スマホ等	インターネットを使った通信機器（特にスマートフォン，タブレット）が使えるようになると，情報収集や買い物，娯楽の幅が広がり，人との会話を増やすこともできる。手元で実演しながら質問するが効果的。
38	SNS	自宅でスマートフォンを使って気軽にできるメリットがあるSNSに，高齢者の関心が高い。LINEやFacebook，Ｅメールのスキルを習得すれば，孤独解消や仲間づくりに役立つ。

No.	質問項目	追加・関連質問のポイント
39	写真	スマートフォンの普及により，写真・動画の撮影は身近なものとなった。どこで，どんなものを撮影するのか（したいのか）（例：人，風景，植物，動物など）などを聴き取る。外出への動機づけだけでなく，SNSにアップロードすれば，仲間づくりにもつながることを話題にして本人を動機づける。
40	映画・観劇等	映画や演劇を鑑賞するには，映画館や劇場に「出かける」ことを伴う。どんなものを観るのか（観たいのか），誰を観るのか（観たいのか），いつ，誰と行くのか（行きたいのか）などを聴き取りを通じて，外出に必要となる下肢筋力の改善，座位の保持，失禁コントロールなどを介護予防ケアプランのリハビリテーションに位置づけるとよい。
41	茶道・華道	高齢者の「習い事」で多いのは，茶道，華道，着付け。始めたきっかけ，腕前（成功体験），弟子の有無（人間関係），求められる心身機能などを聴き取り，介護予防ケアプランの目標設定に検討してみる。
42	歌唱	歌を歌うことは，呼吸器や口腔の訓練だけでなく脳トレにもなる。合唱では協調性なども育つ。どこで（例：合唱サークル，カラオケ店など）歌うのか（歌いたいのか），どんな曲を歌うのか（歌いたいのか）を詳細に聴き取り，好きなジャンルと歌手や歌について質問する。外出支援や仲間づくりにつなげることも一緒に考えるとよい。
43	音楽	どのようなシーンでどのようなジャンル（例：クラシック，ジャズ，歌謡曲など）の曲を聴くのか（聴きたいのか）を聴き取る。好きな歌手や曲名などについても質問し，介護予防ケアプランに位置づける。
44	コンサート	外出の動機づけとして，コンサートは効果大。いつ，誰と（例：家族，友人），どこへ（例：開催地，会館名など），何を（例：演奏家，歌手名など）聴きに行くのか（行きたいのか）を聴き取り，介護予防ケアプランの目標設定に具体的に位置づける。
45	楽器演奏	演奏する（してみたい）楽器の種類，演奏する（したい）曲名などを聴き取る。演奏を披露した経験や一緒に演奏した仲間の話なども尋ねる。楽器演奏は手先の運動だけでなく呼吸器の訓練や脳トレにも効果があり，リハビリメニューとして音楽療法に位置づけてもよい。
46	遊び	一人遊びが好きな人は多い。屋内ならテレビゲームやパチンコ，屋外ならサイクリング，ソロキャンプ，ウィンドウショッピングなど。身体動作もあり具体的に引き出す。
47	運動	話題になった運動（例：ヨガ，地元のオリジナル体操）や自分なりの運動をやっていた（いる）人もいる。自宅でするのが好きな人もジムや教室に通うのが好きな人もいる。本人の体調や興味を聴き取り，無理せず生活習慣として取り組めそうな運動をプランに位置づける。
48	散歩	「していた」「している」に○をつけた人への追加質問は，目的，行き先，距離（往復），時間，頻度，体調を聴き取る。再開・継続するための阻害要因・不安要因を聴き取り，その解決法（例：栄養改善，下肢筋力改善，朝夕の体操など）を一緒に考え，介護予防ケアプランにする。
49	アウトドア	ハイキング，キャンプ，バーベキュー，釣りなどは，要支援になっても支え手がいれば楽しめるアウトドア。いつ，誰と，どこで，どのくらいの頻度で行うのか（行いたいのか）を具体的に聴き取る。外出への動機づけになり，初体験でも「やってみたい」ワクワク感を味わうことができる。

No.	質問項目	追加・関連質問のポイント
50	エンタメ	「笑い」はストレスケアと健康づくりにも効果的。漫才・落語・手品など「エンタメ好き」は増えている。寄席や演芸場・文化会館などに複数で出かける（外出支援・つながり支援），テレビ・ラジオ・SNSで定期的な視聴（生活習慣支援）として動機づける。
51	スポーツ	10〜20代のころに夢中になったスポーツを聴くと，本人の意外な面が分かることがある。いつごろ，どんな種目で，競技結果はどうだったかなどを聴き取った上で，もう一度やってみたいスポーツや新たにやってみたいスポーツを追加質問する。そのために必要なリハビリテーションなどを介護予防ケアプランに位置づける。
52	観戦	スポーツ観戦が好きな人は増加中。いつ，誰と，どこへ（例：競技場，体育館など），何を（例：野球，サッカー，ラグビー，バスケットボール，テニス，卓球など）観に行くのか（行きたいか），応援しているチームや選手を聴き取る。競技会場に行くことを，外出目標として位置づける。
53	ダンス・踊り	男女とも人気があるのは，フォークダンスと社交ダンス。女性に人気があるのは日本舞踊とフラダンス。最近は，自治体が介護予防向けのダンスを開発しているところも多い。身体機能の維持・改善だけでなく，外出支援，仲間づくりにも効果が期待できる。
54	ギャンブル・賭け事	ギャンブルが好きな男性は多く，外出のきっかけづくりには効果がある。どんなギャンブル（例：パチンコ・スロット，競輪・競馬・競艇・オートレース，宝くじなど）に興味があるか，過去の戦歴などを聴き取り，介護予防ケアプランに外出支援として組み込む。
55	投資	投資にはお金に対する価値観が現れる。どのように資産を運用してきたか，投資の目的などを聴き取ることで，老後の生活設計を把握する時にも役立つ。
56	祭り	祭りが好きな人は多い。見物するだけでなく参加した祭りなら尚更。「晴れの舞台」へのワクワク感を引き出すことができる。いつ，誰と，どんな祭りに参加したのか（どこの祭りを観に行きたいのか）などを聴き取り，介護予防ケアプランに組み込んでみる。
57	就労	就労は，生きがいとなるだけでなく，つながりを保ち，健康で安定した生活を送るためには大切な要素。職業歴などから本人の能力・技術の可能性を聴き取り，有償ボランティアや現役復帰を含む就労の再開・継続を目指して阻害要因を改善するための提案をし，目標化を試みる。
58	役割	役割喪失は，自己肯定感を下げ，生きがいの喪失になる。これまでの役割（例：家族の食事，近所の掃除，ペットの世話，話し相手など）を追加質問し，これからどのような役割なら担えそうか（担いたいか），その可能性を話し合い，介護予防ケアプランの目標に盛り込む。

プレ・プランニング

プレ・プランニング

　トータルアプローチで本人と一緒にプレ・プランニングを行う目的は，本人に**「私のプラン（セルフプラン）意識」**を持ってもらうためです。

　プレ・プランニングの範囲は，「課題に対する目標と具体策の提案」から支援計画の「期間」までです。「基本チェックリスト」や「意欲・動機づけシート」を使った質問やそれらから得られた多くの**キーワード**をフルに使って，楽しく和やかにプレ・プランニングを進めましょう。

■「課題に対する目標と具体策の提案」と 「具体策についての意向（本人・家族）」

　この2つの項目は，計画作成者と本人・家族との**「合意」のプロセス**として位置づけられています。計画作成者が総合的課題から一方的に目標を定めてしまうと，本人の自己（意思）決定や意欲を削いでしまうからです。

　3〜6カ月をかけて総合的課題を達成するための「おおよその目標（目安）」を具体的に示し，そのためには「どのような取り組み（自助，互助，介護予防サービス，地域支援事業など）が必要となるか」を本人に提案します。

> ・「○○を解決するために，3カ月間は○○するということを目標に取り組んでみるのはいかがでしょうか？」
> ・「○○を解決するために，6カ月間ご自分で○○をやってみるというのはいかがでしょうか？」

　本人や家族からは，質問形式で示した目標と具体策について「取り組みたい」「取り組みたくない」「すぐには難しい」などの意向を聴き取ります。期待する回答が得られなくても，無理に説得することはやめましょう。本人や家族が「やってみたい」「とりあえずやってみよう」と思えるような**提案を複数**します。

　本人や家族と合意して目標が決まったら，次は支援計画を作ります。

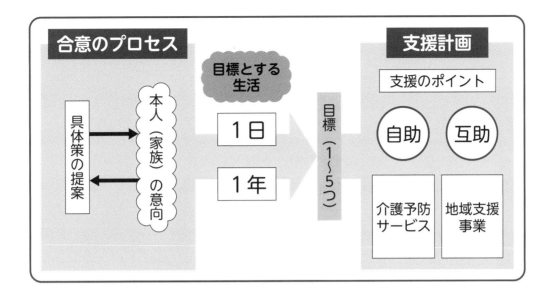

・本人の意向：毎日やっている朝ドラの時間帯なら，テレビを見ながら体操できそうですね。デイケアで自分のオリジナル体操を作ってもらえるのは，うれしいわ。膝が痛いので，家事を手伝ってもらえるのはありがたいです。プランターで野菜作りができるなんて考えてもみなかった。ぜひやってみたい。

・家族（長女）の意向：母は元々頑張り屋でスポーツも大好きでした。私が一緒にいる時は，子どもたちも誘って一緒に体操をしたい。夫も野菜作りが好きなので，いずれ母を手伝いたいと言っています。

　本人・家族が話す内容は，メモ用の介護予防ケアプランに書きとめておきましょう。前向きな言葉だけでなく，ためらいや不安，躊躇する言葉も大切に聴き取ります。

■「目標とする生活」〜1日・1年〜

　総合的な課題と取り組む目標が決まったら，「そのためにどのような1日（1年）を過ごすか」を聴き取りましょう。目標とする生活には，「取り戻したい（目指したい）生活習慣」「取り組む生活習慣」があります。本人がイメージしやすく動機づけしやすい目標にしましょう。

　　〈1日〉　・「毎日，どのようなことなら頑張れそうですか？」
　　　　　　・「もう一度毎日やれるようになりたいことは何ですか？」
　　〈1年〉　・「1年後，何ができるようになっているとよいですか？」
　　　　　　・「1年間，どのようなことを頑張りましょうか？」

※答えづらそうなら，「1日3食を食べる」「朝夕15分の体操をする」などを例として示すのもよいでしょう。

■「目標」を決める～「まとまり目標」で一石三鳥～五鳥を目指す～

本人や家族の意向を踏まえ，これから3～6カ月の間に具体的に取り組む目標を1～5つ挙げます。目標設定では抽象的な質問（「何をやりたいですか？」など）は避け，距離や時間，期間のほか，場所であれば「○○公園」「△△神社」「○○スーパー」のように**固有名詞**まで聴き取りましょう。

総合的な課題を解決する目標を定めるための質問は，ADLだけでなくIADLやCADL，コミュニケーション，健康管理についても聴き取るようにします。

・「何カ月後に1人でお風呂に入れるようになりたいですか？」

・「3カ月後，○○公園まで何分位で歩いて行けるようになりましょうか？」

・「6カ月後，どのような料理を作れるようになりましょうか？」

・「6カ月後，どこの映画館まで1人で行けるようになりましょうか？」

・「6カ月間の体調管理では，どのようなことに注意が必要とお考えですか？」

※これらの質問は，「基本チェックリスト」や「意欲・動機づけシート」のやりとりで聴き取れたキーワードを盛り込み，本人を動機づけできることがポイントです。

単体目標では，「目的（ゴール）」があいまいになりがちで，本人やチームの意欲も湧いてきません。CADLの視点を盛り込んだ「まとまり目標」を設定します。

[まとまり目標]

（例）高血圧と血糖値に注意した料理作りと△△公園（300m：往復20分）の散歩に励み，6カ月後には□□映画館に1人で行けるようになりたい。

■「支援計画」づくり

いよいよ，具体的になった目標にどのように取り組むかを話し合います。

目標についての支援のポイント

支援のポイントとは，具体的な支援を展開する上での留意点，つまりサービス事業者向けや支援者にサービス提供時に配慮してもらいたい点です。安全管理や医療上で配慮する点やインフォーマルサービスでの役割の分担なども含めます。

本人や家族に目標に取り組むに当たっての不安点や配慮してもらいたい点などを聴き取りましょう。

> ・「この目標を取り組むにあたり，どのようなことが心配ですか？」

本人等のセルフケアや家族の支援，インフォーマルサービス

いきなり介護予防サービスを提案するのではなく，まずは本人が行うセルフケア（自助）を聴き取り，家族（親類や友人含む）の支援・協力（互助），地域のサークル・地域ボランティア・集いの場・通いの場などの地域資源でどのようなことを手伝ってもらいたいかを話し合いましょう。

> 〈自助〉
> ・「○○の目標に向けて，ご自分ではどのようなことができそうですか？」
> ・「○○の目標に向けて，ご自分としてはどのようなことをやってみようと思われますか？」
> 　（例：行えること，知識や技術を学ぶこと）
> 〈互助〉
> ・「ご家族にはどのようなことを手伝ってもらえそうですか？」
> ・「ご家族として，どのようなかかわり方であればできそうですか？」
> 　（例：調理，掃除，洗濯，送迎，見守り，声かけ，買い物，話し相手など）
> 〈地域資源〉
> ・「ご近所の方にはどのようなお手伝いをしてもらえそうですか？」
> ・「ご近所の方にどのようなことをお願いしたいですか？」
> 　（例：ごみ出し，話し相手，送迎，買い物，声かけ，見守りなど）

介護保険サービスまたは地域支援事業

介護予防サービス（訪問介護，通所介護など）と地域支援事業の種類と使い方，利用時間，利用している人，食費などの基本的な費用を説明し，どのようなサービスを希望するかを聴き取ります。

> ・「介護予防サービスでは，どのようなことを手伝ってもらいたいですか？」
> ・「どの介護予防サービスを利用してみたいと思われますか？」

この時，写真や動画を使うなどして分かりやすく説明しましょう。また，本人や家族から希望するものが出たら，必ず理由を確認します。すぐに希望するものが答えられない場合は，介護予防ケアプランの説明時に回してもよいでしょう。

> ・「こちらでもいくつか考えてみますので，次回の時にお返事ください」

　その際は，「サービス種別や事業所，期間は，こちらで作る介護予防ケアプランに書いてご提案します」と伝えます。

居住環境と近隣環境のアセスメント

　住み慣れた「なじみの地域」で暮らし続けるには，心身の機能の改善だけでは不十分です。介護予防ケアマネジメントを通じて，心身の機能が低下しない・家庭内事故を予防する居住環境づくりを本人（家族）が始めるきっかけになることを目指します。そして近隣環境を把握し，なじみの地域で暮らし続けるための地域社会への参加を動機づけに活用しましょう。

■居住環境のアセスメント

　心身の機能が衰えて要支援状態になり外出する機会が減ると，居住環境が人生そのものとなります。生活環境は，本人の自立した暮らしに大きく影響します。日本の家屋は，玄関や敷居など段差が多い構造になっています。また，2階建ての家屋やエレベーターのない集合住宅では，階段が移動のバリアとなってしまいます。店舗と住居が一体になった家屋では，生活空間よりも仕事場の空間が優先されている場合もあります。

　居住環境を屋内環境と居室環境に分けてアセスメントしましょう。

屋内環境の把握

　屋内環境については，まずはおおよその広さ（○m²，○坪）を尋ね，玄関，居間，廊下，トイレ，台所，浴室，階段などへの移動時や使い勝手で困っていること，日中と夜間でどのような不便があるのかを聴き取ります。実際に移動してもらい，その動作を観察するのはとても有効です。

　手元に簡単な間取り図を手描きでかくのもよいでしょう。トイレの使い勝手，入浴時の困り事，台所での困り事などは，「基本チェックリスト」や「意欲・動機づけシート」を使っての追加質問や関連質問（拙著『介護予防ケアプラン作成ガイド』〈日総研出版〉，第3章P.49～53，第4章P.70～76参照）で聴き取るとよいでしょう。

居室環境の把握

　本人の居室は6～10畳だとしても，テレビやベッド，たんすなどが置いてある

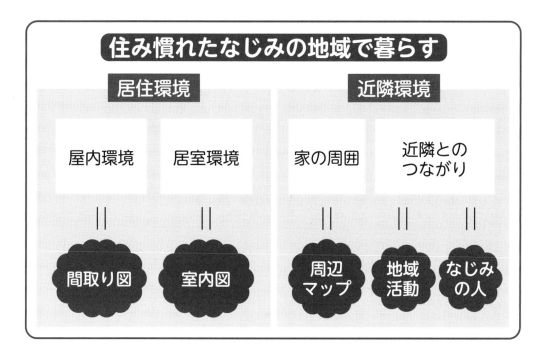

と案外と狭いものです。また，階段の上り下りの不便さから，2階の寝室を1階に変更していることもあります。

　居室の室温や採光，湿度は，健康に影響します。冷暖房機の有無だけでなく，居室内の動線（障害物の有無），地震や火事など緊急時の避難経路も聴き取ります。

■近隣環境のアセスメント

　近隣環境（地域環境）は，本人の移動や通院，買い物，地域の人との付き合い（社会参加）に大きく影響します。地理的な環境が日常生活や地域の支え合い，災害の時に影響することもあり，周辺マップに記載しましょう。

家の周囲（近所）のアセスメント

　近所の地理（道路幅，交通量，坂の有無），近所の家や親しい人の家との距離・移動にかかる時間・頻度，災害時の避難ルートや一時避難所への距離などを聴き取りましょう。いざという時に頼れる人がいるかどうかも，大切な情報です。

近隣のアセスメント

　地域には，町内会（団地自治会を含む）や集落単位の区・班や消防団などがありますが，多くの場合，高齢化や人口減少で活動は低迷しています。かつてどのような地域活動（町内会，PTA，消防団，婦人会など）にかかわっていたのかを聴き取ることで，地域との**つながり度**を把握できます。

　なじみの商店やスーパーマーケット，郵便局・銀行，コンビニエンスストアまでの距離，ごみ集積所への距離なども，「基本チェックリスト」の聴き取りで把握しましょう。

●目標とする生活

| 1日 | ← 本人にとってイメージをしやすい介護予防につながる1日の行動目標。 |

●支援計画

アセスメント領域ごとに，本人・家族の現状の認識と意思・改善の意欲，これからの暮らしをどうしたいと思っているか（意向）を聴き取り，記載する。

アセスメント領域と現在の状況	本人・家族の意欲・意向	領域における課題（背景・原因）	総合的課題	課題に対する目標と具体策の提案	具体策についての意向本人・家族
運動・移動	□有 □無				
日常生活（家庭生活）	□有 □無				
社会参加・対人関係・コミュニケーション	□有 □無				
健康管理	□有 □無				

身体的な運動面（上肢・下肢など）と居室内・居室外での移動（自立歩行，杖歩行，自動車移動など）を記載。「行っていないこと」だけでなく「行っていること」も記載。

日常生活（ADL，IADL）で困っていること，工夫してやっていること，頑張ってやれていることだけでなく，予測されるリスクも記載。

社会参加（町内会，地域サークル，近所付き合いなど），対人関係（家族，友人，知人），コミュニケーション（話す，聞く，書く，読む）の領域で困っていること，つらくなっていることを具体的に記載。

健康管理上，困っていること（膝痛，腰痛など）や体調不良の状況を記載。行っていること（服薬，体操，散歩，健康食品など）も記載。

領域ごとに課題の有無と課題（改善すべき点，予測できるリスク）を整理し，その背景・原因について記載する。
【課題】
○○○○○○○○○○○○○○○○○○
○○○○○○○○○○○○○○○○○○
【背景・原因】
○○○○○○○○○○○○○○○○○○
○○○○○○○○○○○○○○○○○○

計画作成者から提案された具体策についての本人・家族の意向を記入。
①前向きに取り組む。
②とりあえず取り組む。
③やりたくない（下欄の「本来行うべき支援ができない場合」欄に記入し，将来的な取り組みとする）。

総合的課題の解決（改善）のための具体的な目標と具体策（取り組む内容）を「自助，互助，共助，公助」の領域を踏まえ提案する。

4つの領域の「課題」を優先化・重ね合わせ（共通化）を行う。
※課題設定は次の2つがポイント。
　①課題を足し算化：「町内会の行事不参加＋歩行困難」のように課題を足し算で設定する。
　②課題を総合化：2〜4領域の原因が共通する課題を「まとまり課題」として設定する。
※順位づけは，次の3つを参考に設定する。
　①生活行為に影響が大きいリスク（疾患，体力・体調の低下，心身機能の低下など）
　②本人のやる気の低下
　③挫折感・失敗体験

●健康状態について
□主治医意見書，生活機能評価等を踏まえた留意点

基本チェックリストのリスクを数字化し，記載する。

基本チェックリストの（該当した質問項目数）／（質問項目数）をお書きください。
地域支援事業の場合は必要なプログラムの枠内の数字に○印をつけてください。

	運動不足	栄養改善	口腔内ケア	閉じこもり予防	物忘れ予防	うつ予防
予防給付または地域支援事業						

【介護予防ケアプランのセルフチェックポイント】
次の4つの視点でセルフチェックする。
①アセスメントおよび課題整理総括表の改善の見込みと介護予防ケアプランが連動している。
②課題と目標が連動しているか，整合性があるか，目標の達成が可能な支援内容となっているか。
③目標や支援内容が本人が動機づけられる表現となっているか。
④目標が「評価」ができる表現，改善・向上の実感が得られる表現となっているか。

1年 ← 1年後に「達成を目指す目標」，1年間を通して「取り組む目標」「心がける目標」とする。

目標	支援計画					
	目標についての支援のポイント	本人等のセルフケアや家族の支援，インフォーマルサービス	介護保険サービスまたは地域支援事業	サービス種別	事業所	期間

複数の領域の課題から解決（改善）を目指す合意された「まとまり目標」を記載する。
次の3点がポイント。
①主語は本人
②具体的な表現
③総合的な課題と領域の課題を反映

・本人
・家族・親族（家族・親族の氏名）
・インフォーマル資源
・介護予防サービス
・地域支援事業

目標を目指して介護予防サービスと総合事業が行うプログラムを記載する。
〈介護予防サービス〉
　通所リハビリ，訪問看護，訪問リハビリ，訪問入浴，短期入所，短期療養入所，居宅療養管理指導，福祉用具貸与・販売，特定施設
〈日常生活支援総合事業〉
　①介護予防訪問介護　　②介護予防通所介護

具体的な支援を展開する上での留意点を目標の数別に記載する。
①主語はケアチーム
②本人の疾病や体調，認知機能のレベルに配慮
③本人の尊厳を尊重した記載

目標に取り組むために三者が行うことを表記する。
①本人のセルフケア
　本人が取り組む（ADL，IADL，CADLなど）
②家族（親族）の支援
　※見守り，電話での声かけ，服薬確認などを含む
③インフォーマルサービス（近隣住民，ボランティア，地域の友人など）
　地域の声がけ・見守り，集いの場や通いの場，地域サークルの仲間やボランティアなどの支援

【本来行うべき支援ができない場合】
妥当な支援の実施に向けた方針

総合的な方針：生活不活発病の改善・予防のポイント

地域包括支援センター	【意見】
	【確認印】

計画に関する同意

上記計画について，同意いたします。

〇〇〇〇年〇月〇日　氏名　〇〇〇〇

プランニング～8つのポイント～

　初回訪問時のトータルアプローチでは，介護予防ケアプランに従って「基本チェックリスト」と「意欲・動機づけシート」を使ったアセスメントを行い，プレ・プランニングまで行います。ここでは，介護予防ケアプランに落とし込むポイントを具体的に解説します。

❶トータルアプローチで得た情報を整理する

　初めに，トータルアプローチの際に使った3つのシート（本人（家族）とのやり取りをメモ書きした介護予防ケアプラン，本人が記入した「基本チェックリスト」，本人が記入した「意欲・動機づけシート」）を用意し，得た情報を整理します。

　これに，その場でメモし切れなかった本人（家族）の主訴や思いを介護予防ケアプランに書き加えます。なじみの人や場所は固有名詞で追記します。疑問点や気がかりな点，リスクと思える点などは赤字で追記するとよいでしょう。記憶はすぐにあいまいになりますから，必ずその日のうちに行います。

❷現状を整理し，4つの領域の課題リスクと総合的課題を再検討する

　4つの領域ごとに，現状で困っていることとできていること，それに対する本人（家族）の受け止め方と意思を整理し，領域ごとに背景・原因も含めて課題を検討します。本人（家族）が気づいていないけれども，このまま心身の機能低下が進んだ場合に生じる新たな困り事やリスクを予見し，総合的な課題に整理します。メモ書きした介護予防ケアプランにこれらを赤字で追記するプロセスで，多くの**気づき**と**ひらめき**があるはずです。

❸本人（家族）の強みと意向，本人らしさ（個別性）を整理する

　本人（家族）に提案する目標の受け止め方とこれからの意向について整理します。どのような目標を設定すれば，本人が意欲的に取り組めるのか，家族や近隣住民などのインフォーマル資源を活用できるのかを検討します。

　目標は，複数の領域の改善に紐づけられる「**まとまり目標**」を設定します。

　例）近所の○○公園まで歩けるようになる

　　→①体調を管理して，②200m先の○○公園に歩いて行き，③朝のラジオ体操サークル□□に週3回は参加できるようになる

❹プレ・プランニングを整理し，改善・向上のシミュレーションをする

プランニングの際に本人（家族）の困り事ばかりに気を取られていると，困り事への対応を中心とした目標を設定してしまいがちです。困り事とは，これまでの生活習慣や体調管理，地域とのかかわりの結果です。結果の解決にしか目がいかなくなると，「どのような暮らしを取り戻したいのか」という視点があやふやになります。

プランニングは**未来志向**でなければいけません。3～6カ月先に「何をどのように改善・向上したいのか」を明確にし，それにはどのようなリスクがあり，それをどのように防止するのかをシミュレーションします。プレ・プランニングでのやり取りを思い出し，本人（家族）が語った言葉や表情から読み取った**願い**を赤字で追記しましょう。

❺本人等（自助：セルフケア）のプランニング

介護予防は，本人の**自助力**をどれだけ引き出すかがポイントとなります。本人が心身の機能低下や生活習慣の乱れ，住環境のリスクと阻害要因を理解し，その改善とリスクの軽減に日々前向き（意欲的）に取り組むためには，**目指すこと**と本人のモチベーションが一致する目標を設定できるように心がけます。そして，目指すことの主体は本人でなければなりません。「基本チェックリスト」や「意欲・動機づけシート」を活用したやり取りを通じて得られた**望む暮らし**（ADL，IADL）と**文化的な日常生活の過ごし方**（CADL）を含んだ目標を設定します。

いくら本人のモチベーションが高まっても，目標が大きすぎるとなかなか達成できず，途中で意欲を失ってしまう可能性もあります。そこで，目の前の目標を達成したら次の目標に取り組む意欲が出てくるように目標を細分化します。「この目標が達成できたら，次は○○に取り組みましょう」と次なる目標を意識づける声かけを行い，メモ書きした付箋などを貼っておくのもよいでしょう。

❻家族・親族・地域などのインフォーマル資源を活用する

本人が目標に向かって取り組みを継続できるように，周囲（家族，親族，地域の人）のかかわり方（協力）を介護予防プランに盛り込みます。身体面や生活面だけでなく，精神面での支えが本人の自立支援への意識（自助意識）を促すことになります。

家族の支援を想定しても，家族自身が虚弱であったり，要支援・要介護状態で

あったり，他県に住んでいたりするなどの事情で支え手になれないこともあります。一方で，きょうだいやいとこ，甥・姪などが支え手になってくれるかもしれません。地域のインフォーマル資源も，町内会や地域ボランティアなどさまざまなものがあります。声かけや散歩の同伴などの<u>直接的なかかわり方</u>から，電話やICT・通信機器などを使った<u>間接的なかかわり方</u>（例：音声・動画）まで，方法も多様です。

❼介護保険（介護予防）サービスと　保険外・民間サービスを活用する

介護保険サービス

　アセスメントによって得られたADL，IADL，CADLの情報と，本人のこだわりや好み，価値観，体調，性格，住環境・周辺環境などを総合的に判断して，どの介護保険サービスと指定事業所を利用すれば要支援状態を改善・低下させないようにできるかを考えます。

保険外・民間サービス

　保険外サービスには，介護保険サービスを提供する指定事業者が自費サービスとして提供するものと，指定事業者でない事業者が類似のサービスとして提供するものがあります。これまで利用していたサービスの再利用や枠外のサービス利用などをトータルアプローチの際に情報提供するのもよいでしょう。

　民間サービスとは，一般の企業が提供する私的なサービスです。公的サービスには利用者や利用内容に制限がありますが，民間サービスにはそのような制限はありません。費用に応じてサービスを充実させることが可能です。

❽介護予防プランの内容を見える化（文字化）する

　プレ・プランニングでメモ書きした介護予防ケアプランに，本人とのやり取りで得られた情報や合意した目標・方向性に，専門職の見立てや手立てを赤字で追記したら，ケアプラン・ソフトで清書作業に移ります。次の点を心がけましょう。

・本人（家族）やチームが取り組めるよう<u>具体的な表現</u>にする。

・<u>箇条書き</u>，もしくは<u>簡潔な文章</u>にまとめる。

・できないことや困っていることだけでなく，<u>できていることも明記</u>する。

・本人らしさを尊重し，場所や店，建物，サークルなどは<u>固有名詞で明記</u>する。

・頻度や分量，時間帯，距離などは<u>数値を明記</u>する。

コラム モニタリング

　介護予防ケアマネジメントでは，モニタリングは利用者の自宅で行う場合もあれば，電話で確認したりICT機器を使って対面で行ったりする場合もあります。サービス担当者会議が「出発地点」ならば，モニタリングは支援プロセスの「中間地点」です。

　モニタリングは，介護予防ケアプランの評価だけでなく，維持・改善・低下のリスクを再アセスメントする場でもあります。

　とても大切なのは「モチベーションを継続させる場（動機づける場）」でもあるということ。自助（セルフケア）をやり続けるには，「動機づけ」の言葉がなければ難しいことです。

　動機づけのポイントは次の3つです。
・頑張りやつらいこと，不安を語ってもらう
・うなずきと相づち（共感，承認）でしっかりと受け止める
・頑張りを褒める，苦労・不安は励ます，これからを応援・期待する

　モニタリングの後半に，これから1〜3カ月間先の目標を再設定することもあってよいでしょう。

コラム 介護予防ケアマネジメントの終結と引き継ぎ

　介護予防ケアマネジメントの支援がずっと続くわけではありません。心身の機能やADL，IADLが改善し「非該当」に戻る（終結）人もいます。自宅や外出先での転倒事故や体調の急変で入院し，退院時に「要介護」の認定を受ける人もいます。その時に引き継ぎの作業が伴います。

　引き継ぎのポイントは，「質の高い連続性」です。

　要介護者となれば，引き継ぎ先は担当する居宅介護支援事業所です。その際，本人から直接聴き取っている利用者基本情報は，とても大切な情報です。「意欲・動機づけシート」も，本人のCADL（楽しみ，好み，趣味，心地よさ，こだわり）を把握した大切な情報です。介護予防ケアプランと個別サービス計画を引き継ぐ（情報提供）ことで，初動1カ月間のケアマネジメントはとてもスムーズにスタートできます。

　ポイントは，口頭で説明すること。対面が基本ですが，オンラインで行うのもよいでしょう。そして，写真や動画などで「見える化」することは，情報の確実性を高めます。

　なお，個人情報の提供は利用者基本情報の裏面に合意欄があるので個人情報保護法上は問題ありませんが，利用者には目的を説明して提供する内容を伝えます。

基本チェックリストについての考え方

【共通事項】 ①対象者には，各質問項目の趣旨を理解していただいた上で回答してもらってください。
それが適当な回答であるかどうかの判断は，基本チェックリストを評価する者が行ってください。
②期間を定めていない質問項目については，現在の状況について回答してもらってください。
③習慣を問う質問項目については，頻度も含め，本人の判断に基づき回答してもらってください。
④各質問項目の趣旨は以下のとおりです。各質問項目の表現は変えないでください。

	質問項目	質問項目の趣旨
1〜5の質問項目は，日常生活関連動作について尋ねています。		
1	バスや電車で1人で外出していますか	家族等の付き添いなしで，1人でバスや電車を利用して外出しているかどうかを尋ねています。バスや電車のないところでは，それに準じた公共交通機関に置き換えて回答してください。なお，1人で自家用車を運転して外出している場合も含まれます。
2	日用品の買い物をしていますか	自ら外出し，何らかの日用品の買い物を適切に行っているかどうか（例えば，必要な物品を購入しているか）を尋ねています。頻度は，本人の判断に基づき回答してください。電話での注文のみで済ませている場合は「いいえ」となります。
3	預貯金の出し入れをしていますか	自ら預貯金の出し入れをしているかどうかを尋ねています。銀行等での窓口手続きも含め，本人の判断により金銭管理を行っている場合に「はい」とします。家族等に依頼して，預貯金の出し入れをしている場合は「いいえ」となります。
4	友人の家を訪ねていますか	友人の家を訪ねているかどうかを尋ねています。電話による交流や家族・親戚の家への訪問は含みません。
5	家族や友人の相談にのっていますか	家族や友人の相談にのっているかどうかを尋ねています。面談せずに電話のみで相談に応じている場合も「はい」とします。
6〜10の質問項目は，運動器の機能について尋ねています。		
6	階段を手すりや壁をつたわらずに昇っていますか	階段を手すりや壁をつたわらずに昇っているかどうかを尋ねています。時々，手すり等を使用している程度であれば「はい」とします。手すり等を使わずに階段を昇る能力があっても，習慣的に手すり等を使っている場合には「いいえ」となります。
7	椅子に座った状態から何もつかまらずに立ち上がっていますか	椅子に座った状態から何もつかまらずに立ち上がっているかどうかを尋ねています。時々，つかまっている程度であれば「はい」とします。
8	15分位続けて歩いていますか	15分位続けて歩いているかどうかを尋ねています。屋内，屋外等の場所は問いません。
9	この1年間に転んだことがありますか	この1年間に「転倒」の事実があるかどうかを尋ねています。
10	転倒に対する不安は大きいですか	現在，転倒に対する不安が大きいかどうかを，本人の主観に基づき回答してください。
11・12の質問項目は，低栄養状態かどうかについて尋ねています。		
11	6ヵ月で2〜3kg以上の体重減少がありましたか	6ヵ月間で2〜3kg以上の体重減少があったかどうかを尋ねています。6ヵ月以上かかって減少している場合は「いいえ」となります。
12	身長，体重	身長，体重は，整数で記載してください。体重は1ヵ月以内の値を，身長は過去の測定値を記載して差し支えありません。
13〜15の質問項目は，口腔機能について尋ねています。		
13	半年前に比べて固いものが食べにくくなりましたか	半年前に比べて固いものが食べにくくなったかどうかを尋ねています。半年以上前から固いものが食べにくく，その状態に変化が生じていない場合は「いいえ」となります。
14	お茶や汁物等でむせることがありますか	お茶や汁物等を飲む時に，むせることがあるかどうかを，本人の主観に基づき回答してください。
15	口の渇きが気になりますか	口の中の渇きが気になるかどうかを，本人の主観に基づき回答してください。
16・17の質問項目は，閉じこもりについて尋ねています。		
16	週に1回以上は外出していますか	週によって外出頻度が異なる場合は，過去1ヵ月の状態を平均してください。
17	昨年と比べて外出の回数が減っていますか	昨年の外出回数と比べて，今年の外出回数が減少傾向にある場合は「はい」となります。
18〜20の質問項目は認知症について尋ねています。		
18	周りの人から「いつも同じ事を聞く」などの物忘れがあると言われますか	本人は物忘れがあると思っていても，周りの人から指摘されることがない場合は「いいえ」となります。
19	自分で電話番号を調べて，電話をかけることをしていますか	何らかの方法で，自ら電話番号を調べて，電話をかけているかどうかを尋ねています。誰かに電話番号を尋ねて電話をかける場合や，誰かにダイヤルをしてもらい会話だけする場合には「いいえ」となります。
20	今日が何月何日かわからない時がありますか	今日が何月何日かわからない時があるかどうかを，本人の主観に基づき回答してください。月と日の一方しか分からない場合には「はい」となります。
21〜25の質問項目は，うつについて尋ねています。		
21	（ここ2週間）毎日の生活に充実感がない	ここ2週間の状況を，本人の主観に基づき回答してください。
22	（ここ2週間）これまで楽しんでやれていたことが楽しめなくなった	
23	（ここ2週間）以前は楽に出来ていたことが今ではおっくうに感じられる	
24	（ここ2週間）自分が役に立つ人間だと思えない	
25	（ここ2週間）わけもなく疲れたような感じがする	

厚生労働省：介護予防・日常生活支援総合事業のガイドラインより抜粋

## 第3章

目標指向型
介護予防ケアプラン
21事例

※本事例は，CADL理論に基づく目標指向型の視点と個人情報，分かりやすさに配慮し，大幅な改変を行っています。

事例1	外傷性硬膜下血腫： ピアスとネイルでおしゃれして，長女とショッピングを楽しむ			

86歳	要介護状態区分	障害高齢者の日常生活自立度	認知症高齢者の日常生活自立度
女性	**要支援2**	自立・J1・J2・(A1)・A2・B1・B2・C1・C2	自立・(I)・Ⅱa・Ⅱb・Ⅲa・Ⅲb・Ⅳ・M

把握経路	1．介護予防検診　　2．本人からの相談　　(3)　家族からの相談 4．非該当　　5．新予防からの移行　　6．関係者 7．その他（　　　　　　　　　　　　　　　　　　　　　　　　　　）

概要：子どもが独立してからは夫と2人で市営団地で暮らしてきた。享年82歳で夫が他界し，その後は1人暮らし。80歳の時に発症した変形性膝関節症のため，両膝に関節痛がある。82歳で脳梗塞を発症。大きな後遺症はなかった。83歳の時に室内で転倒し，外傷性硬膜下血腫で救急搬送され入院。退院後からはたびたび転ぶようになり，1人暮らしの不安が高まる。近所に長男夫婦が住んでいたが，障害のある長男に今後の介護は望めないため，これまで住んでいた○○県を離れ長女夫婦の住む町のケアハウスに引っ越し，新たな地での暮らしを始める。悲観しない性格で，長女を巻き込みつつ新しい楽しみ方に取り組んでいる。

利用者基本情報

〈基本情報〉

本人の状況	在宅・(入院または入所中)（ケアハウス○○に入居中）　身長145cm　体重50kg　BMI23.7
障害等認定	身障（　　）・療育（　　）・精神（　　）・難病（　　）・その他（　　　　　　）
本人の 住居環境	自宅・借家　　一戸建て・(集合住宅)　　自室（(有)〈 3 階建ての 2 階〉・無） 住宅改修（ 有・無 ）　　浴室（(有)・無）　　便所（(洋式)・和式 ） 段差の問題（(有)・無 ）　　床材，じゅうたんの状況（　　　ソフトタイル　　　） 照明の状況（　　　あり　　　）　　履物の状況（　　　サンダル　　　）
経済状況	(国民年金)・厚生年金・障害年金・生活保護 その他（　　　　　　　　　　　　）

経済状況（家族構成）

	氏名	続柄	住所	連絡先
緊急連絡先	○○○○	長女	○○県 ○○郡○○町	○○○- ○○○○- ○○○○

家族構成

（享年82歳）　86歳

55歳　60歳（県外）身体障害者　55歳（近所）☆　58歳

30歳

☆：主たる介護者

80

〈介護予防に関する事項〉

今までの生活	○○県○町出身。5人兄妹の長女。小学生のころに北関東の○○県に1人で疎開。両親を早くに亡くし，祖母宅で暮らす。洋裁学校を卒業後，親戚のプレス加工会社で働く。24歳で結婚し，26歳で長男，31歳で長女を授かる。夫は酒飲みで苦労する。楽しみは，近所の喫茶店○○でブルーマウンテンを飲んだり，△△ダンス教室に通ったりすることだった。得意な洋裁で，カーテン生地を再利用したクッションカバーなど，家の中のものはほとんど作ってきた。

	1日の生活・過ごし方		趣味・楽しみ・役割
現在の生活状況	朝早く身支度を済ませた後は，淹れ立てのドリップコーヒーを飲みにケアハウスの1階に行く。食事はいつも気の合う仲間と取り，食後はおしゃべりを楽しむ。そのほかの時間は自室で洗濯や掃除など，身の回りのことをして過ごしている。		洋裁が得意だったが，白内障が進行し視力が低下。手術後は一度回復するが，徐々に悪化し，今ではほぼ見えていない。 淹れ立てのドリップコーヒーを毎朝飲むことと気の合う仲間と歓談することが楽しみ。

時間	本人	介護者・家族・その他	友人・地域との関係
5：00 6：00 7：00 AM中 12：00 18：00 21：00	起床 コーヒータイム 朝食 掃除・洗濯 昼食 夕食 就寝	 ケアハウスの食事 ケアハウスの食事 ケアハウスの食事	長く付き合いのある友人はおらず，これまでもその時々で知り合った気の合う人々と友好な関係を築いてきた。今，仲が良いのはケアハウスや介護予防の通所介護や健康体操教室の人たち。もともと集まりやイベントに参加することが好きではないが，この人たちとはうまくやれている。

〈現病歴・既往歴と経過〉（新しいものから書く・現在の状況に関連するものは必ず書く）

年月日	病名	医療機関・医師名 （主治医・意見作成者に☆）			経過	治療中の場合は内容
○○○○年○月○日 83歳	外傷性硬膜下血腫	○○病院	○○医師	TEL ○○○-○○○○-○○○○	治療中 経観中 その他	救急搬送され，血腫除去術を施行
○○○○年○月○日 83歳	慢性硬膜下血腫	○○脳神経外科	○○医師☆	TEL ○○○-○○○○-○○○○	治療中 (経観中) その他	内服治療を継続
○○○○年○月○日 82歳	脳梗塞	○○病院	○○医師	TEL ○○○-○○○○-○○○○	治療中 経観中 その他	
○○○○年○月○日 81歳	白内障	△△病院眼科	○○医師	TEL ○○○-○○○○-○○○○	治療中 (経観中) その他	両眼とも手術済み
○○○○年○月○日 80歳	変形性膝関節症	□□病院	○○医師	TEL ○○○-○○○○-○○○○	治療中 経観中 その他	

〈現在利用しているサービス〉

公的サービス	非公的サービス
介護予防通所介護（週2回）	カットサービス（カット，顔そり）

アセスメント

個別性のある 「活動」	・3年前に転倒し，外傷性硬膜下血腫で入院した経験があるため，とにかく転ばないよう気をつけている。歩行器を用いてゆっくり気をつけて施設内を移動している。また，不安定な動作は無理して行わず，安心してできることだけを行っている。 ・施設の浴槽や床タイルは転ぶ心配があるので，介護スタッフのいるデイサービスで入浴している。洗濯も施設内に共同のスペースがあるが，荷物を持って移動すると，不安定になる危険があるため自室内で洗濯物干しを行うなど，徹底している。 ・これまでどおり，自分のことは自分でやっていきたいという思いが強い。施設内での移動や生活は，マイペースを心がけている。
過去も含めた 「参加」	・生きていくためにさまざまなところに身を寄せてきた。その先々で深い人間関係はつくらず，程良い距離（間）を保つうまく付き合っていく術（すべ）が身についた。 ・ケアハウスにはさまざまな理由で入居している人たちがいる。ここでもそこそこに気の合う人たちとうまく付き合っている。介護予防デイサービスでも，気の合う人たちとの会話を楽しめている（同郷の人とは特に仲が良い）。
個人因子 （性格，価値観， 生活信条，学歴， 職歴など）	・性格はとても穏やか。あまり悩まず，考えてもどうしようもないことは考えない。小学生の時に1人で疎開したこと，両親を早くに亡くしたこと，夫が酒飲みで苦労したこと，祖母も兄妹もすでに他界してしまったこと，長男に身体障害があり頼りたかったが頼れなかったことなど，どうしようもない事実を受け止めてきたことが本人なりの価値観をつくった。 ・いくつもの病気にも罹患したが，治療して何とか今に至っている。これからも現実を受け止めながら自分の足で歩いていきたい。 ・最終学歴は洋裁の専門学校。洋裁学校卒業後は，結婚するまで親戚のプレス加工会社で4年間勤務する。結婚後は専業主婦となる。 ・嗜好品は淹れ立てのドリップコーヒー。
環境因子 （家族，親族， 近隣，友人， 地域環境など）	・幼いころ育った家，小学生時代に疎開した土地，祖母と暮らした家，結婚して暮らした公営住宅，高齢期に入り転居した市営団地，そして今暮らしているケアハウスなど，何度か転居した経験から，周囲とうまく調和することはできるが，親しく長く付き合った人はいない。今も適度に距離を取りつつ気の合う人たちとたわいもない会話とコーヒーを飲むひと時を楽しんでいる。 ・頼りにしてきたのは妹で，妹が他界した後は子どもが頼り。
阻害因子 （活動，参加を 阻む要因）	・白内障の進行により右眼はほとんど見えておらず，左眼の視力も低下して細かい作業は行えない（両眼とも手術し一度は回復したが，徐々に悪化）。 ・目に見える脳梗塞の後遺症はないものの，転倒による外傷性硬膜外血腫で救急搬送されたことがある。そのため，転倒に対する恐怖感が強く，行動も慎重で活動をセーブしている。 ・変形性膝関節症のため両膝に関節痛があり，特に右膝は痛みが強く腫れも出てきた。
促進因子 （活動，参加を 促す要因）	・幼少時代から現在に至るまで，さまざまな土地で家族の形を変えながら暮らしてきたため，地域や周囲と強いつながりを持つことなく，その場その場で周囲との関係を円滑に保ちながら過ごすことができる。物事を悲嘆的にとらえず前向きに受け止める性格である。 ・できる限り健康を維持し，自分でできることは自分でやりながら，今ある環境下で楽しみ（ピアス，ネイル，デイサービスに出かける際のカバンや帽子など，季節に合ったおしゃれやモーニングコーヒーを飲むことなど）を見つけられるのが強み。 ・長女との関係性は良好。体調面にとても気を使いながら身の回りのことは自分で行う。今の施設に入所してから転倒したことは1回もない。要介護認定も変わらず，要支援2のままである。

本人居室

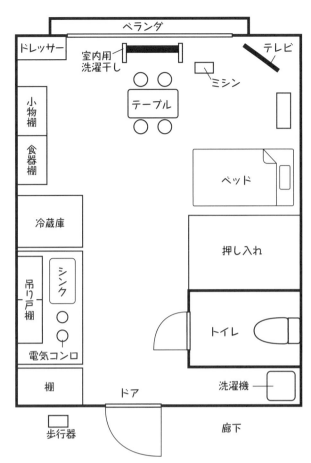

支え合い周辺マップ

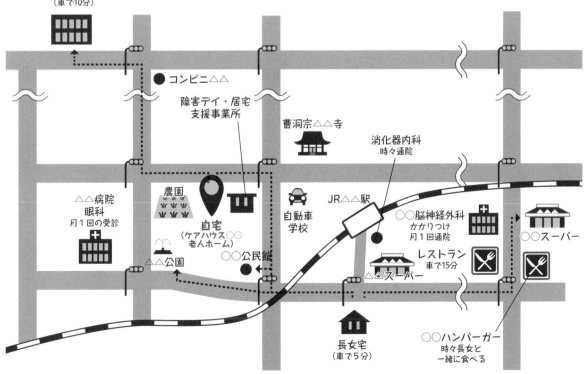

基本チェックリスト

No.	質問項目	「どのくらいの重さまで持てますか?」	回答 (いずれかに○を お付けください)		点数	事業対象者判定
1	バスや電車で1人で外出していますか		0.はい	1.いいえ		
2	日用品の買い物をしていますか		0.はい	1.いいえ		
3	預貯金の出し入れをしていますか		0.はい	1.いいえ	**4**/5	
4	友人の家を訪ねていますか	「どれくらいの距離を歩けますか?」	0.はい	1.いいえ		
5	家族や友人の相談にのっていますか		0.はい	1.いいえ		
6	階段を手すりや壁をつたわらずに昇っていますか		0.はい	1.いいえ		3点〜該当
7	椅子に座った状態から何もつかまらずに立ち上がっていますか		0.はい	1.いいえ		
8	15分位続けて歩いていますか	「特に不安なところはどこですか?」	0.はい	1.いいえ		
9	この1年間に転んだことがありますか		1.はい	0.いいえ		
10	転倒に対する不安は大きいですか		1.はい	0.いいえ	**3**/5	
11	6カ月間で2〜3kg以上の体重減少がありましたか		1.はい	0.いいえ	**0**/2	2点〜該当
12	身長（145）cm，体重（50）kg ⇒ BMI=（23.7）※(注) 参照					
13	半年前に比べて固いものが食べにくくなりましたか		1.はい	0.いいえ		2点〜該当
14	お茶や汁物等でむせることがありますか		1.はい	0.いいえ		
15	口の渇きが気になりますか 「これは注意したいところですね」		1.はい	0.いいえ	**0**/3	
16	週に1回以上は外出していますか		0.はい	1.いいえ		「16」が「いいえ」で該当
17	昨年と比べて外出の回数が減っていますか		1.はい	0.いいえ	**2**/2	
18	周りの人から「いつも同じ事を聞く」などの物忘れがあると言われますか		1.はい	0.いいえ		1点〜該当
19	自分で電話番号を調べて，電話をかけることをしていますか		0.はい	1.いいえ		
20	今日が何月何日かわからない時がありますか		1.はい	0.いいえ	**2**/3	
(注) BMI=体重（kg）÷身長（m）÷身長（m）が18.5未満の場合に1点とする。「そんな時はどうしていますか?」			小計		**11**/20	10点〜該当
21	（ここ2週間）毎日の生活に充実感がない		1.はい	0.いいえ		2点〜該当
22	（ここ2週間）これまで楽しんでやれていたことが楽しめなくなった		1.はい	0.いいえ		
23	（ここ2週間）以前は楽にできていたことが今ではおっくうに感じられる		1.はい	0.いいえ		
24	（ここ2週間）自分が役に立つ人間だと思えない		1.はい	0.いいえ		
25	（ここ2週間）わけもなく疲れたような感じがする		1.はい	0.いいえ	**0**/5	
※赤字はプレ・プランニング時の「気づき促しフレーズ」 「毎日，どんな工夫をしていますか?」			合計		**11**/25	

左側縦項目:
- 運動機能（6〜10）
- 栄養状態（11〜12）
- 口腔機能（13〜15）
- 閉じこもり（16〜17）
- 認知機能（18〜20）
- うつ病の可能性（21〜25）

意欲・動機づけシート

作成日 ○○○○ 年 ○ 月 ○ 日　※記入できるところから楽しみながら記入してください。

氏名	Y.O	年齢	86歳	性別	女性	要支援	2	担当	○○○○

	私の「楽しみ・生きがい」（CADL）（該当するところに「○」を記入してください）	していた	している	してみたい		私の「楽しみ・生きがい」（CADL）（該当するところに「○」を記入してください）	していた	している	してみたい
1	家事（内容：洗濯・掃除　　）		○	○	31	読書（内容：　　）			
2	日曜大工（内容：　　）				32	創作（内容：　　）			
3	料理作り（内容：郷土料理　　）	○		○	33	語学（種類：　　）			
4	買い物（店：　内容：日用品　　）	○	○	○	34	資格（種類：　　）			
5	おしゃれ（内容：アクセサリー，ピアス，ネイル）	○	○	○	35	カルチャー教室（内容：　　）			
6	お出かけ（内容：長女と通院の帰りに買い物や食事）	○			36	絵画（内容：　　）			
7	子ども・孫・ひ孫との関わり				37	パソコン・スマホ等（内容：　　）			
8	家族・親戚との集まり				38	SNS（内容：　　）			
9	ペット（種類：　　）の世話				39	写真（種類：　　）			
10	友達と会話（話題：朝のコーヒー　　）	○	○	○	40	映画・観劇等（内容：　　）			
11	友達と遊ぶ（内容：　　）		○	○	41	茶道・華道（流派：　　）			
12	異性との交流				42	歌唱（内容：　　）			
13	ランチ・ディナー（店名：　　）			○	43	音楽（内容：　　）			
14	食べ歩き（店名：○○ハンバーガー内容：ハンバーガー）		○		44	コンサート（内容：　　）			
15	お取り寄せ（内容：　　）				45	楽器演奏（内容：　　）			
16	ボランティア（　　）				46	遊び（内容：　　）			
17	地域活動（　　）				47	運動（内容：　　）			
18	集まり（　　）				48	散歩（場所：　　）			
19	お参り（場所：墓参り　　）			○	49	アウトドア（内容：　　）			
20	史跡巡り（場所：　　）				50	エンタメ（内容：　　）			
21	文化施設（内容：　　）				51	スポーツ（内容：　　）			
22	名所めぐり（場所：　　）				52	観戦（内容：　　）			
23	温泉・健康ランド（場所：　　）				53	ダンス・踊り（内容：社交ダンス　　）	○	○	○
24	国内旅行（場所：　　）				54	ギャンブル・賭け事（内容：　　）			
25	海外旅行（国：　　）				55	投資（種類：　　）			
26	手芸（内容：小物作り　　）	○		○	56	祭り（内容：　　）			
27	工芸（内容：　　）				57	就労（内容：　　）			
28	家庭菜園（内容：　　）				58	役割（内容：　　）			
29	ガーデニング（内容：　　）				59				
30	模型（内容：　　）				60				

「郷土料理作りがご自慢なんですね！」

「どんな日用品をどこで買いたいですか？」

「おしゃれはY.Oさんの心のパワーですね」

「朝のコーヒーは一日のリズムを整えますね」

「どんな遊びをされたいですか？」

「どなたといつごろ行きたいと思いますか？」

「お好きなのはテリヤキですか？チーズですか？」

「お墓参りするお寺の場所はどちらですか？」

「両目の視力が低下してもどんな工夫をしたらできそうですか？」

「これは目指しましょうお披露目するのもいいですね。ダンスインストラクターのご長女に協力してもらうのはいかがですか？」

メモ	若いころ，大会参加を目指して社交ダンス教室に熱心に通っていた。一昨年くらいまでは入居施設で長女がインストラクターとして健康体操ダンス教室を行っていたため参加していた。今まで月1～2回長女が訪れ買い物やランチに出かけていたが，コロナ禍の時は控えていた。季節に合わせたピアスやネイルをつけている。洋服や小物を作るのが得意だったが，視力が著しく低下してからはミシンを使った形跡はない。部屋中のカバーやマットなどは自作。

※赤字はプレ・プランニング時の「気づき促しフレーズ」

85

介護予防サービス・支援計画書

●目標とする生活

1日	施設内の日課に合わせながら，転倒に注意して自分のペースで洗濯や掃除などの家事を行い，おしゃべりを楽しみ1日を過ごす。

●支援計画

アセスメント領域と現在の状況	本人・家族の意欲・意向	領域における課題（背景・原因）	総合的課題	課題に対する目標と具体策の提案	具体策についての意向 本人・家族
運動・移動 歩行器を押して屋内・外は移動できている。低い椅子からの立ち上がりは難しいが，食卓用の椅子程度であれば自由に立ち上がることができる。	本人：転ばないように気をつけている。 長女：転ぶのが心配だが，ずっと部屋にいたら足腰が弱る。外出してほしい。	■有　□無 転倒の不安から行動範囲が限られ，筋力が低下する可能性がある。	転倒して外傷性硬膜下血腫を起こした経験から，転ぶことに対しての不安が大きい。 ・膝痛もあり，さらに活動量が減っている。 ・生活機能の低下や他者との交流する機会の減少が予測される。	（目標） 転倒の不安をなくし，自分のペースで日々を楽しめる。 （具体策） ①施設内は動線を意識して移動スペースを確保する。 ②デイサービス利用時は見守りのもとで散歩する。 ③不安な動作（洗い場での移動，入浴）は見守りのもとで行う。 ④○○スーパーに行った時は，自分で買い物カートを押す。 ⑤健康体操ダンス教室（長女がインストラクター）が再開されたら，参加する。	本人： ・動線を意識して移動や散歩を行いたい（①，②） ・風呂場の移動と洗身は特に注意したい（③） ・スーパーでは買い物カートを押して歩き，転ばないように気をつけたい（④） ・健康体操ダンス教室が始まれば，また参加したい（⑤）
日常生活（家庭生活） 料理以外の家事動作（掃除，洗濯）は自立。買い物は，長女が定期的に近所のスーパーに同行している。	本人：洗濯や掃除はやっている。 長女：目が見えなくてもほぼ自分でやれている。	□有　■無 家事動作はおおむね行えている。			
社会参加・対人関係・コミュニケーション 介護予防デイサービスでも，同席する入居者とは，おしゃべりを楽しめている。	本人：朝一番に1階のフロアでおしゃべりをしながら好きなコーヒーを楽しんでいる。	■有　□無 体調が悪い時は自室にいることが多い。			
健康管理 ○○脳神経外科の定期通院は長女が付き添う。視力が低下したので内服管理は長女が行っている。膝痛もある。	本人：薬だけは飲まないとと思っている。 長女：いつまでも元気でいてもらいたい。	□有　■無 定期的に通院し，薬も飲み忘れはなく，予防できている。			

●健康状態について

□主治医意見書，生活機能評価等を踏まえた留意点

慢性硬膜下血腫および外傷性硬膜下血腫の手術既往，未破裂脳動脈瘤が残存状態にあります。継続的な内服とサービスの利用により，生活の維持が期待できます。下肢筋力を維持することが必要です。

基本チェックリストの（該当した質問項目数）／（質問項目数）をお書きください。
地域支援事業の場台は必要なプログラムの枠内の数字に○印をつけてください。

	運動不足	栄養改善	口腔内ケア	閉じこもり予防	物忘れ予防	うつ予防
予防給付または地域支援事業	③/5	0/2	0/3	②/2	②/3	0/5

1年	体調を崩さないように気をつけ，生活の中にも楽しみ（社交ダンス再開，おしゃれ）を持ってケアハウス○○から外出できる生活を実現する。

※「総合的課題」「目標」の項目は重要なポイントですので，文字サイズを大きく表記しています。

目標	支援計画					
	目標についての支援のポイント	本人等のセルフケアや家族の支援，インフォーマルサービス	介護保険サービスまたは地域支援事業	サービス種別	事業所	期間
社交ダンス再開を目指し，転倒に注意し，自分のペースで自由に日課を続け，月に１回は長女と一緒に○○スーパーで買い物カートを使って買い物を楽しむ。	・こまめに歩く練習の声かけをする。 ・不安な動作は見守りのある環境下で行う。 ・天気の良い日は，施設の近くにある市民農園の○○公園の散歩の声かけをする。 ・健康体操ダンス教室を声かけする。	本人：自分のペースで安全に移動し，転ばないよう注意する。 家族（長女）： ・一緒に外出の機会を持つ。通院帰りの○○スーパーで買い物，レストラン○○でのランチをする。 ・下肢筋力改善のため，健康体操ダンス教室に協力する。	介護保険サービス： ・利用時には看護師による体調観察および血圧測定。 ・下肢の筋力を維持し，本人の意欲を引き出せるアクティビティに取り組む。	通所型サービス 健康体操ダンス教室	○○介護センター 長女（インストラクター）	○/○ 〜 ○/○
	人の集まるイベントや手芸教室に誘い，新しい参加の機会をつくる。	本人：誘われたら少しでも面白いと興味が持てるイベントや趣味の教室には参加してみる。 施設相談員：参加のお誘い，新しい趣味教室やイベントの紹介をする。		軽費老人ホーム施設相談員 各種趣味教室	ケアハウス○○ ○○公民館	○/○ 〜 ○/○

【本来行うべき支援ができない場合】
妥当な支援の実施に向けた方針

本来はリハビリによる下肢筋力の低下予防，筋力アップが望ましいですが，ご本人の転倒への不安や体調を維持したい思いを尊重し，生活リハビリを通じて日中の活動量が増すよう働きかけていきます。

総合的な方針：生活不活発病の改善・予防のポイント

既往歴として，外傷性硬膜下血腫，慢性硬膜下血腫および未破裂脳動脈瘤があり，また転倒に対する不安が強く，内服による血圧コントロールが必要です。やれていることは維持し，不安なところは環境の改善や見守りにより安心して過ごせるよう支援します。新しい楽しみを見つけることを目指し，健康な暮らしを目指しましょう。

地域包括支援センター	【意見】
	【確認印】

計画に関する同意

上記計画について，同意いたします。

○○○○年○月○日　氏名　○○△△

両側変形性股関節症：
67歳の目標は，長女の推しの韓流アイドルグループのコンサートを一緒に楽しむこと

67歳	要介護状態区分	障害高齢者の日常生活自立度	認知症高齢者の日常生活自立度
女性	要支援2	自立・J1・(J2)・A1・A2・B1・B2・C1・C2	(自立)・Ⅰ・Ⅱa・Ⅱb・Ⅲa・Ⅲb・Ⅳ・M
把握経路	1．介護予防検診　(2)　本人からの相談　3．家族からの相談 4．非該当　　　　5．新予防からの移行　6．関係者 7．その他（　　　　　　　　　　　　　　　　　　　　　　　　　　　　）		

概要：人見知りであるため近所付き合いも得意ではない。生まれつき股関節に軽い障害があったが，本人の頑張りもあり支障なく生活できていた。2年前（65歳）に自家用車の運転ミスによる自損事故を起こして，さらに股関節の可動域が狭くなり，緊急の手術を行った。術後は，リハビリにより4点杖を利用して自力歩行ができるようになった。今は好きな男性アイドルグループのコンサートに長女の家族と行くことを目標に，さらなるリハビリを頑張っている。

利用者基本情報

〈基本情報〉

本人の状況	(在宅)・入院または入所中（　　　　　　　　　　　　　　　）　　身長148cm　体重67kg　BMI30.5
障害等認定	身障（　　　　）・療育（　　）・精神（　　）・難病（　　）・その他（　　　　　）
本人の住居環境	(自宅)・借家　(一戸建て)・集合住宅　　自室（(有)〈　2　階建ての　1　階〉・無） 住宅改修（(有)・無）　　浴室（(有)・無）　　便所（(洋式)・和式） 段差の問題（有・(無)）　　床材，じゅうたんの状況（　　　フローリング　　　） 照明の状況（　　　　　　　　　　　）　　履物の状況（　　　　　　　　　　　　）

経済状況	(国民年金)・厚生年金・障害年金・生活保護 その他（　　　　　　　　　　　）	家族構成

緊急連絡先	氏名	続柄	住所	連絡先
	○○○○	夫	本人と同居	○○○－○○○○－○○○○
	○○○○	長男	本人と同居	○○○－○○○○－○○○○
	○○○○	長女	千葉県○○市	○○○－○○○○－○○○○

家族構成図：
72歳（鹿児島県）　65歳（鹿児島県）　63歳（鹿児島県）
☆70歳　67歳
50歳（千葉県）　42歳　39歳

☆：主たる介護者

〈介護予防に関する事項〉

今までの生活	鹿児島県出身。6人きょうだいの3番目。15歳の時に集団就職で愛知県に来たが，病気のため3年で地元に戻った。地元の建設会社に勤めていた男性と見合い結婚し，2人の子どもに恵まれる。長女が小学校に上がるタイミングで夫の出身である愛知県に引っ越し，新居を建てる。股関節の可動域が生まれつき狭かったが，2年前（65歳）に自家用車で自損事故を起こし，さらに狭くなったため，股関節の緊急手術をすることになった。その後，リハビリにより4点杖で自力歩行ができるくらいに改善する。 退院後，長女の勧めで介護保険のサービスを申請する。長女の好きな男性アイドルグループのCDやコンサートDVDを購入してもらうことが楽しみとなっている。

	1日の生活・過ごし方	趣味・楽しみ・役割
現在の生活状況	・毎朝5時に起き，夫の弁当を作る。 ・家族が出かけた後，洗濯機のスイッチを入れ，ゆっくりと朝食を食べながらNHKの朝ドラを楽しむ。 ・日中は，洗濯物を干した後，歩行器や4点杖を利用して庭の木の剪定や自宅内のモップ掛けをする。 ・夕食は，夫が買ってきた食材で料理をする。	・テレビドラマ鑑賞 ・男性アイドルグループのコンサートDVDやYouTubeを観ること。

時間	本人	介護者・家族・その他	友人・地域との関係
5：00 7：00 8：00 12：00 18：00 19：00 22：00	起床・弁当作り 洗濯や家事 朝食・テレビ鑑賞 掃除や庭の手入れ 昼食 テレビやYouTube鑑賞 夕食準備 家族と夕食 入浴・就寝	6時半ごろ，夫と長男は仕事に出かける。 18時半ごろ，夫が頼んでおいた買い物をして帰ってくる。	・鹿児島県に住む姉妹や千葉県に住む長女とは電話やLINEで連絡を取っている。 ・地域に仲の良い友達はいない。 ・近所は新築住宅が増え，右隣の1軒としか交流がない。

〈現病歴・既往歴と経過〉（新しいものから書く・現在の状況に関連するものは必ず書く）

年月日	病名	医療機関・医師名 （主治医・意見作成者に☆）			経過	治療中の場合は内容
○○年 ○月○日 65歳	両膝変形性股関節症	○○大学病院	△△医師	TEL ○○○-○○○○-○○○○	治療中 経観中 その他	手術後，月1回受診し，リハビリ治療も受けている。
○○年 ○月○日 65歳	左腎結石性閉塞を伴う水腎症	○○大学病院	○○医師	TEL ○○○-○○○○-○○○○	治療中 経観中 その他	入院治療にて完治
○○年 ○月○日 65歳	結石性腎盂腎炎	○○大学病院	○○医師	TEL ○○○-○○○○-○○○○	治療中 経観中 その他	入院治療にて完治
発症時期不明	高血圧症	□□クリニック	□□医師☆	TEL ○○○-○○○○-○○○○	治療中 経観中 その他	月1回地域のクリニックに受診

〈現在利用しているサービス〉

公的サービス	非公的サービス
半日型介護予防通所リハビリテーション（週2回）	

89

アセスメント

個別性のある 「活動」	【ADL】生まれつき足の長さが違い関節可動域も狭かったが，2年前（65歳）の交通事故で両股関節の手術を受け，足の長さがそろい，歩行器移動から4点杖での移動が可能となった。長期入院で筋力が著しく低下したが，家事を中心に生活リハビリを行い，屋内では介助なしで歩行できるようになる。 　外出への興味が増してきたので，リハビリができる半日型介護予防通所リハを希望し，週2回通うようになる。今では，杖歩行ならかなり自由に移動が可能になったので洗濯干しをしたり，簡単な植木の剪定や家庭菜園を夫と楽しんだりできるようになった。日常的動作は介助なしでできるようにもなる。
過去も含めた 「参加」	・結婚後は専業主婦で子育てが中心だった。人見知りとは言え，子どもたちが幼いころは，近所のママ友との付き合いはあった。しかし，子どもが高校生になると付き合いはなくなった。 ・今は，長女が教えてくれる男性アイドルグループが出演しているテレビ番組やコンサートのDVDを観ることが楽しみ。長女が付き添ってくれるならコンサートに行ってみたいと思えるようになった。
個人因子 （性格，価値観， 生活信条，学歴， 職歴など）	【性格】人見知りだが，心を許すと人懐っこい性格。意志が強く，目標が決まったらそれに向かってコツコツと真面目に努力する。 【仕事】高校卒業後，集団就職で愛知県の紡績工場に勤務したが，3年ほどで退職し地元の鹿児島に戻る。その後，現在の夫と見合いをして結婚。結婚後は愛知県に戻り，専業主婦として子育てに専念する。
環境因子 （家族，親族， 近隣，友人， 地域環境など）	【家族】夫婦仲は良好。長男は独身で同居している。千葉県に住んでいる長女は，入院中や介護保険申請の際には帰省し，積極的に対応してくれた。現在は，男性アイドルグループの情報を提供してくれている。 【親族】鹿児島県在住の姉や妹たちとは仲が良く，毎日電話やLINEで連絡を取り合っている。 【近所】休耕田だったところが開発され，新築の家が建ち並び，建売住宅を購入する。しかし，右隣の人くらいしか付き合いがない。もともと足が不自由なため，地域の活動には全く参加してこなかった。
阻害因子 （活動，参加を 阻む要因）	【疾患名】変形性股関節症，左腎結石性腎盂腎炎，高血圧症 変形性股関節症は，幼いころより症状があった。2年前の交通事故で症状が悪化し手術。筋力は低下したが，歩行状態は回復し，4点杖歩行が可能になる。今までできなかった家庭菜園なども積極的に行えるようになった。しかし，200m以上の歩行に自信がなく，300m先のスーパー○○にさえ1人では不安なので買い物に行けない。
促進因子 （活動，参加を 促す要因）	【性格】人見知りで，近所付き合いが苦手。デイサービスにも興味はなかったが，半日型の介護予防通所リハを体験したところ，下肢の筋力が改善したことが自信となりリハビリに興味が出て通うようになる。同じような状態の仲間がいて張り合いがあると，週2回通っている。 【杖歩行】A大学病院を受診する際には，夫が見守る中，病院内を杖歩行で移動できているので，「自宅から300mの距離にあるスーパー○○までは杖歩行が可能」と担当の理学療法士からの助言もある。

自宅1階の間取り

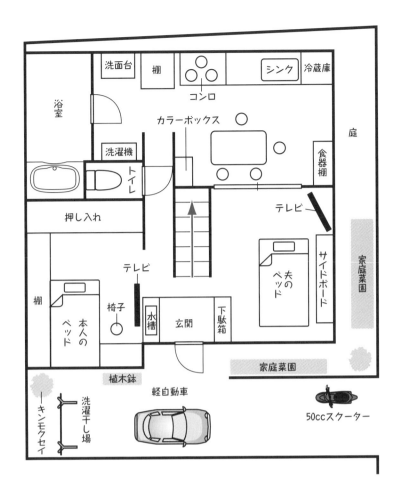

支え合い周辺マップ

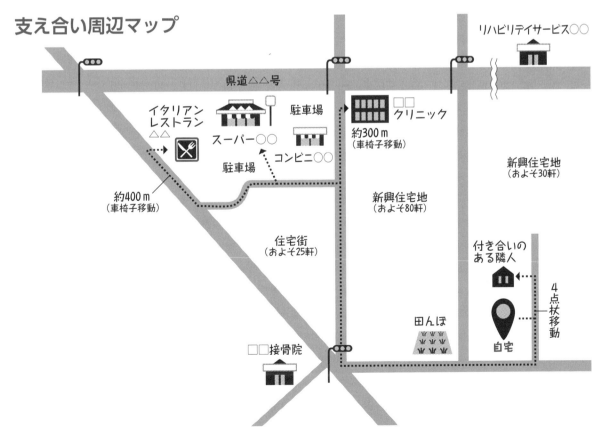

基本チェックリスト

No.	質問項目	回答 (いずれかに○を お付けください)		点数	事業 対象者 判定
1	バスや電車で1人で外出していますか	0.はい	1.いいえ		
2	日用品の買い物をしていますか	0.はい	1.いいえ		「預貯金の出し入れで不安 なことはありますか?」
3	預貯金の出し入れをしていますか	0.はい	1.いいえ		
4	友人の家を訪ねていますか	0.はい	1.いいえ	2/5	「15分の杖移 動ができるよ うになったら, 行ってみたい ところはどこ ですか?」
5	家族や友人の相談にのっていますか	0.はい	1.いいえ		
6	階段を手すりや壁をつたわらずに昇っていますか	0.はい	1.いいえ		
7	椅子に座った状態から何もつかまらずに立ち上がっていますか	0.はい	1.いいえ		3点～ 該当
8	15分位続けて歩いていますか　「どの場所が特に不安ですか?」	0.はい	1.いいえ		
9	この1年間に転んだことがありますか	1.はい	0.いいえ		
10	転倒に対する不安は大きいですか	1.はい	0.いいえ	4/5	
11	6カ月間で2～3kg以上の体重減少がありましたか	1.はい	0.いいえ		2点～ 該当
12	身長（148）cm，体重（67）kg ⇒ BMI＝（30.5）※(注) 参照			1/2	
13	半年前に比べて固いものが食べにくくなりましたか	1.はい	0.いいえ		
14	お茶や汁物等でむせることがありますか	1.はい	0.いいえ		2点～ 該当
15	口の渇きが気になりますか　「よく行かれるのはどちらですか?」	1.はい	0.いいえ	0/3	
16	週に1回以上は外出していますか	0.はい	1.いいえ		「16」が 「いいえ」 で該当
17	昨年と比べて外出の回数が減っていますか	1.はい	0.いいえ	1/2	
18	周りの人から「いつも同じ事を聞く」などの物忘れがあると言われますか	1.はい	0.いいえ		
19	自分で電話番号を調べて，電話をかけることをしていますか	0.はい	1.いいえ		1点～ 該当
20	今日が何月何日かわからない時がありますか	1.はい	0.いいえ	0/3	
(注) BMI＝体重（kg）÷身長（m）÷身長（m）が 18.5未満の場合に1点とする。		小計		8/20	10点～ 該当
21	（ここ2週間）毎日の生活に充実感がない	1.はい	0.いいえ		
22	（ここ2週間）これまで楽しんでやれていたことが楽しめなくなった	1.はい	0.いいえ		
23	（ここ2週間）以前は楽にできていたことが今ではおっくうに感じられる	1.はい	0.いいえ		2点～ 該当
24	（ここ2週間）自分が役に立つ人間だと思えない	1.はい	0.いいえ		
25	（ここ2週間）わけもなく疲れたような感じがする	1.はい	0.いいえ	1/5	
※赤字はプレ・プランニング時の 「気づき促しフレーズ」 「どのような動作がおっくうに なってきましたか?」		合計		9/25	

運動機能　栄養状態　口腔機能　閉じこもり　認知機能　うつ病の可能性

意欲・動機づけシート

作成日　○○○○　年　○　月　○　日　　※記入できるところから楽しみながら記入してください。

氏名	K	年齢	67歳	性別	女性	要支援	2	担当	○○○○

	私の「楽しみ・生きがい」(CADL)（該当するところに「○」を記入してください）	していた	している	してみたい		私の「楽しみ・生きがい」(CADL)（該当するところに「○」を記入してください）	していた	している	してみたい
1	家事（内容：全般・洗濯・掃除・食事　　）		○		31	読書（内容： ）			
2	日曜大工（内容：やってみたいが、しゃがめない）			○	32	創作（内容： ）			
3	料理作り（内容：鶏肉料理以外。夫がアレルギーのため）		○		33	語学（種類： ）			
4	買い物（店：スーパー○○　内容：3〜4日分）		○		34	資格（種類： ）			
5	おしゃれ（内容：興味なし。着心地の良いもの　）				35	カルチャー教室（内容： ）			
6	お出かけ（内容：買い物程度。○○薬局など　）		○		36	絵画（内容： ）			
7	子ども・孫・ひ孫との関わり（独立している。孫はいない　）	○			37	パソコン・スマホ等（内容：スマホのパズルゲーム）		○	
8	家族・親戚との集まり（姉妹に会いたい　　）			○	38	SNS（内容：興味なし）			
9	ペット（種類：熱帯魚 ）の世話（今は世話できない）	○			39	写真（種類：興味なし）			
10	友達と会話（話題：今はない）	○			40	映画・観劇等（内容：好きな男性アイドルが吹き替えをしている映画を見に行きたい）		○	○
11	友達と遊ぶ（内容：今はない）				41	茶道・華道（流派： ）			
12	異性との交流（内容：機会がない　　）				42	歌唱（内容：男性アイドルグループのコンサートに行きたい）			○
13	ランチ・ディナー（店名：回転ずし○○，ファミレス○○）		○		43	音楽（内容：男性アイドルグループのDVD鑑賞）		○	
14	食べ歩き（店名：　　　内容：スイーツ　）			○	44	コンサート（内容：行きたいが今は無理　　）			○
15	お取り寄せ（内容： ）				45	楽器演奏			
16	ボランティア（ ）				46	遊び（内容： ）			
17	地域活動（ ）				47	運動（内容：デイケアでリハビリ）		○	
18	集まり（ ）				48	散歩（場所：スーパー○○まで行きたい　）			○
19	お参り（場所：檀家のお寺に行きたい）			○	49	アウトドア（内容： ）			
20	史跡巡り（場所：特にない）				50	エンタメ（内容：男性アイドルグループのコンサートに行きたい）			○
21	文化施設（内容： ）				51	スポーツ（内容：小さいころから股関節が悪く苦手）			
22	名所めぐり（場所： ）				52	観戦（内容： ）			
23	温泉・健康ランド（場所： ）				53	ダンス・踊り（内容：テレビでダンスを観るのは好き）	○		
24	国内旅行（場所： ）				54	ギャンブル・賭け事（内容： ）			
25	海外旅行（国： ）				55	投資（種類： ）			
26	手芸（内容：昔，レース編み，カギ編み）	○			56	祭り（内容： ）			
27	工芸（内容： ）				57	就労（内容：独身のころ，紡績工場勤務）	○		
28	家庭菜園（内容：キュウリ，トマト，カボチャ，スイカ）		○		58	役割（内容： ）			
29	ガーデニング（内容：キンモクセイ，サクランボの木の剪定）		○		59				
30	模型（内容： ）				60				
メモ									

赤字の「気づき促しフレーズ」：
- 「何を作ってみたいですか？」
- 「いつごろ、どこで会いたいですか？」
- 「お気に入りのスイーツ店はどちらですか？」
- 「いつごろ行きたいと思われますか？」
- 「男性アイドルグループがキーワードですね」
- 「スーパーでどんな買い物をしたいと思われますか？」
- 「素敵ですね。いつまで続けたいと思われますか？」

※赤字はプレ・プランニング時の「気づき促しフレーズ」

介護予防サービス・支援計画書

●目標とする生活

1日	毎日，庭の手入れを行い，夫と家の周りを20分以上杖歩行で散歩する。

●支援計画

アセスメント領域と現在の状況	本人・家族の意欲・意向	領域における課題（背景・原因）	総合的課題	課題に対する目標と具体策の提案	具体策についての意向 本人・家族
運動・移動 生まれつき股関節の開きが悪かった。2年前の交通事故の手術後は，自宅内は介助なし，屋外でも2本杖歩行が可能になる。長距離移動は車いす。	本人：半日型デイケアに通い，筋力がついてきたことを実感。継続したい。	■有 □無 股関節の手術後，2本杖歩行が可能になり，転倒の危険性が高くなる。	・下肢筋力低下があり，1人の屋外歩行が不安。外出の機会が減っている。 ・股関節の可動域が広がり，1人でできる家事や庭仕事が増える。ただ，気持ちと筋力のバランスが取れず，転倒リスクが高い。 ・身内以外の人との交流がほとんどなく，外出への意欲がわいてこない。	（目標） 自宅周りを杖歩行で散歩，300m先のスーパー○○まで，1人で杖を使って歩けるようになる。 （具体策） ・半日型介護予防通所リハに通い，筋力をつける。 ・夫と共に散歩をし，徐々に距離を伸ばす。 ・半日型介護予防通所リハ利用者と会話することにより，気持ちの交流や会話を楽しむ。	本人：手術後は，半日型デイケアに通い，少しずつ体力がついてきた。できることが増え，庭で野菜を作れるようにもなりたい。 ・買い物は，夫の車でしか行ってないが，スーパー○○まで1人で行けるようになりたいです。 夫：定年退職をしたので，妻ができない家事や庭の手入れは手伝います。できるだけ一緒に出かける時間をつくるようにします。
日常生活（家庭生活） 家事は1人で行えるが，買い物は付き添いが必要。4点杖を使っても300m先のスーパー○○には行けないので車椅子での移動。	本人：1人で300m先のスーパー○○に買いに行きたい。	■有 □無 本人ができないことは夫が援助するが，単独でスーパー○○には行けない。			
社会参加・対人関係・コミュニケーション 近所付き合いはない。姉妹とは，毎日電話やLINEでやりとり。長女とは男性アイドルグループの話題で連絡を取っている。	本人：夫と一緒に映画を観たい。鹿児島の姉妹と直接会いたい。	■有 □無 車の免許を返納したため行動範囲が狭くなり，外出の機会が減る。			
健康管理 高血圧の薬は自己管理。内科・整形外科は夫の付き添いで受診。半日型デイケアを週2回利用。	本人：リハビリで下半身に筋力がつき，庭の手入れや家庭菜園ができるようになった。	□有 ■無 薬の管理はできている。夫の付き添いで，通院できている。			

●健康状態について
□主治医意見書，生活機能評価等を踏まえた留意点

10年前から高血圧症の治療を続けている。2年前に交通事故に遭い，しばらく通院が中断していたが，再び当院で高血圧症の治療を行うことになった。

基本チェックリストの（該当した質問項目数）／（質問項目数）をお書きください。
地域支援事業の場台は必要なプログラムの枠内の数字に○印をつけてください。

	運動不足	栄養改善	口腔内ケア	閉じこもり予防	物忘れ予防	うつ予防
予防給付または地域支援事業	④/5	1/2	0/3	1/2	0/3	1/5

1年	・夫と一緒に鹿児島県の実家に帰省し，姉妹で両親の墓参りをし，懐かしい親戚と集まって食事をしたい。 ・好きな男性アイドルグループのコンサートに長女と一緒に行けるようになりたい。

※「総合的課題」「目標」の項目は重要なポイントですので，文字サイズを大きく表記しています。

目標	支援計画					
	目標についての支援のポイント	本人等のセルフケアや家族の支援，インフォーマルサービス	介護保険サービスまたは地域支援事業	サービス種別	事業所	期間
夫と一緒に帰省し，姉妹で墓参りするため体力をつけ，杖歩行を安定させる。	実家のお墓の周辺地図を取り寄せ，杖歩行で安全に墓参りができるようにリハビリを行う。	本人：夫と共に1日20分以上は散歩する習慣をつけ，散歩できる距離を徐々に伸ばしていく。	【地域支援事業】体力に応じた個別リハビリの提供 自宅用自主トレメニューの作成	半日型介護予防通所リハ	リハビリデイサービス○○	○○年○月○日～○○年△月△日
1人でスーパー○○に行き，買い物を楽しめるようになる。	スーパー○○までの歩行マップと店内マップを作り，杖歩行のリハビリを行う。	夫：重い物は，車でスーパー○○で一緒に買い物する。 本人：軽いものは1人で買いに行けるようになる。	【地域支援事業】歩行訓練（マシンを使用したリハビリ，歩行訓練・階段昇降など）	半日型介護予防通所リハ	リハビリデイサービス○○	○○年○月○日～○○年△月△日
1人で駅前の○○映画館まで映画を観に行く。	好きな男性アイドルグループのDVDを鑑賞したり，出演するテレビ番組を観て，気持ちを豊かにする。	本人：体力がついたら，長女と一緒に地元で開催される男性アイドルのコンサートへ行く。 長女：母から男性アイドルグループの情報を提供してもらい，DVDやCDを買ってくる。		本人 家族	本人 長女	○○年○月○日～○○年△月△日

【本来行うべき支援ができない場合】
妥当な支援の実施に向けた方針

なし

地域包括支援センター	【意見】
	【確認印】

総合的な方針：生活不活発病の改善・予防のポイント

ご家族の協力と介護予防サービスのサポートにより，ご本人があきらめかけていた外出への願いが実現できるよう，転倒への不安に配慮し安全に注意を払い支援していきます。

計画に関する同意

上記計画について，同意いたします。

○○○○年○月○日　氏名　○○△△

事例3	脊柱管狭窄症・糖尿病： 茶飲み友達と「百歳体操」を頑張り， 孫と一緒にコンビニでアイスクリームを食べたい

80歳	要介護状態区分	障害高齢者の日常生活自立度	認知症高齢者の日常生活自立度
女性	要支援1	自立・J1・J2・(A1)・A2・B1・ B2・C1・C2	(自立)・Ⅰ・Ⅱa・Ⅱb・Ⅲa・ Ⅲb・Ⅳ・M
把握経路		1．介護予防検診　　(2)　本人からの相談　　3．家族からの相談 4．非該当　　　　　5．新予防からの移行　　6．関係者 7．その他（　　　　　　　　　　　　　　　　　　　　　　　　）	

概要：40歳の時に夫が出稼ぎ先の日本酒の蔵元で急死（享年41歳）。それから家業の農業に精を出し，女手一つで3人の子育てと姑の介護をした。葉タバコの県内生産量1位になって表彰されたこともあった。72歳で左足踵を骨折。73歳で脊柱管狭窄症による下肢のしびれが始まるが，気丈にも這って過ごすほどのバイタリティの持ち主。介護予防ケアプランの「百歳体操」を近所の友達と続け，2本杖歩行から1本杖歩行になることを目標とする。本人は「孫と一緒に買い物に行き，アイスクリームを食べたい」と，通所リハビリを頑張る。その結果，休日は孫と散歩したり野球やサッカーするのを見られるほどに回復した。補聴器を使いはじめて，おしゃべりを楽しめるようになる。

利用者基本情報

〈基本情報〉

本人の状況	(在宅)・入院または入所中（　　　　　　　　　　　　）　　身長148cm　体重52kg　BMI23.7
障害等認定	身障（　　）・療育（　　　）・精神（　　　）・難病（　　　）・その他（　　　　　　　）
本人の 住居環境	(自宅)・借家　(一戸建て)・集合住宅　自室（(有)〈　2　階建ての　1　階〉・無） 住宅改修（(有)・無）　浴室（(有)・無）　便所（(洋式)・和式） 段差の問題（(有)・無）　床材，じゅうたんの状況（　　　　　畳　　　　　） 照明の状況（　　　　問題なし　　　　）　履物の状況（　　　問題なし　　　）

経済状況	(国民年金)・厚生年金・障害年金・生活保護 その他（　　　　　　　　　　　　）

家族構成

☆：主たる介護者

	氏名	続柄	住所	連絡先
緊急連絡先	○○○○	次男 の妻	○○市○○町 ○－○	090－ ××××－ ○○○○
	○○○○	次男	○○市○○町 ○－○	090－ ××××－ ○○○○
	○○○○	長男	○○市○○町 ○－○	090－ ××××－ ○○○○

〈介護予防に関する事項〉

<table>
<tr><td rowspan="2">今までの生活</td><td colspan="2">K市M町出身。7人きょうだいの6番目。K農業高校2年生の時に母親が脳梗塞を発症し，家業の農業を手伝うために中退する。22歳の時に同い年の男性と見合い結婚し，2男1女を授かる。夫は，春から秋まで農業をし，秋から冬は酒造りのために県外に出稼ぎに行っていた。40歳の冬，夫が出稼ぎ先の蔵元で脳梗塞を発症し他界する。その後は女手一つで3人の子どもを育て上げた。
家業の農業では，1反で60万円を売り上げ，葉タバコ生産量が県内1位になり表彰されることもあった。65歳で葉タバコの生産はやめ，その後は里芋と米を作っていた。73歳の時に脊柱管狭窄症を発症し，農業ができなくなり引退した。現在は，次男夫婦と孫2人との5人で生活し，孫と散歩したり野球やサッカーする姿を楽しんだりしている。</td></tr>
</table>

<table>
<tr><td rowspan="11">現在の生活状況</td><td colspan="2">1日の生活・過ごし方</td><td>趣味・楽しみ・役割</td></tr>
<tr><td colspan="2">朝食後に洗濯をして自分で干すのが日課。月曜日と木曜日の午前中は，近所の友達5人と自宅の縁側で「百歳体操」をした後，お茶を飲みながらおしゃべりをして過ごす。他の平日は，テレビを観たり，畑で野菜作りやガーデニングをしたりしている。土・日は自宅前の庭で孫が野球やサッカーをするのを楽しんで見て過ごす。</td><td rowspan="10">趣味は野菜作りやガーデニング。自分で作った野菜で料理をするのが楽しみ。花は日日草を育てるのが好きで，リビングの前にプランターを置き，毎日鑑賞している。楽しみは週2回友達とのおしゃべりと「百歳体操」，孫との散歩や野球，サッカー遊びに付き合う。</td></tr>
<tr><td>時間</td><td>本人</td><td>介護者・家族・その他</td></tr>
<tr><td>5：30
6：00
6：30</td><td>起床
朝食
洗濯干し
テレビ</td><td>起床・調理（次男妻）

出勤（次男・孫）
掃除（次男妻）</td></tr>
</table>

時間	本人	介護者・家族・その他	友人・地域との関係
5：30 6：00 6：30 10：00 12：00 14：00 16：00 18：00 19：00 20：00	起床 朝食 洗濯干し テレビ （月，木は「百歳体操」），草取りや畑作業 昼食，昼寝 ガーデニング 相撲鑑賞 夕食 入浴（孫と一緒に入る） 就寝	起床・調理（次男妻） 出勤（次男・孫） 掃除（次男妻） 昼食調理（次男妻） 帰宅（孫） 夕食調理（次男妻） 夕食（家族全員） 本人と一緒に入浴（孫）	・週2回は自宅の縁側で近所の友達5人と「百歳体操」と茶話会をしている。最近はその友達5人と花見やランチにも出かけることができた。 ・亡き夫の代から地域の神楽の庭元をしている。現在は次男が継ぎ，家族全員が神楽にかかわり，地域との関係も深い。

〈現病歴・既往歴と経過〉（新しいものから書く・現在の状況に関連するものは必ず書く）

年月日	病名	医療機関・医師名（主治医・意見作成者に☆）		経過	治療中の場合は内容
○○○○年 ○月○日 77歳	左足踵骨折	○○病院	○○医師	TEL ○○○-○○○○-○○○○	治療中 (経観中) その他	
○○○○年 ○月○日 73歳	脊柱管狭窄症	□□脳神経外科クリニック	□□医師☆	TEL ○○○-○○○○-○○○○	治療中 (経観中) その他	
○○○○年 ○月○日 40歳	糖尿病	△△内科クリニック	△△医師	TEL ○○○-○○○○-○○○○	(治療中) 経観中 その他	インスリン自己注射
					治療中 経観中 その他	

〈現在利用しているサービス〉

公的サービス	非公的サービス
介護予防通所リハビリテーション（週1回），介護予防福祉用具貸与	百歳体操

アセスメント

個別性のある 「活動」	・屋内は歩行器を使用，屋外は２本杖歩行か歩行器で移動。脊柱管狭窄症の影響により右下肢にしびれがあり，感覚鈍麻。右足尖足のため歩行時に足が上がらず転倒する恐れがある。入浴は孫が一緒に入り見守りをしている。 ・洗濯物は，自分で居間に干し，たたんで自分のタンスに戻している。一緒に「百歳体操」をする友達が家に来る前に体操をする縁側を掃除し，モップ掛けも行っている。自分で育てた野菜を調理し，家族に食べてもらうのが楽しみ。 ・葉タバコを作っていた仲間と車で温泉に出かけていたころが楽しかった。葉タバコ作りの仲間とまた会って話したい。孫と庭で野球やサッカー遊びをするのが今の一番の楽しみ。
過去も含めた 「参加」	・夫を40歳で亡くしてからは，家業の農業をしながら，女手一つで３人の子どもを育て上げた。また，義母の介護は10年間頑張った。葉タバコの生産では，生産量県内１位になって表彰されたたこと（成功体験）もある。自慢は１反で60万円の収益があったこと（成功体験）。 ・地域の婦人会役員を長く務めた。夫が地元の神楽の庭元だったので，手伝いなどもしてきた。仲の良かった近所の友達５人で５年前から「百歳体操」を始め，リーダーシップを発揮している。１年前からは，その友達と一緒に花見やランチに出かけている。
個人因子 （性格，価値観， 生活信条，学歴， 職歴など）	・性格は明るく，努力家の頑張り屋。周囲への気配りもできる。夫が他界してつらかったころの話も，周囲を気遣いユーモアを交えて話す。責任感が強く，「百歳体操」を行う集まりのリーダー的存在になる。 ・地元Ｋ農業高校を２年生の時に中退。母親が脳梗塞になり，家業の農業を手伝わなければならなくなったため。「あと１年で卒業できたのに」と悔しそうに話す。自分の家も夫の家も専業農家だったため，脊柱管狭窄症を発症するまで農業一筋で頑張った。
環境因子 （家族，親族， 近隣，友人， 地域環境など）	・家族は次男夫婦と孫２人の５人家族。敷地内にある離れには，障害がある長男が住んでいて家族関係は良好。朝食と夕食は長男も一緒に食べる。家族全員が地元の神楽にかかわっており，次男は庭元を務める。出演する祭りには家族で参加し，本人も見に行っていた。 ・近所付き合いは良く，以前から毎朝茶話会をしていた。３年前に左足踵を骨折した時も，孫と近所の友達が何かと世話をしてくれた。 ・もともと隣の地区に住んでいたが，Ｋ川堤防工事のため15年前に現在の地に集団移転してきた。地域住民の団結力は強い。
阻害因子 （活動，参加を 阻む要因）	【脊柱管狭窄症】右下肢のしびれと感覚鈍麻。右足尖足があるため歩行時に足が上がらず，転倒しそうになることが多い。 【糖尿病】インスリン自己注射を１日に３回施行。食事指導を受けている。茶話会で近所の友達が持ち寄った菓子など甘いものをつい食べ過ぎてしまう。 【難聴】聞こえが悪くて会話に加われないことがあり，気持ちが落ち込む時は，「早くあの世に行きたい」と話すこともある。
促進因子 （活動，参加を 促す要因）	【性格】明るく前向きで頑張り屋。 【家族】本人の頑張る気持ちを応援している。次男が自宅から離れた畑に車で連れて行ったり，受診や買い物なども付き添ったりしている。 【福祉用具】体調によって２本杖歩行か外用の歩行器を使って，次男と一緒にホームセンターに野菜の苗を買いに行くことができる。 補聴器を使いはじめて周囲の会話がよく聞こえるようになったおかげで，いろいろな人とのおしゃべりを楽しめるようになる。

自宅1階の間取り図

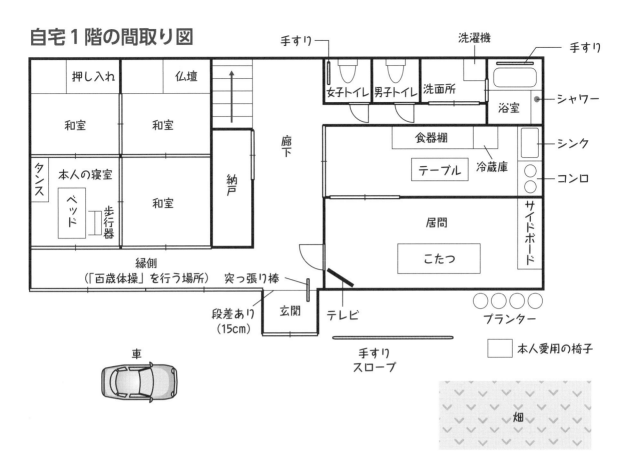

支え合い周辺マップ

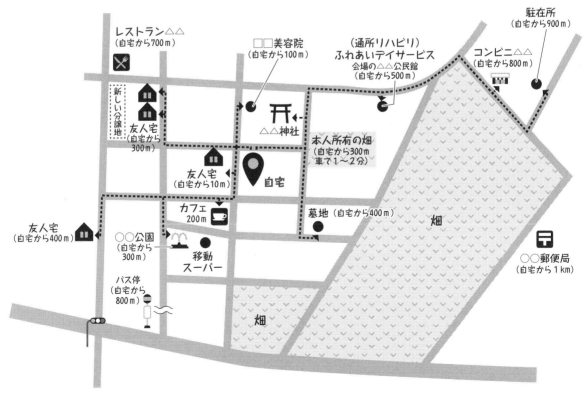

基本チェックリスト

No.	質問項目	回答 (いずれかに○を お付けください)		点数	事業 対象者 判定
1	バスや電車で1人で外出していますか	0.はい	1.いいえ		
2	日用品の買い物をしていますか	0.はい	1.いいえ		
3	預貯金の出し入れをしていますか	0.はい	1.いいえ		
4	友人の家を訪ねていますか	0.はい	1.いいえ		
5	家族や友人の相談にのっていますか	0.はい	1.いいえ	4/5	
6	階段を手すりや壁をつたわらずに昇っていますか	0.はい	1.いいえ		
7	椅子に座った状態から何もつかまらずに立ち上がっていますか	0.はい	1.いいえ		3点～ 該当
8	15分位続けて歩いていますか	0.はい	1.いいえ		
9	この1年間に転んだことがありますか	1.はい	0.いいえ		
10	転倒に対する不安は大きいですか	1.はい	0.いいえ	3/5	
11	6カ月間で2～3kg以上の体重減少がありましたか	1.はい	0.いいえ		2点～ 該当
12	身長（148）cm，体重（52）kg ⇒ BMI＝（23.7）※（注）参照			0/2	
13	半年前に比べて固いものが食べにくくなりましたか	1.はい	0.いいえ		
14	お茶や汁物等でむせることがありますか	1.はい	0.いいえ		2点～ 該当
15	口の渇きが気になりますか	1.はい	0.いいえ	0/3	
16	週に1回以上は外出していますか	0.はい	1.いいえ		「16」が 「いいえ」 で該当
17	昨年と比べて外出の回数が減っていますか	1.はい	0.いいえ	0/2	
18	周りの人から「いつも同じ事を聞く」などの物忘れがあると言われますか	1.はい	0.いいえ		
19	自分で電話番号を調べて，電話をかけることをしていますか	0.はい	1.いいえ		1点～ 該当
20	今日が何月何日かわからない時がありますか	1.はい	0.いいえ	0/3	
（注）BMI＝体重（kg）÷身長（m）÷身長（m）が 18.5未満の場合に1点とする。		小計		7/20	10点～ 該当
21	（ここ2週間）毎日の生活に充実感がない	1.はい	0.いいえ		
22	（ここ2週間）これまで楽しんでやれていたことが楽しめなくなった	1.はい	0.いいえ		
23	（ここ2週間）以前は楽にできていたことが今ではおっくうに感じられる	1.はい	0.いいえ		2点～ 該当
24	（ここ2週間）自分が役に立つ人間だと思えない	1.はい	0.いいえ		
25	（ここ2週間）わけもなく疲れたような感じがする	1.はい	0.いいえ	0/5	
※赤字はプレ・プランニング時の 「気づき促しフレーズ」		合計		7/25	

左側縦項目：運動機能／栄養状態／口腔機能／閉じこもり／認知機能／うつ病の可能性

吹き出し注記：
- 「どのような相談にのっているのですか?」
- 「どこまで歩きたいですか?」
- 「最も不安が大きいのはどこですか?」
- 「どこにお出かけされているのですか?」

意欲・動機づけシート

氏名	F. A.	年齢	80歳	性別	女性	要支援	1	担当	○○○○

	私の「楽しみ・生きがい」（CADL）（該当するところに「○」を記入してください）	していた	している	してみたい
1	家事（内容：自分の部屋の掃除と洗濯干し）		○	
2	日曜大工（内容：していない）			
3	料理作り（内容：自分が作った野菜でナス炒めなど）		○	
4	買い物（店：種苗店, 産直　内容：野菜の苗を買いに行く）			○
5	おしゃれ（内容：昔から気にしたことなくしたいと思わない）			
6	お出かけ（内容：以前は車を運転して温泉にも行った。孫と買い物に行きたい）			○
7	子ども・孫・ひ		○	
8	家族・親戚との		○	
9	ペット（種類：犬を飼っていた）の世話	○		
10	友達と会話（話題：家族のことや最近の社会情勢, 農作業のことなど）		○	
11	友達と遊ぶ（内容：花見に行ってみたい）			○
12	異性との交流（内容：以前交流していた葉タバコの生産仲間と会いたい）			○
13	ランチ・ディナー（店名：最近友達とレストラン△△に行けた）	○		
14	食べ歩き（店名：N屋敷　内容：そばが食べたい）			○
15	お取り寄せ（内容：したいと思わない）			
16	ボランティア（してみたいが自分が何ができるか分からない）			○
17	地域活動（前は婦人会の役員をしていた）	○		
18	集まり（葉タバコの生産仲間と集まっていた）	○		
19	お参り（場所：今は墓地の駐車場から拝んでいるので墓前まで行きたい）			
20	史跡巡り（場所：興味がない）			
21	文化施設（内容：行きたいと思わない）			
22	名所めぐり（場所：			○
23	温泉・健康ランド（場所：H温泉）			○
24	国内旅行（場所：静かなところ）			○
25	海外旅行（国：フランス			○
26	手芸（内容：編み物をしてみたい）			○
27	工芸（内容：したいと思わない）			
28	家庭菜園（内容：ナス, キュウリ, ピーマン, オクラ, トマト）		○	
29	ガーデニング（内容：日日草。以前から好きな花）		○	
30	模型（内容：したいと思わない）			

	私の「楽しみ・生きがい」（CADL）（該当するところに「○」を記入してください）	していた	している	してみたい
31	読書（内容：推理小説		○	
32	創作（内容：俳句	○		
33	語学（種類：勉強したいと思わない）			
34	資格（種類：取得したいと思わない）			
35	カルチャー教室（内容：興味ない）			
36	絵画（内容：興味ない）			
37	パソコン・スマホ等（内容：スマホの操作をしてみたい）			○
38	SNS（内容：LINEをしてみたい）			○
39	写真（種類：興味ない）			
40	映画・観劇等（内容：恋愛もの映画			○
41	茶道・華道（流派：興味ない）			
42	歌唱（内容：聴くのはよいが歌うのは嫌い）			
43	音楽（内容：演歌			○
44	コンサート（内容：歌謡曲			○
45	楽器演奏（内容：			
46	遊び（内容：			
47	運動（内容：自宅で近所の友達と「百歳体操」）		○	
48	散歩（場所：家の周り）			
49	アウトドア（内容：興味ない）			
50	エンタメ（内容：興味ない）			
51	スポーツ（内容：孫と野球やサッカー			○
52	観戦（内容：野球）		○	
53	ダンス・踊り（内容：興味ない）			
54	ギャンブル・賭け事（内容：儲かれば何でもよい）			○
55	投資（種類：嫌いだ）			
56	祭り（内容：次男が神楽の庭元, 市内の祭り）			○
57	就労（内容：ずっと働いてきたので働きたくない）			
58	役割（内容：「百歳体操」の仲間のリーダー）		○	

メモ	晴れている日はいつも外で草取りや敷地内の畑で野菜づくり, 花植え（日日草）をしている。次男と野菜と花の苗を買いに行くのが楽しみ。

気づき促しフレーズ（赤字）：
- 「野菜作りには苗は命ですね」
- 「お孫さんとどこのお店で何を買いたいですか？」
- 「いつごろ実現できるといいですか？」
- 「新しいことにチャレンジですね。どなたとしてみたいと思われますか？」
- 「葉タバコ作りの仲間と盛り上がれますね」
- 「何だったらやれそうですか？」
- 「お孫さんとといつごろ一緒にしたいと思われますか？」
- 「儲かったら何をしてみたいと思いますか？」
- 「いつごろ行きたいと思われますか？」
- 「スゴいですね。いつごろ行きたいと思われますか？」
- 「予防ケアプランに盛り込んでみるのはどうでしょうか？」
- 「どなたとお神楽に行きたいと思いますか？」

※赤字はプレ・プランニング時の「気づき促しフレーズ」

介護予防サービス・支援計画書

●目標とする生活

1日	・天気の良い日は1日1回は自宅前の畑まで歩く。雨や雪の日はベッドから玄関奥の廊下まで（約15m）を2往復する。 ・毎日1回はスマートフォンで友人とのおしゃべりを楽しめるようになる。

●支援計画

アセスメント領域と現在の状況	本人・家族の意欲・意向	領域における課題（背景・原因）	総合的課題	課題に対する目標と具体策の提案	具体策についての意向 本人・家族
運動・移動 7年前に脊柱管狭窄症の手術、3年前に左足踵骨折。屋内は歩行器、屋外は2本杖を使用。玄関は手すり使用。	本人：装具を付けたら歩きやすくなった。1本杖歩行の練習は続けたい。 次男：1本杖歩行ができるように応援したい。	■有 □無 右足は感覚がなく、安定した歩行や立ち上がり、移動には、助言・指導が必要。	糖尿病と脊柱管狭窄症による右足感覚鈍麻があり、さまざまな生活行為に影響が出ている。健康管理と身体機能の維持・向上を図り、近所とのつながりを続けていく。	（目標） 孫とコンビニに行きアイスクリームを食べる。 （具体策） ・自宅内外の環境整備を行う。 ・週2回、茶飲み友達と自宅で「百歳体操」。 ・受診時に足の感覚鈍麻の助言を受ける。 ・リハビリで生活行為の助言を受ける。	本人：1本杖歩行までリハビリを頑張りたい。茶飲み友達との「百歳体操」は続けたい。リハビリを頑張って、孫と買い物に行きたい。 次男：頑張り屋なので必ず1本杖歩行ができるようになると思う。
日常生活（家庭生活） 調理、掃除、買い物などの家事は家族が支援。洗濯干しとたたみ、「百歳体操」前の縁側のモップ掛けは行う。	本人：スーパーはカートで買い物をしたい。 次男：カートで買い物ができるようになってほしい。	■有 □無 長時間の立位や歩行動作には転倒のリスクが伴う。			
社会参加・対人関係・コミュニケーション 月曜日と木曜日は、近所の友達5人と縁側で「百歳体操」。その後はお茶を飲み歓談を楽しむ。	本人：補聴器で会話が聞こえる。 次男：補聴器のおかげで家族間の会話もスムーズになった。	□有 ■無 補聴器の使用で、交流することに積極的になってきた。		（目標） スマートフォンでLINEが使えるようになり、茶飲み友達と情報交換する。 （具体策） ・店員や孫から操作方法を学ぶ。 ・友達に1日1回はLINEをする。 ・スマートフォンで庭の野菜や日日草を撮影し送る。	本人：LINEをやってみたい。会えない時も友達とつながれるのが楽しみ。 次男：家族や茶飲み友達とおしゃべりできるようにスマートフォンを購入します。
健康管理 脊柱管狭窄症の影響で右足尖足で感覚がない。40歳で糖尿病。60歳からはインスリン自己注射でほぼコントロールできている。	本人：脊柱管狭窄症だが装具だと歩きやすい。糖尿病は現状維持。 次男：身体を動かす声かけを家族全員で行う。	■有 □無 脊柱管狭窄症は、主治医の指導を受け糖尿病と栄養管理を学ぶ機会をつくる。			

●健康状態について
□主治医意見書，生活機能評価等を踏まえた留意点

> 40歳で糖尿病を発症し、インスリン自己注射を1日3回打っている。脊柱管狭窄症により、右足が麻痺したような感覚があり、尖足になり立位と歩行が不安定になっているので、痛みに注意しながらリハビリに取り組む。

基本チェックリストの（該当した質問項目数）／（質問項目数）をお書きください。
地域支援事業の場合は必要なプログラムの枠内の数字に○印をつけてください。

	運動不足	栄養改善	口腔内ケア	閉じこもり予防	物忘れ予防	うつ予防
予防給付または地域支援事業	③/5	0/2	0/3	0/2	0/3	0/5

1年	孫と一緒に1本杖でコンビニに買い物に行き，アイスクリームを食べる。

※「総合的課題」「目標」の項目は重要なポイントですので，文字サイズを大きく表記しています。

目標	支援計画					
	目標についての支援のポイント	本人等のセルフケアや家族の支援，インフォーマルサービス	介護保険サービスまたは地域支援事業	サービス種別	事業所	期間
2本杖歩行から1本杖歩行になり，孫とコンビニに買い物に行き，アイスクリームを食べる。	・リハビリスタッフによる自宅訪問指導では，自宅での生活動作訓練を行い，役割を遂行できるようにする。 ・血糖値の管理を主治医から受ける。	本人：毎日の体操。 家族：孫と散歩や屋内での歩行訓練。 インフォーマル：月曜日と木曜日は，近所の茶飲み友達と一緒に「百歳体操」を行う。	①置き型手すり，歩行器貸与で自宅内環境整備 ②生活行為向上リハビリテーションの実施 ③日常生活の相談，助言 ④地域連携支援 ⑤看護師による体力測定 ⑥血糖値コントロール指導	①介護予防福祉用具貸与 ②介護予防通所リハビリ ③介護予防ケアマネジメント ④生活支援コーディネーター ⑤市介護予防事業 ⑥主治医	①○○事業所 ②△△事業所 ③④□□地域包括支援センター ⑤市長寿介護課看護師	○年○月○日～○年○月○日
スマートフォンでLINEを使って茶飲み友達と「百歳体操」や毎日の食事の様子などをおしゃべりし楽しく過ごす。	スマートフォンの操作をショップ店員や孫から学ぶ。	本人：スマートフォン操作 家族（次男）：スマートフォンの操作を教える。 孫：1日1回LINEでやりとりをする		家族 地域資源	孫，次男ショップの店員	○年○月○日～○年○月○日
	1日1回は友達とLINEをして写真などを送り合う。	本人：1日1回以上スマートフォンでおしゃべりする。 インフォーマル：茶飲み友達		地域資源	近所の茶飲み友達	

【本来行うべき支援ができない場合】
妥当な支援の実施に向けた方針

地域包括支援センター	【意見】 【確認印】

総合的な方針：生活不活発病の改善・予防のポイント

菓子を食べ過ぎないなど糖尿病の悪化に気をつけ，茶飲み友達と「百歳体操」を続けながら効果的なリハビリも行い，1本杖歩行でお孫さんと買い物に出かけられるようにしましょう。また，スマートフォンを使いこなせるようになって，日常的に茶飲み友達やご家族とコミュニケーションが取れるようにお手伝いします。

計画に関する同意

上記計画について，同意いたします。

○年　○月　○日　氏名　○○○○

事例4	脳出血・右片麻痺： 元短距離選手の目標は， 純烈のコンサートと手芸作品の展示

84歳	要介護状態区分	障害高齢者の日常生活自立度	認知症高齢者の日常生活自立度
女性	**要支援1**	自立・J1・J2・(A1)・A2・B1・ B2・C1・C2	自立・(I)・Ⅱa・Ⅱb・Ⅲa・ Ⅲb・Ⅳ・M
把握経路	1．介護予防検診　　2．本人からの相談　　(3)　家族からの相談 4．非該当　　　　　5．新予防からの移行　6．関係者 7．その他（　　　　　　　　　　　　　　　　　　　　　　　　　）		

概要：高校時代はスポーツが得意で，元短距離選手。75歳の時に脳出血（視床出血）を起こし，右片麻痺の後遺症が残るが，要支援1になっても畑作業と手芸作品作りに取り組んでいる。これができているのも，毎日，入浴時に手伸ばし運動や足上げ運動を60回行っているから。日ごとに体は動きづらくなっているが，市や県が主催する展示即売会に手芸作品の出展を続けたい意欲が本人の動機づけになっている。仲間思いであり，通所リハビリの仲間にも手芸を教えることが，新しい生きがいになっている。また，家族と一緒に地元の桜祭りや夏祭りに行ったり，大好きな純烈のコンサートに行ったりすることを目標にして，歩く練習に前向きに取り組んでいる。

利用者基本情報

〈基本情報〉

本人の状況	(在宅)・入院または入所中（　　　　　　　　　　　）　　　身長140cm　体重40kg　BMI20.4	
障害等認定	身障（　）・療育（　）・精神（　　）・難病（　）・その他（　　　　　　　　　　）	
本人の 住居環境	(自宅)・借家　(一戸建て)・集合住宅　　自室（(有)〈　2　階建ての　1　階〉・無 ） 住宅改修（(有)・無 ）　　浴室（(有)・無 ）　　便所（(洋式)・和式 ） 段差の問題（ 有 ・(無)）　　床材，じゅうたんの状況（　　　　フローリング　　　　　） 照明の状況（　　問題なし　　）　　履物の状況（　　　　問題なし　　　　）	
経済状況	国民年金・厚生年金・障害年金・生活保護 (その他)（　　　　夫の遺族共済年金　　　　　）	**家族構成** ☆：主たる介護者

	氏名	続柄	住所	連絡先
緊急連絡先	○○○○	長男	○○市 ○○町 ○－○	○○○－ ○○○○－ ○○○○
	○○○○	長男の妻	○○市 ○○町 ○－○	○○○－ ○○○○－ ○○○○
	○○○○	孫	○○市 ○○町 ○－○	○○○－ ○○○○－ ○○○○

家族構成図：87歳，84歳（本人），（享年75歳），82歳（市内在住），78歳（市内在住），77歳，74歳／66歳，63歳（県内在住），60歳，58歳☆／40歳，35歳，32歳，29歳，27歳

〈介護予防に関する事項〉

今までの生活	東北の○○県○○市出身。6人きょうだいの2番目。高校卒業後，22歳で5歳年上の市役所勤務の夫と恋愛結婚し，1男1女を授かる。結婚当時，夫の実家は，義祖父，義父，義妹3人の7人家族。家業の農業（米作り）を担うだけでなく，家事と子育て，家族の世話も自分の仕事だった。夫は毎晩同僚を連れて帰り酒盛りをしていたので，夕食のほかに夫と同僚の酒のつまみも作っていた。その夫は75歳で他界。 9年前，75歳の時に視床出血を発症し，軽度の右片麻痺になる。同居する長男夫婦のはからいで自宅をリフォームした。ボトックス治療をしていたが効果がなく，現在は中止。81歳の時に右乳がんを手術し，現在は経過観察中。野菜作り，ガーデニング，手芸を楽しみに生活している。

現在の生活状況	1日の生活・過ごし方		趣味・楽しみ・役割
	自分の茶碗洗い，居室の掃除，畑作業，手芸などをして過ごす。平日11時からNHKラジオの「人生相談」は必ず聴く。毎週木曜日21時30分からの手芸のテレビ番組も必ず見る。孫と一緒に入浴したり就寝したりするのを楽しみに日々過ごしている。		趣味は野菜作り（玉ねぎ，ねぎ，白菜など）。楽しみは，ラジオの人生相談を聴くこととテレビの手芸番組を見ること。特技は手芸で，展示会に出品するほどの腕前。エコバッグや靴下を編んだりして通所リハビリの職員や利用者にプレゼントしている。

時間	本人	介護者・家族・その他	友人・地域との関係
5：30	目覚め ラジオを聴く	朝食準備	東北の○○県○○市生まれ。結婚後も同じ町内に住んでいたおかげで，近所に幼なじみや同級生がたくさんいる。 通所リハビリに一緒に通う同級生とは，今でも付き合いがある。幼なじみの自宅まで500mくらいあり，お互い歩いて行くことが難しいため電話で話をしている。
7：00	起床	朝食	
7：30	朝食	出勤	
9：00	畑仕事		
11：00	ラジオ人生相談を聴く	長男の妻，帰宅	
12：00	昼食	昼食準備	
13：00	昼寝	長男の妻と昼食	
14：00	畑仕事 手芸	長男の妻，出勤	
16：00	相撲鑑賞		
17：00		長男の妻，帰宅	
19：00	夕食	夕食準備	
19：30	入浴	夕食	
20：00	就寝	孫と入浴	

〈現病歴・既往歴と経過〉（新しいものから書く・現在の状況に関連するものは必ず書く）

年月日	病名	医療機関・医師名 （主治医・意見作成者に☆）			経過	治療中の場合は内容
○○○○年 ○月○日 81歳〜	乳がん術後	○○病院外科	医大派遣医師	TEL ○○○- ○○○○- ○○○○	治療中 (経観中) その他	定期検査
○○○○年 ○月○日 75歳〜	脳出血後遺症	△△脳神経内科クリニック	△△医師☆	TEL ○○○- ○○○○- ○○○○	(治療中) 経観中 その他	内服治療中 ボトックス治療は休止中
発症日不詳	高血圧症 脂質異常症	△△脳神経内科クリニック	△△医師	TEL ○○○- ○○○○- ○○○○	(治療中) 経観中 その他	内服治療中

〈現在利用しているサービス〉

公的サービス	非公的サービス
介護予防通所リハビリテーション（週1回）	手芸作品出展支援

アセスメント

個別性のある 「活動」	・視床出血発症前は，自転車であちこち出かけていた。今は屋内外ともに1本杖を使用し，足を引きずりながら移動している。杖を使用しても自分の足で歩き続けたいと，入浴時に手すりにつかまり「足上げ運動」を60回行っている。 ・自分が使った茶碗くらいは洗いたいと毎食後に茶碗洗いを行い，自室のモップ掛け，洗濯たたみや衣類整理などを行っている。 ・畑仕事や裁縫・編み物は得意で，市や県の文化祭，老人クラブ主催の趣味の作品展示即売会への出展を続けたいと頑張っている。通所リハビリの仲間と手芸の作品を作ることが何よりの楽しみになっている。
過去も含めた 「参加」	・結婚したばかりのころは，義祖父，義父，義妹の面倒も見てきた。視床出血を発症するまでは3人の孫の子守もしていた。 ・結婚前は営林署勤務。結婚後は家業の農業をしながら，地域の婦人会の役員もしていた。 ・スポーツが得意でS高校時代は陸上部の短距離選手だった。最近はスポーツはできなくなったが，種類は問わずテレビのスポーツ観戦が楽しみ。 ・通所リハビリの職員や仲間に裁縫や編み物の作品をプレゼントするのが楽しみ。通所リハビリの仲間に手芸を教えることが新たな生きがいになっている。
個人因子 (性格，価値観， 生活信条，学歴， 職歴など)	【性格】社交的でいつも優しく頑張り屋。周りへの気遣いもできる。思いやりも深く，通所リハビリの仲間や職員のことも大切に考えている。 【価値観】努力と忍耐 【学歴】S高等学校卒業。 【職歴】高校卒業後に営林署に勤務。結婚後は家業の農業。
環境因子 (家族，親族， 近隣，友人， 地域環境など)	【家族】長男夫婦，孫3人と6人暮らし。県内○○町に長女，同市内には妹2人（82歳，78歳）が住んでいる。孫のMさんが祖母を心配し，一緒に入浴し同じ部屋で寝てくれている。Mさんは自分より遅く寝て早く起きるため，平日はあまり会話はないが，心配してくれている気持ちをうれしく思っている。 【友人】幼なじみや同級生が近くにいる。同じように年を重ねており，直接会う機会は少ないが電話ではよく話をしている。近所の同級生Nさんは同じ通所リハビリに通い，仲良くしている。 【地域環境】中山間地域で隣までの距離も数百メートルくらいある。
阻害因子 (活動，参加を 阻む要因)	【右片麻痺】9年前，75歳の時に視床出血を発症し軽度右片麻痺となる。右手指の拘縮，下肢筋肉のこわばりがあり，右下肢を引きずるように歩行する。 車や公共交通機関を利用して熱海や高山，スーパー銭湯○○に行ってみたいが，現在の自分の状態では無理だとあきらめの気持ちがある。 【家族】亡くなった夫とは恋愛結婚で，つらいことがあっても一緒に頑張ってきた。同居の長男夫婦，孫3人とも関係性が良く，家族みんなが大事にしてくれている。
促進因子 (活動，参加を 促す要因)	【親族】市内に住む妹たちが，好きな手芸や編み物を続けることができるように布や毛糸を買って自宅に届けてくれる。 【運動】短距離選手だったので，手伸ばし運動（20回）や足上げ運動（60回）を毎日続けることは得意である。 【社会参加】市の文化祭や展示即売会に作品を出展したいという意欲が高い。 【意欲】家族の好意に甘えていると動かなくても済んでしまうので，できるだけ「家族に迷惑をかけたくない」と頑張っている。

自宅1階の間取り図

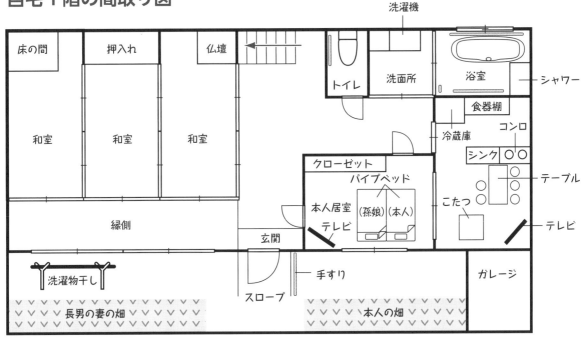

支え合い周辺マップ

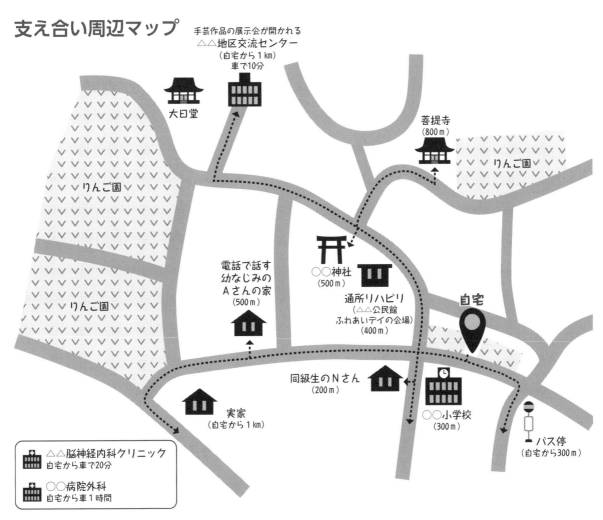

基本チェックリスト

No.	質問項目	回答 (いずれかに○を お付けください)		点数	事業 対象者 判定
1	バスや電車で1人で外出していますか	0.はい	(1.いいえ)		
2	日用品の買い物をしていますか	0.はい	(1.いいえ)		「どんな相談を されますか?」
3	預貯金の出し入れをしていますか	0.はい	(1.いいえ)		
4	友人の家を訪ねていますか	0.はい	(1.いいえ)	**4**/5	
5	家族や友人の相談にのっていますか	(0.はい)	1.いいえ		
6	階段を手すりや壁をつたわらずに昇っていますか	0.はい	(1.いいえ)		「どれくらいの時間を 歩きたいですか?」
7	椅子に座った状態から何もつかまらずに立ち上がっていますか	0.はい	(1.いいえ)		3点～ 該当
8	15分位続けて歩いていますか	(0.はい)	1.いいえ		「特に不安なところは どこですか?」
9	この1年間に転んだことがありますか	1.はい	(0.いいえ)		
10	転倒に対する不安は大きいですか	(1.はい)	0.いいえ	**3**/5	
11	6カ月間で2～3kg以上の体重減少がありましたか	(1.はい)	0.いいえ		2点～ 該当
12	身長（140.0）cm, 体重（40.0）kg ⇒ BMI＝（20.4）※(注) 参照			**1**/2	
13	半年前に比べて固いものが食べにくくなりましたか	1.はい	(0.いいえ)		2点～ 該当
14	お茶や汁物等でむせることがありますか	1.はい	(0.いいえ)	**0**/3	
15	口の渇きが気になりますか	1.はい	(0.いいえ)		「健康維持には 重要なので 続けたいですね」
16	週に1回以上は外出していますか	(0.はい)	1.いいえ		「16」が 「いいえ」 で該当
17	昨年と比べて外出の回数が減っていますか	1.はい	(0.いいえ)	**0**/2	
18	周りの人から「いつも同じ事を聞く」などの物忘れがあると言われますか	1.はい	(0.いいえ)		1点～ 該当
19	自分で電話番号を調べて，電話をかけることをしていますか	(0.はい)	1.いいえ		
20	今日が何月何日かわからない時がありますか	1.はい	(0.いいえ)	**0**/3	
(注) BMI＝体重（kg）÷身長（m）÷身長（m）が 18.5未満の場合に1点とする。		小計		**8**/20	10点～ 該当
21	(ここ2週間) 毎日の生活に充実感がない	1.はい	(0.いいえ)		
22	(ここ2週間) これまで楽しんでやれていたことが楽しめなくなった	1.はい	(0.いいえ)		2点～ 該当
23	(ここ2週間) 以前は楽にできていたことが今ではおっくうに感じられる	(1.はい)	0.いいえ		
24	(ここ2週間) 自分が役に立つ人間だと思えない	1.はい	(0.いいえ)		
25	(ここ2週間) わけもなく疲れたような感じがする	1.はい	(0.いいえ)	**1**/5	
※赤字はプレ・プランニング時の 「気づき促しフレーズ」		合計		**9**/25	

左側縦軸ラベル：運動機能／栄養状態／口腔機能／閉じこもり／認知機能／うつ病の可能性

「ちょっと心配ですね。
どのようなことがおっくうに
なってきたのでしょうか?」

意欲・動機づけシート

作成日 ○○○○ 年 5 月 23 日　※記入できるところから楽しみながら記入してください。

氏名	M. K.	年齢	84歳	性別	女性	要支援	1	担当	○○○○

#	私の「楽しみ・生きがい」(CADL)	していた	している	してみたい	#	私の「楽しみ・生きがい」(CADL)	していた	している	してみたい
1	家事（内容：茶碗洗い，自室の掃除）		○		31	読書（内容：小説）	○		
2	日曜大工（内容：）				32	創作（内容：陶芸をしてみたいが時間がない）			○
3	料理作り（内容：以前は毎日3食と夫の酒のつまみ）	○			33	語学（種類：）			
4	買い物（店：Tストア　内容：食材）	○			34	資格（種類：）			
5	おしゃれ（内容：自分で作った靴下）		○		35	カルチャー教室（内容：）			
6	お出かけ（内容：自転車や夫の車で）	○			36	絵画（内容：）			
7	子ども・孫・ひ孫との関わり		○		37	パソコン・スマホ等（内容：スマホに興味がある）			○
8	家族・親戚との集まり				38	SNS（内容：）			
9	ペット（種類：猫の世話をしていた）の世話	○			39	写真（種類：）			
10	友達と会話（話題：近所の幼なじみと電話，通所リハビリの友人と会う）		○		40	映画・観劇等（内容：体が不自由だが観劇をしたい）			
11	友達と遊ぶ（内容：幼なじみと会うのが楽しみだった）	○			41	茶道・華道（流派：麻痺があるが華道をやってみたい）			
12	異性との交流（内容：）				42	歌唱（内容：）			
13	ランチ・ディナー（店名：地元のT食堂）	○			43	音楽（内容：）			
14	食べ歩き（店名：T食堂　内容：ラーメン）	○			44	コンサート（内容：純烈）			○
15	お取り寄せ（内容：）				45	楽器演奏（内容：）			
16	ボランティア（ ）				46	遊び（内容：兄がしていた将棋）			○
17	地域活動（婦人会の役員）		○		47	運動（内容：毎日入浴時に手伸ばし運動と足上げ運動60回）		○	
18	集まり（同窓会をしていた）		○		48	散歩（場所：畑まで歩いている）		○	
19	お参り（場所：お墓参りに行きたいができない）			○	49	アウトドア（内容：所有している山）			○
20	史跡巡り（場所：）				50	エンタメ（内容：）			
21	文化施設（内容：地元M村にある実家の土地に完成した施設）			○	51	スポーツ（内容：学生時代は陸上部の短距離選手だった）	○		
22	名所めぐり（場所：）				52	観戦（内容：スポーツなんでも）			○
23	温泉・健康ランド（場所：夫と行ったH温泉，スーパー銭湯○○）			○	53	ダンス・踊り（内容：20代に社交ダンスをしていた）	○		
24	国内旅行（場所：夫と行った熱海，岐阜の高山）			○	54	ギャンブル・賭け事（内容：）			
25	海外旅行（国：）				55	投資（種類：宝くじを買ってみたい）			○
26	手芸（内容：裁縫，編み物）			○	56	祭り（内容：地元の桜祭りや夏祭り）			○
27	工芸（内容：）				57	就労（内容：高校卒業後，営林署で働いていた。結婚後は家業の農業）	○		
28	家庭菜園（内容：玉ねぎ，里芋，ねぎ，白菜など）		○		58	役割（内容：40代は婦人会の役員をしていた）	○		
29	ガーデニング（内容：あやめ，ひなげしなど）		○		59				
30	模型（内容：）				60				

気づき促しフレーズ（赤字）：
- 「手芸が得意なんですね」
- 「これをまた目指すのはいかがですか？」
- 「どんなとこで利用したいと思われますか？」
- 「ポジティブな目標になりますね」
- 「どうすれば時間がつくれそうですか？」
- 「幼なじみの方とはどんなおしゃべりをしたいですか」
- 「純烈のコンサートに行きたいのですね」
- 「これが自信になっていますね」
- 「当選したら何に使ってみたいですか？」

メモ：
- 「これからどのようなものを作ってみたいですか？」
- 「どなたと楽しんでみたいと思われますか？」

※赤字はプレ・プランニング時の「気づき促しフレーズ」

介護予防サービス・支援計画書

●目標とする生活

1日	純烈のコンサートに行くことを目指し，手伸ばし運動20回，浴室の手すりにつかまって足上げ運動を60回行う。

●支援計画

アセスメント領域と現在の状況	本人・家族の意欲・意向	領域における課題（背景・原因）	総合的課題	課題に対する目標と具体策の提案	具体策についての意向本人・家族
運動・移動 右腕と右足に軽い麻痺やしびれがあるが，1本杖を使えば右足かかとを引きずりながら歩ける。右足が内側にねじれるため不安定な歩き方になる。	本人：1本杖で歩けるが，最近足が動かなくなってきた。歩いていないと歩けなくなるのが不安。	■有 □無 軽度の右麻痺があり，右足の筋力低下で，移動が難しくなると予測される。	・軽度の右片麻痺としびれのために右足を引きずる不安定な歩行になり，外出の機会が減っている。 ・1本杖を使うが，右手指に力が入りにくい。	（目標） 転倒に注意し，晴れた日は，畑まで歩き，雨の日は，縁側や廊下を歩き，現在の身体機能を維持する。 （具体策） ①本人： ・定期的に通院する。 ・入浴時に手伸ばし運動を20回，足上げ運動を60回行う。 ・茶碗洗い，草取り，花植えを行う。 ②家族：体調と栄養・水分管理，入浴時や睡眠中の見守りをする。 ③足の力の維持と指先のリハビリを行う。 ④地元の幼なじみとおしゃべりして気分転換を図る。	本人： ①右半身に麻痺があるが，転ばないように足の運びがよくなってほしい。 ・花の手入れや畑仕事をしたい。茶碗洗いなどできることはしていきたい。 ②孫と一緒に風呂に入ったり，寝たりしたい。 ③足や手が動かなくならないようにリハビリを続けて今の状態を維持したい。
日常生活（家庭生活） 軽度の右片麻痺や右手指第1，2，3指は力が入りづらいため介護用のスプーンを使って食べている。身の回りのことは時間をかければできる。	本人：できるだけ右手を動かすようにしている。茶碗洗い，庭の草取り，花植え，手芸も続けていきたい。	■有 □無 軽度の右片麻痺と右手指の力が入りにくく，右手の指先の動作が行いにくい。			
社会参加・対人関係・コミュニケーション 近所の幼なじみと通所リハビリで会えていて他の幼なじみとは電話で会話。通所リハビリで手芸を教え，人間関係は広がる。	本人：近所の交流は減ったが，孫が夜一緒に寝てくれるし，市内に住む妹たちも訪ねてくれる。	□有 ■無			
健康管理 2カ月に1回受診。以前に比べて足の運びが悪くなってきた。乳がんを発症して4年が経過した。定期的に検査している。	本人：乳がんは定期的に受診。風呂は毎日孫と入り，身体も洗ってくれ清潔を保っている。	□有 ■無			

●健康状態について
□主治医意見書，生活機能評価等を踏まえた留意点

9年前に左視床出血発症。右片麻痺が見られ，杖歩行の状態である。日常生活の見守りや一部介助が必要である。

基本チェックリストの（該当した質問項目数）/（質問項目数）をお書きください。
地域支援事業の場合は必要なプログラムの枠内の数字に○印をつけてください。

	運動不足	栄養改善	口腔内ケア	閉じこもり予防	物忘れ予防	うつ予防
予防給付または地域支援事業	③/5	1/2	0/3	0/2	0/3	1/5

1年	マスクや靴下などの裁縫や編み物を行い，手芸の仲間たちと○○文化祭の作品展に出展する。純烈のコンサートに行く。	

※「総合的課題」「目標」の項目は重要なポイントですので，文字サイズを大きく表記しています。

目標	支援計画					
	目標についての支援のポイント	本人等のセルフケアや家族の支援，インフォーマルサービス	介護保険サービスまたは地域支援事業	サービス種別	事業所	期間
毎日，庭や畑，縁側や廊下で歩く練習をして，純烈のコンサートに行ったり地元の桜祭りや夏祭りを家族と一緒に楽しむ。	・歩行訓練や指先を使った訓練と指導を行う。 ・家族が一緒になってできる自宅の住環境を使った簡単な体操を提案する。 ・部屋に純烈のポスターを貼り歌を流す。	本人： ・草取り，花の手入れ，畑仕事，茶碗洗い，手芸，編み物など。 ・入浴時に手伸ばし運動を20回と足上げ運動を60回行う。 家族（長男の妻・孫）：歩行時や入浴時の見守りなど	身体機能維持・向上プログラムの提供	介護予防通所リハビリ 家族	○○事業所（○○公民館：ふれあいデイ） 長男の妻・孫	○○年6月1日～○○年4月30日
テレビで手芸の番組を見てさらに腕を上げ，作品の展示会で通所リハビリの仲間たちと仕上げた作品約30点の販売を目指す。	通所リハビリの人たちに教える手芸教室をプログラムに入れる。	インフォーマル：作品出展など（○○財団，○○地区老人クラブ，○○地区交流センター）	作品出展の支援	介護予防ケアマネジメント 地域資源	○○地域包括支援センター ○○財団 ○○地区老人クラブ ○○地区交流センター 通所リハビリの仲間	○○年6月1日～○○年4月30日

【本来行うべき支援ができない場合】
妥当な支援の実施に向けた方針

総合的な方針：生活不活発病の改善・予防のポイント

右片麻痺の進行を抑え，身体機能を維持・改善し，楽しみにされている得意の手芸，花植え，草取りなどを続けて行えるように支援します。

地域包括支援センター	【意見】
	【確認印】

計画に関する同意

上記計画について，同意いたします。

　　　　　　　　○○○○年○月○日　氏名　○○○○

脊柱管狭窄症：年の差婚の妻を介護するアウトドア派の夫，生きがいは育てた無農薬野菜を妻に食べてもらうこと

86歳	要介護状態区分	障害高齢者の日常生活自立度	認知症高齢者の日常生活自立度
男性	要支援1	自立・(J1)・J2・A1・A2・B1・B2・C1・C2	(自立)・Ⅰ・Ⅱa・Ⅱb・Ⅲa・Ⅲb・Ⅳ・M

把握経路	1．介護予防検診　(2)　本人からの相談　3．家族からの相談 4．非該当　　　5．新予防からの移行　6．関係者 7．その他（　　　　　　　　　　　　　　　　　　　）

概要：若いころからスキーや登山など自然に触れることが大好きで，スキー場でアルバイトをするほどに熱中をした。現在は，要介護3の妻を介護しながら畑仕事をするのがストレス解消にもなっている。
しかし，1年前より脊柱管狭窄症を患い，足がしびれるなど歩行に不安が出てきた。リハビリで筋力アップを図り，1人では無理なことは孫の力を借りつつ，○○市民農園でこだわりの無農薬野菜を作り，要介護3の妻と孫，近隣に住む義兄に食べさせることを生きがいとしている。

利用者基本情報

〈基本情報〉

本人の状況	(在宅)・入院または入所中（　　　　　　　　　　　　）　　身長153cm　体重54kg　BMI23.1
障害等認定	身障（　　）・療育（　　　）・精神（　　　）・難病（　　　）・その他（　　　　　　）
本人の住居環境	(自宅)・借家　(一戸建て)・集合住宅　自室（有〈　　階建ての　1　階〉・無） 住宅改修（(有)・無）　浴室（(有)・無）　便所（(洋式)・和式） 段差の問題（有・(無)）　床材，じゅうたんの状況（　　　フローリング　　　） 照明の状況（　自然光が多い　）　履物の状況（　室内はスリッパ，屋外はスニーカー　）

経済状況	国民年金・(厚生年金)・障害年金・生活保護 その他（　　　　　　　　　　　　　）

家族構成

☆：主たる介護者

	氏名	続柄	住所	連絡先
緊急連絡先	○○○○	長女	同居	○○○-○○○○-○○○○

86歳
68歳 要介護3
72歳（近隣在住）
☆44歳
離婚　49歳
12歳

〈介護予防に関する事項〉

<table>
<tr>
<td rowspan="2">今までの生活</td>
<td colspan="3">長野県○○市生まれ。地元の工業高校を卒業後，好きなスキーや山登りに熱中して，スキー場や木材関係の工場などでアルバイト生活を続ける。28歳で警備会社に就職し，40歳の時に22歳だった妻と恋愛結婚する。
警備会社を65歳の定年まで勤め上げた後，新居を建て引っ越す。3年前に妻（65歳）が脳血栓で手術し，要介護2となる。現在は要介護3となった妻を介護しながら，○○市民農園での無農薬野菜作りなどに励んでいる。</td>
</tr>
</table>

	1日の生活・過ごし方	趣味・楽しみ・役割
	5時起床。7時に長女が用意した朝食を食べ，12時に昼食，18時30分に夕食。20時ごろ就寝。妻（要介護3）の介護をしているので，その合間に○○市民農園に行き，野菜作りに汗を流す。妻は火・金にデイサービスを利用しており，自分も火曜日に運動型デイに通っている。	現在は○○市民農園で野菜を作るのが楽しみ。若いころは，スキー，山登り（雪山も含む）が趣味で，仲間と出かけることも多かった。

時間	本人	介護者・家族・その他	友人・地域との関係
5：00 7：00 12：00 18：30 20：00	起床 朝食 昼食 夕食 就寝	長女（44歳）：月～金の日中は化粧品会社で勤務。食事作りや買い物などは，一緒にやるようにしている。 孫（12歳）：小学6年生。○時ごろに帰宅。学校が休みの日は，母親（長女）と出かけたり，祖父の野菜作りを手伝ったりすることもある（肥料など重いものを運んでくれる）。 妻（68歳）：要介護3。うつ病があり，日中もほとんど横になっている。食事やリハビリ，デイサービスに行く時には起きる。排泄は，ポータブルトイレとおむつの両方を使用。	○○市民農園の仲間と畑で情報交換することが多い。近隣住民とは，一般的な付き合い程度。妻の兄が近くに住んでおり，月に2～3回妻に会いに来てくれる。

（注: 本人・現在の生活状況 欄）

〈現病歴・既往歴と経過〉（新しいものから書く・現在の状況に関連するものは必ず書く）

年月日	病名	医療機関・医師名 （主治医・意見作成者に☆）		経過	治療中の場合は内容
○○○○年 ○月○日 86歳	脊柱管狭窄症	○○クリニック	○○医師☆ TEL ○○○-○○○○-○○○○	治療中 経観中 その他	内服
○○○○年 ○月○日 40歳	肺結核	東京の病院に入院	△△医師 TEL ○○○-○○○○-○○○○	治療中 経観中 その他	現在は特に治療も受診もしていない。
				治療中 経観中 その他	
				治療中 経観中 その他	

〈現在利用しているサービス〉

公的サービス	非公的サービス
運動型通所サービス（半日型，週1回）	

アセスメント

個別性のある 「活動」	・もともとアウトドア派で，自然が大好き。身体を動かすのも好き。趣味がスキーや山登りなどで運動神経には自信がある。 ・趣味に夢中になりすぎて結婚が遅くなったが，40歳の時に18歳下の妻（22歳）と恋愛結婚した。独身生活が長かったので家事などはひととおり自分でしてきたが，現在は脊柱管狭窄症による足のしびれがあり，思うようにできない。孫に手伝ってもらいながら，何とか○○市民農園で無農薬の野菜作りを継続している。
過去も含めた 「参加」	・「自分はアウトドア派だが，妻はインドア派」が口癖。妻は友人と買い物に行ったり，おしゃべりをしたりするのが好きで，自然とかかわることは苦手。そのため，夫婦一緒に趣味を楽しむことは少なかった。 ・山登りの仲間がたくさんいて，季節を問わず山に行くことが多かった。仕事は，警備会社で28歳から定年の65歳まで真面目に働いた。近所付き合いは良く，町内会の集まりなどにも参加していた。孫の小・中学校のイベントは，長女がPTAの役員としてかかわっていたので，孫に誘われれば出かけていた。
個人因子 （性格，価値観， 生活信条，学歴， 職歴など）	【性格】とても温厚で腰が低い半面，自分がしたいと思ったことはとことん突き詰めるタイプ。現在の野菜作りも○○市民農園の仲間から情報をもらい，いろいろ試すなど研究熱心なところがある。失敗しても次は良いものにしようとポジティブに考える性格でもある。 【家族関係】妻の介護は，畑仕事のおかげでイライラすることもなく頑張れている。孫との関係性も良く，用事を頼むこともある。脊柱管狭窄症のためアクセルとブレーキのペダルがうまく踏み込めないので，最近は車の運転をしていない。買い物に行く時などは，長女に頼ることも多い。運転免許の返納も考えている。
環境因子 （家族，親族， 近隣，友人， 地域環境など）	【家族】44歳の長女は，とても素直な性格。要支援1の父が行う母の介護は力ずくで自己流のため，父が身体を痛めないかと心配している。孫は少し反抗期だが，何かの時には祖父を手助けしてくれて，頼りになる存在である。 【夫婦】妻はあまり言葉を発しないが，夫の姿が見えないと呼ぶ。 【友人関係】現在の主な友人は，○○市民農園の仲間。月に1回はカラオケスナックで寄り合いを開いている。山登りやスキーの仲間とは，電話で近況報告をする程度。近所に住む妻の兄（72歳）との関係も良く，月に2〜3回は自宅に来て雑談をしていく。 【地域環境】芋煮会をやる地域に住んでいる。
阻害因子 （活動，参加を 阻む要因）	【足のしびれ】脊柱管狭窄症による足のしびれがある。主治医には手術を勧められたが，身体にメスを入れられるのが嫌で拒否。手術以外に症状を和らげる方法はないかとリハビリを希望した。重いものを持てず，不安定な地面では杖などの支えが必要である。 【妻の介護】要介護3の妻を介護しているので，長時間外出することはできない。「土日は娘と孫が休みで家にいてくれるので，比較的活動しやすい」とのこと。介護は自己流で力任せにやるため，身体に負担がかかりがち。
促進因子 （活動，参加を 促す要因）	【体格】153cm。54kgの小柄な体格。 【性格】性格は温厚。孫には注意することはあっても，怒ったことはないので仲は良い。 【意欲】「しびれがなければ，いくらでも仕事をしたい」「妻の介護も続けながら農園仲間と情報交換し，おいしい無農薬野菜を作って家族や親戚に食べさせたい」と思っている。今では野菜作りが生きがいになっている。 【家族関係】家族もできるだけ野菜作りを続けてほしいと思っている。長女も○○ホームセンターへの肥料の買い出しなどを手伝っている。

自宅の間取り図

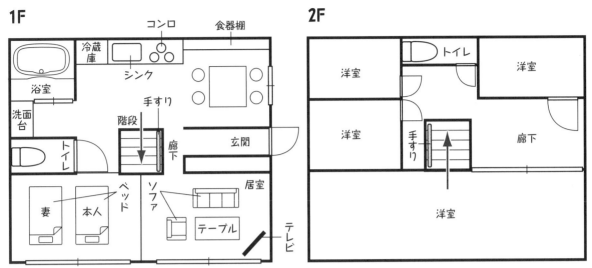

1F

2F

支え合い周辺マップ

基本チェックリスト

No.	質問項目	回答 (いずれかに○を お付けください)		点数	事業 対象者 判定
1	バスや電車で１人で外出していますか	0.はい	1.いいえ		
2	日用品の買い物をしていますか	0.はい	1.いいえ		
3	預貯金の出し入れをしていますか	0.はい	1.いいえ		
4	友人の家を訪ねていますか	0.はい	1.いいえ	**3/5**	
5	家族や友人の相談にのっていますか	0.はい	1.いいえ		
6	階段を手すりや壁をつたわらずに昇っていますか	0.はい	1.いいえ		3点〜 該当
7	椅子に座った状態から何もつかまらずに立ち上がっていますか	0.はい	1.いいえ		
8	15分位続けて歩いていますか	0.はい	1.いいえ		
9	この１年間に転んだことがありますか	1.はい	0.いいえ		
10	転倒に対する不安は大きいですか	1.はい	0.いいえ	**3/5**	
11	６カ月間で２〜３kg以上の体重減少がありましたか	1.はい	0.いいえ		2点〜 該当
12	身長（153）cm，体重（54）kg ⇒ BMI=（23.1）※（注）参照			**0/2**	
13	半年前に比べて固いものが食べにくくなりましたか	1.はい	0.いいえ		2点〜 該当
14	お茶や汁物等でむせることがありますか	1.はい	0.いいえ		
15	口の渇きが気になりますか	1.はい	0.いいえ	**0/3**	
16	週に１回以上は外出していますか	0.はい	1.いいえ		「16」が 「いいえ」 で該当
17	昨年と比べて外出の回数が減っていますか	1.はい	0.いいえ	**0/2**	
18	周りの人から「いつも同じ事を聞く」などの物忘れがあると言われますか	1.はい	0.いいえ		1点〜 該当
19	自分で電話番号を調べて，電話をかけることをしていますか	0.はい	1.いいえ		
20	今日が何月何日かわからない時がありますか	1.はい	0.いいえ	**0/3**	
（注）BMI=体重（kg）÷身長（m）÷身長（m）が 18.5未満の場合に１点とする。		小計		**6/20**	10点〜 該当
21	（ここ２週間）毎日の生活に充実感がない	1.はい	0.いいえ		2点〜 該当
22	（ここ２週間）これまで楽しんでやれていたことが楽しめなくなった	1.はい	0.いいえ		
23	（ここ２週間）以前は楽にできていたことが今ではおっくうに感じられる	1.はい	0.いいえ		
24	（ここ２週間）自分が役に立つ人間だと思えない	1.はい	0.いいえ		
25	（ここ２週間）わけもなく疲れたような感じがする	1.はい	0.いいえ	**0/5**	
※赤字はプレ・プランニング時の 「気づき促しフレーズ」		合計		**6/25**	

側注（左）：運動機能／栄養状態／口腔機能／閉じこもり／認知機能／うつ病の可能性

吹き出し（気づき促しフレーズ）：
- 「自家用車の運転をやめたからですか？」
- 「脊柱管狭窄症が原因ですか？」
- 「何メートル歩けますか？」
- 「どちらにお出かけされていますか？」

意欲・動機づけシート

作成日　○○○○　年　○　月　○　日　　※記入できるところから楽しみながら記入してください。

氏名	○○○○	年齢	86歳	性別	男性	要支援	1	担当	○○○○

No.	私の「楽しみ・生きがい」(CADL)（該当するところに「○」を記入してください）	していた	している	してみたい	No.	私の「楽しみ・生きがい」(CADL)（該当するところに「○」を記入してください）	していた	している	してみたい
1	家事（内容：洗濯　　　）		○		31	読書（内容：　　　）			
2	日曜大工（内容：　　　）				32	創作（内容：　　　）			
3	料理作り（内容：芋煮会がしたい　　）			○	33	語学（種類：　　　）			
4	買い物（店：○○ホームセンター　内容：肥料など）		○		34	資格（種類：　　　）			
5	おしゃれ（内容：　　　）				35	カルチャー教室（内容：　　　）			
6	お出かけ（内容：○○病院への通院，○○市民農園）		○		36	絵画（内容：　　　）			
7	子ども・孫・ひ孫との関わり		○		37	パソコン・スマホ等（内容：スマホで写真を撮りたい）			○
8	家族・親戚との集まり		○		38	SNS（内容：　　　）			
9	ペット（種類：犬　　　）の世話	○			39	写真（種類：　　　）			
10	友達と会話（話題：○○市民農園の仲間，元山登り仲間）		○		40	映画・観劇等（内容：　　　）			
11	友達と遊ぶ（内容：○○市民農園の仲間との交流　）		○	○	41	茶道・華道（流派：　　　）			
12	異性との交流（内容：　　　）				42	歌唱（内容：　　　）			
13	ランチ・ディナー（店名：○○食堂）	○			43	音楽（内容：　　　）			
14	食べ歩き（店名：　　内容：　　）				44	コンサート（内容：　　　）			
15	お取り寄せ（内容：　　　）				45	楽器演奏（内容：　　　）			
16	ボランティア（　　　）				46	遊び（内容：山登り，スキー）	○		
17	地域活動（町内会の活動　　）		○		47	運動（内容：山登り，スキー）	○		
18	集まり（町内会の集まり　　）		○		48	散歩（場所：△△市民農園に行く，○○公園）		○	
19	お参り（場所：両親の墓参り　）	○			49	アウトドア（内容：山登り，スキー）	○		
20	史跡巡り（場所：　　　）				50	エンタメ（内容：　　　）			
21	文化施設（内容：　　　）				51	スポーツ（内容：山登り，スキー）	○		
22	名所めぐり（場所：　　　）				52	観戦（内容：　　　）			
23	温泉・健康ランド（場所：　　　）				53	ダンス・踊り（内容：　　　）			
24	国内旅行（場所：　　　）				54	ギャンブル・賭け事（内容：　　　）			
25	海外旅行（国：　　　）				55	投資（種類：　　　）			
26	手芸（内容：　　　）				56	祭り（内容：　　　）			
27	工芸（内容：　　　）				57	就労（内容：警備関係　）	○		
28	家庭菜園（内容：無農薬の野菜作り　）		○		58	役割（内容：妻の介護　）			○
29	ガーデニング（内容：庭いじり　）			○	59				
30	模型（内容：　　　）				60				

メモ	山登りの仲間やスキー仲間とは，主に電話で近況報告をする関係が続いている。

気づき促しフレーズ（赤字）：
- 「いつごろ芋煮会をしたいですか?」
- 「動画も撮れるので，奥さんに見てもらうのもいいですね!」
- 「何歳まで続けたいとお考えですか?」
- 「どこに行かれたいですか?」
- 「20～30代はどれくらい熱中されたんですか?」
- 「どちらですか? 目標にされてはどうでしょうか?」
- 「お散歩でつらいことはありませんか?」
- 「できる場所を探しましょう」
- 「脊柱管狭窄症のため，ベッドの移乗やトイレ介助はつらいのではないですか?」

※赤字はプレ・プランニング時の「気づき促しフレーズ」

介護予防サービス・支援計画書

●目標とする生活

1日	毎日，○○市民農園に行って無農薬野菜の成長を観察したり，手入れをする。

●支援計画

アセスメント領域と現在の状況	本人・家族の意欲・意向	領域における課題（背景・原因）	総合的課題	課題に対する目標と具体策の提案	具体策についての意向本人・家族
運動・移動 両足にしびれがあり，歩行が不安。畑仕事が運動になっているが足元の踏ん張りが利かない。杖や支柱を頼りに移動している。	筋力をつけて畑で不安なく歩けるようにしたい。杖だと安心なので，使いこなしたい。	■有 □無 下肢の筋力低下による不安がある。杖を使用することで安心して移動できる。	1．脊柱管狭窄症により両足にしびれがあり，歩行が不安定で下肢の筋力も落ちている。 2．妻の介護では下半身や腰に力が入らず，移動介助の際には転倒の危険がある。	（目標） 下半身の筋力アップと福祉用具の活用により転倒を予防し，家族のために○○市民農園で好きな無農薬野菜作りを続ける。 （具体案） ・筋力アップのために，運動型通所サービスを利用する。 ・重い荷物を持つような作業は，孫に手伝ってもらう。 ・杖に慣れてふらつくことを減らし，歩行を安定させる。	本人：○○市民農園での野菜作りが一番の楽しみ。リハビリ体操などで畑や道で転ばない筋力をつければ，妻の介護も頑張って続けられます。おいしい無農薬野菜を家族に食べさせたい。地域で芋煮会もやってみたい。孫にも手伝ってもらい野菜作りや山登りなどを教えたい。 長女：少しでも父が好きなことを続けられるように望んでいます。買い物などに一緒に行きたいですね。
日常生活（家庭生活） 要介護3でうつ病がある妻の介護。同居の長女は食事の支度や買い物などをしてくれ，頼めば○○スーパーにも連れて行ってくれる。	○○市民農園が一番の楽しみ。足がしびれ転倒が心配。妻の介護の合間に畑作業している。	■有 □無 日常生活や農作業の継続のために運動やリハビリなどで，下半身の筋力アップが必要。			
社会参加・対人関係・コミュニケーション 30代のころの山登りやスキーの仲間とは，電話で近況を報告する程度。農園仲間と交流ができて楽しい。	○○市民農園仲間と話をしている時がとても楽しい。しゃがんでの作業はつらいが，自分の生きがい。	□有 ■無 畑仕事が継続できるように支援が必要。妻の介護ストレスも解消されている。			
健康管理 脊柱管狭窄症の手術はしたくないので，リハビリ体操などを頑張っている。薬も忘れずに飲んでいる。	スキーや山登りのやり過ぎで脊柱管狭窄症がひどくなっている。リハビリを頑張りたい。	□有 ■無			

●健康状態について
□主治医意見書，生活機能評価等を踏まえた留意点

基本チェックリストの（該当した質問項目数）／（質問項目数）をお書きください。
地域支援事業の場合は必要なプログラムの枠内の数字に○印をつけてください。

	運動不足	栄養改善	口腔内ケア	閉じこもり予防	物忘れ予防	うつ予防
予防給付または地域支援事業	③/5	0/2	0/3	0/2	0/3	0/5

	1年	孫と一緒に無農薬野菜を作って，妻と長女・孫と○○川河川敷で芋煮会をする

※「総合的課題」「目標」の項目は重要なポイントですので，文字サイズを大きく表記しています。

目標	支援計画					
	目標についての支援のポイント	本人等のセルフケアや家族の支援，インフォーマルサービス	介護保険サービスまたは地域支援事業	サービス種別	事業所	期間
下半身の筋力をアップして，15分程度なら杖なしで安定して歩けるようになり，季節ごとの野菜作りを続ける。	・定期的に運動に通う。 ・畑など不安定な場所では，自分で意識して転倒に気をつける。 ・杖など自分に合った用具を使用する。	本人：定期的に運動をする。 ○○市民農園の仲間との交流を続け楽しい時間をつくる。 ・杖など福祉用具を活用する。 ・重い物を持つ作業などは，孫の協力を得る。	介護保険 デイサービスでの運動の実施 ・自宅でもできる運動・体操の提供	通所型サービス	○○デイサービス	○○年5月1日～○○年4月30日
	・状態に合わせた杖の使い方を工夫する。 ・雨や雪，砂利道などでの杖の使い方を練習する。	本人：気候や道の状況に合わせた福祉用具（杖）の使い方に慣れる。	介護保険 ・本人の動きに合わせた用具の提案 ・定期的に状態を確認し，用具を調整	介護予防福祉用具貸与	福祉用具○○	○○年5月1日～○○年4月30日
○○市民農園の仲間たちと作った野菜で，年2回，妻のために○○川の河川敷で芋煮会をする。	・○○川の河川敷を調べて，リハビリメニューなどに反映させる。 ・調理にあたって必要な動作を整理して，リハビリメニューに組み込む。	本人：○○川の河川敷の環境などをシミュレーションした運動をする。 長女：○○川の河川敷の様子を動画で撮影してくる。	介護保険 ・○○川の河川敷の環境や芋煮会に合わせたリハビリトレーニング ・調理器具など，実際に使用する道具を使ったトレーニング	通所型サービス 本人 地域資源 家族	○○デイサービス 本人 市民農園の仲間 長女・孫	○○年5月1日～○○年4月30日

【本来行うべき支援ができない場合】
妥当な支援の実施に向けた方針

総合的な方針：生活不活発病の改善・予防のポイント

毎日定期的にリハビリ体操をしたり，福祉用具（杖）の力を借りながら下肢筋力をアップさせて，お孫さんと一緒に畑仕事をしたりして仲間の皆さんとの交流を楽しめるように支援していきます。

地域包括支援センター	【意見】今後も生きがいを持って生活できるように転倒には十分気をつけましょう
	【確認印】○○地域包括支援センター

計画に関する同意

上記計画について，同意いたします。

○○○○年○月○日　氏名　○○○○

119

<table>
<tr><td rowspan="2">事例6</td><td colspan="2">レビー小体型認知症：</td></tr>
</table>

レビー小体型認知症：
大好きな夫の死後，うつ気味な気分を改善し，孫娘に得意料理を教えたい

86歳	要介護状態区分	障害高齢者の日常生活自立度	認知症高齢者の日常生活自立度
女性	**要支援1**	自立・J1・(J2)・A1・A2・B1・B2・C1・C2	自立・(Ⅰ)・Ⅱa・Ⅱb・Ⅲa・Ⅲb・Ⅳ・M
把握経路		1．介護予防検診　　2．本人からの相談　　(3) 家族からの相談 4．非該当　　　　　5．新予防からの移行　　6．関係者 7．その他（　　　　　　　　　　　　　　　　　　　　　　　　）	

概要：もともと責任感が強く，おしゃべり好きで社交的だった妻が，3年前に夫が他界した後からうつ気味になり，「夜中に誰かが来た。人の気配がする」などの幻覚症状も訴えるようになる。体調も次第に悪くなり，同居している長男（63歳）が「たまには外に出たら」と声をかけても，「足がもつれる。ふらふらする」と言って寝床から出ない日が増える。3年前と比べて，買い物や散歩などの外出をする機会が少なくなっている。その後，総合病院で「レビー小体型認知症」と診断される。心配になった長男から地域包括支援センターに相談があった。

利用者基本情報

〈基本情報〉

本人の状況	(在宅)・入院または入所中（　　　　　　　　　　　）　　身長148cm　体重43kg　BMI19.6
障害等認定	(身障)（2級）・療育（　　）・精神（　　）・難病（　　）・その他（　　　　　　　）
本人の 住居環境	(自宅)・借家　(一戸建て)・集合住宅　　自室（(有)〈2 階建ての 1 階〉・無） 住宅改修（(有)・無）　浴室（(有)・無）　便所（(洋式)・和式） 段差の問題（有・(無)）　床材，じゅうたんの状況（　　　畳　　　） 照明の状況（　　問題なし　　）　履物の状況（　　問題なし　　）

経済状況	(国民年金)・厚生年金・障害年金・生活保護 その他（　　　　　　　　　　　　　　）

緊急連絡先	氏名	続柄	住所	連絡先
	○○○○	長男	B町×丁目○─○	○○○-○○○○-○○○○
	○○○○	長男の妻	B町×丁目○─○	○○○-○○○○-○○○○

家族構成

（3年前に他界　86歳　58歳　63歳　61歳　58歳　33歳　29歳）

☆：主たる介護者

〈介護予防に関する事項〉

<table>
<tr>
<td rowspan="2">今までの生活</td>
<td colspan="3">隣接するＡ市生まれ。21歳で結婚し，23歳の時に長男を出産。35歳でＢ町に引っ越す。夫が営む文房具店の事務を手伝いながら，趣味の俳句や洋裁などを楽しんでいた。
50歳頃から，視力の低下により洋裁などができなくなり，趣味を楽しむ時間も減る。そのこともあり，徐々に文房具店の事業を縮小し，25年ほど前（当時61歳）に廃業する。その後は夫婦２人で悠々自適の生活を送ってきたが，3年前に夫が他界。
夫が亡くなった後は，買い物がてらの散歩コースで近隣住民と交流するようになった。一方で，精神的に落ち込むことも多くなり，幻覚や体調不良を訴えることが増えた。</td>
</tr>
<tr>
<td colspan="2" style="text-align:center">１日の生活・過ごし方</td>
<td style="text-align:center">趣味・楽しみ・役割</td>
</tr>
</table>

<table>
<tr>
<td rowspan="9">現在の生活状況</td>
<td colspan="2">以前は朝７時ごろに起床し，居間や廊下の掃除をするのが日課。朝食後は買い物がてら散歩に出て，近所の人とのおしゃべりを楽しんでいた。食事は自分で作り，得意な料理は煮物や和え物だった。</td>
<td>視力が低下するまでは洋裁や俳句を楽しんでいた。夫は竹細工が好きで，一緒に作品を作ることも楽しみだった。俳句は，NHKのラジオ番組で投稿した作品が紹介されたほどの腕前。現在の楽しみは家事をやることくらい。</td>
</tr>
<tr>
<td style="text-align:center">時間</td>
<td style="text-align:center">本人</td>
<td style="text-align:center">介護者・家族・その他</td>
<td style="text-align:center">友人・地域との関係</td>
</tr>
<tr>
<td>7：00</td>
<td>起床
掃除（居間，廊下）</td>
<td rowspan="2"></td>
<td rowspan="6">おしゃべり好きだが，夫の生前は近隣住民と交流する機会が少なく，昔の友人と電話で交流する（不定期）程度。
夫の他界後は20分程度散歩に出かけ，近所の人（特にＴさん，Ｓさん）とおしゃべりする機会が増えた。近所の人が自宅に遊びに来てくれることもあった（不定期）。</td>
</tr>
<tr>
<td>8：30</td>
<td>朝食
近所の人と交流
買い物</td>
</tr>
<tr>
<td>　</td>
<td>　</td>
<td>長男夫婦と一緒に食事</td>
</tr>
<tr>
<td>12：30</td>
<td>昼食
昼寝</td>
<td></td>
</tr>
<tr>
<td>18：00</td>
<td>夕食</td>
<td>長男夫婦と一緒に食事</td>
</tr>
<tr>
<td>20：00
21：00</td>
<td>入浴
就寝</td>
<td></td>
</tr>
</table>

〈現病歴・既往歴と経過〉（新しいものから書く・現在の状況に関連するものは必ず書く）

年月日	病名	医療機関・医師名 （主治医・意見作成者に☆）			経過	治療中の場合は内容
○○年 ○月○日 83歳	レビー小体型認知症	○○総合病院	○○医師	TEL ○○○- ○○○○- ○○○○	㊦治療中 経観中 その他	服薬
○○年 ○月○日 83歳	高血圧	△△クリニック	△△医師☆	TEL ○○○- ○○○○- ○○○○	㊦治療中 経観中 その他	１カ月に１回受診。服薬治療中。
○○年 ○月○日 50歳ごろ	視力低下 （視野狭窄）	□□眼科	□□医師	TEL ○○○- ○○○○- ○○○○	㊦治療中 経観中 その他	１～２カ月に１回受診。目薬を処方されている。
年 　月　日				TEL	治療中 経観中 その他	

〈現在利用しているサービス〉

公的サービス	非公的サービス
介護予防通所介護（週２回）（１回は自費利用）	

アセスメント

個別性のある 「活動」	・料理や掃除などの日常的な家事は，"家族のために自分がやらないといけない"と，夫の生前から責任感を持って取り組んでいる。料理は自分考案の献立に必要な材料を購入して行うことにこだわり。現在は体調が良い時は2日に1回，シルバーカーを使い，散歩がてら買い物に出かけることもある。もともとはおしゃべり好きなので，仲の良い友人の家を訪れ，世間話をすることもある。 ・若いころの趣味は洋裁。細かい作業も得意だったが，50代で発症した視野狭窄の影響により，今は洋裁はしていない。「今まで目を使いすぎたから，細かい仕事はできないね。神様から，もうやらなくてもいいと言われているのかな」と，自虐的に受け止めている。太字のペンで大きく書かれた文字であれば視認できる。
過去も含めた 「参加」	・21歳まで町工場の事務員として働き，結婚を機に退職する。結婚後は，夫が営む文房具店で事務を担当していた。夫婦で仕事ができることに喜びを感じ，細々と商売を続けてきた。「夫は商売のことはあまり考えていなかった」と言い，文房具店の切り盛りは本人が行っていた。 ・"夫が亡くなった後は，自分が家族のことを気にかけないといけない"という思いが強く，居間で夫の座っていた場所に座り，同居している長男夫婦や，月に2～3回訪れる孫の話を聞くようにしている。家族からの相談にのることもあるが，深入りはしない方針。家族のことを気にかけている半面，特にお盆や正月など家族一同が集まると気疲れしてしまうようで，ぐったりしている。
個人因子 （性格，価値観， 生活信条，学歴， 職歴など）	・マイペースで穏やかな性格。会話は自分の興味・関心があることを話題にすることが多い。時折会話が噛み合わないこともあるが，穏やかな性格が幸いし，トラブルにはなっていない。 ・仕事を頑張っている人や，家族の介護をしている友人などを，尊敬の念を込めて「しっかりしている人」と表現する。 ・亡くなった夫は今でも大切で，月に2回，長男と車で墓参りに出かけている。
環境因子 （家族，親族， 近隣，友人， 地域環境など）	・日中は長男夫婦は仕事のため，1人で過ごしていることが多い。体調が良い時は，日中は散歩の途中に行き交う人とおしゃべりをして，自宅の居間に招待し，談笑することもある。時折，長男夫婦と面識がない人やたまたますれ違った他人も居間にまで招くこともあり，長男夫婦は心配している。 ・近隣住民との関係は良好で，仲の良い友人は大勢いる。特に仲が良いのは，YさんとSさん。Yさんは10年前からの知り合いで，「自分よりもひと回り下だが，よく働いている。縫製の仕事をしていてもの知り。お友達が多いみたい」とのこと。Yさんの畑でできた野菜を自宅まで持ってきてもらうなどの交流をしている。Sさんとは2年前から交流があり，「他の土地から引っ越してきたこと，夫を介護していたことなど，私と共通点が多い」と，親近感を抱いている。Sさんは自宅に訪ねてくることが多く，もらい物（珍しい物）のやりとりをしている。
阻害因子 （活動，参加を 阻む要因）	・50歳ごろからの視野狭窄…文房具店の事務や趣味の洋裁が徐々にできなくなる。また，針に糸を通すことや，針先の視認が難しくなり，取り組む時間が少なくなる。 ・うつ症状とレビー小体型認知症…3年前に夫が他界した後にうつ気味になる。朝になっても寝床から出てこないなどの症状や幻覚が見られるようになり，総合病院でレビー小体型認知症と診断される。現在，うつ症状は落ち着き，幻覚も減っている。デイサービスを利用しているが，視野狭窄とレビー小体型認知症の影響により，運動の方法や回数が分からなくなる，足元への注意力が低下，ふらつきなどの様子があり，1人での外出を控えている。
促進因子 （活動，参加を 促す要因）	・家族への責任感…"自分が面倒を見ないといけない"という思いから，家族全員分の食事を作るため，以前は近くの○○ショッピングセンターまで買い物に行っていた。 ・規則正しい生活…同居している長男夫婦の生活パターンに合わせて料理を作っている。 ・同居の長男夫婦の協力…共働きだが，休日は本人の受診に付き添ってくれる。 ・デイサービスの利用…外出の回数と他人と触れ合う機会が増え，ふさぎ込むことは減った。「やっぱりほかの人とおしゃべりしているのが良いのかね。お父さんが見てくれている感じがする」と変化が見られる。

自宅1階の間取り図

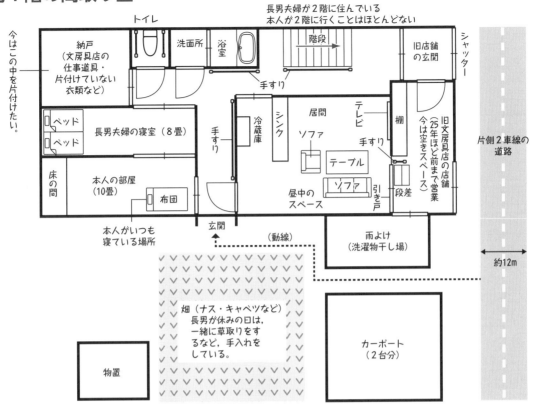

自宅1階の間取り図（ラベル）

- トイレ
- 洗面所
- 浴室
- 長男夫婦が2階に住んでいる　本人が2階に行くことはほとんどない
- 階段
- 旧店舗の玄関
- シャッター
- 今はこの中を片付けたい。
- 納戸（文房具店の仕事道具・片付けていない衣類など）
- ベッド　ベッド
- 長男夫婦の寝室（8畳）
- 手すり
- 手すり
- 冷蔵庫
- シンク
- 居間
- テレビ
- 棚
- 手すり
- 旧文房具店の店舗（25年ほど前まで営業　今は空きスペース）
- 床の間
- 本人の部屋（10畳）
- 布団
- ソファ
- テーブル
- ソファ
- 段差
- 引き戸
- 本人がいつも寝ている場所
- 玄関
- （動線）
- 昼中のスペース
- 雨よけ（洗濯物干し場）
- 片側2車線の道路
- 約12m
- 畑（ナス・キャベツなど）長男が休みの日は、一緒に草取りをするなど、手入れをしている。
- 物置
- カーポート（2台分）

支え合い周辺マップ

支え合い周辺マップ（ラベル）

- 自力で歩くのはこの道路より南側
- 片側2車線道路　交通量が多い
- バス停（コミュニティバス）
- △△公民館（地域サロン：月1回）約500m
- 片側2車線（幅約12m）
- Yさんの家
- Sさんの家（約150m）
- □□眼科　1〜2カ月に1回受診　歩いていくことができる（家族の付き添いあり）
- 家の周りは住宅街（90軒くらい）
- （ガードレールがなく危険！目の前が車道）
- N
- 自宅（元文房具店）
- ○○ショッピングセンター（200m）

- ・買い物＋散歩コース
- ・1週間に5日くらい通ることもある
- ・散歩中に行き交う人とあいさつ。
- ・○○ショッピングセンターには片道200mくらいで、15〜20分かかる。
- ・移動はシルバーカーを利用する

基本チェックリスト

No.	質問項目	回答 (いずれかに○を お付けください)		点数	事業 対象者 判定
1	バスや電車で1人で外出していますか	0.はい	1.いいえ		「近所のスーパーで どのような食材を 購入されていますか?」
2	日用品の買い物をしていますか	0.はい	1.いいえ		
3	預貯金の出し入れをしていますか	0.はい	1.いいえ		「お友達は何人 ぐらいですか?」
4	友人の家を訪ねていますか	0.はい	1.いいえ		2/5
5	家族や友人の相談にのっていますか	0.はい	1.いいえ		
6	階段を手すりや壁をつたわらずに昇っていますか	0.はい	1.いいえ		「居間の定位置に座って 相談を受けて いらっしゃるんですね」
7	椅子に座った状態から何もつかまらずに立ち上がっていますか	0.はい	1.いいえ		3点〜 該当
8	15分位続けて歩いていますか 「距離はどれくらい歩けていますか?」	0.はい	1.いいえ		
9	この1年間に転んだことがありますか	1.はい	0.いいえ		「要注意ですね」
10	転倒に対する不安は大きいですか	1.はい	0.いいえ		4/5
11	6カ月間で2〜3kg以上の体重減少がありましたか	1.はい	0.いいえ		2点〜 該当
12	身長 (148.0) cm, 体重 (43.0) kg ⇒ BMI=(19.6) ※(注) 参照			0/2	
13	半年前に比べて固いものが食べにくくなりましたか	1.はい	0.いいえ		2点〜 該当
14	お茶や汁物等でむせることがありますか	1.はい	0.いいえ		
15	口の渇きが気になりますか 「これはとてもいいですね」	1.はい	0.いいえ		0/3
16	週に1回以上は外出していますか	0.はい	1.いいえ		「16」が 「いいえ」 で該当
17	昨年と比べて外出の回数が減っていますか	1.はい	0.いいえ		1/2
18	周りの人から「いつも同じ事を聞く」などの物忘れがあると言われますか	1.はい	0.いいえ		「どれくらい 減りましたか?」
19	自分で電話番号を調べて,電話をかけることをしていますか	0.はい	1.いいえ		1点〜 該当
20	今日が何月何日かわからない時がありますか	1.はい	0.いいえ		0/3

左側の区分:
- 運動機能(6〜10)
- 栄養状態(11〜12)
- 口腔機能(13〜15)
- 閉じこもり(16〜17)
- 認知機能(18〜20)

(注) BMI=体重 (kg)÷身長 (m)÷身長 (m) が 18.5未満の場合に1点とする。	小計	7/20	10点〜 該当

No.	質問項目	回答		点数	判定
21	(ここ2週間)毎日の生活に充実感がない	1.はい	0.いいえ		「楽しめなくなったこと, おっくうになったことは 何ですか?」
22	(ここ2週間)これまで楽しんでやれていたことが楽しめなくなった	1.はい	0.いいえ		
23	(ここ2週間)以前は楽にできていたことが今ではおっくうに感じられる	1.はい	0.いいえ		2点〜 該当
24	(ここ2週間)自分が役に立つ人間だと思えない	1.はい	0.いいえ		
25	(ここ2週間)わけもなく疲れたような感じがする	1.はい	0.いいえ		2/5

左側の区分: うつ病の可能性(21〜25)

※赤字はプレ・プランニング時の 「気づき促しフレーズ」	合計	9/25

124

意欲・動機づけシート

作成日　○○○○ 年　5 月　11 日　　※記入できるところから楽しみながら記入してください。

氏名	H. S.	年齢	86歳	性別	女性	要支援	1	担当	○○○○

#	私の「楽しみ・生きがい」(CADL)（該当するところに「○」を記入してください）	していた	している	してみたい
1	家事 (内容：　　　)			
2	日曜大工 (内容：　　　)			
3	料理作り (内容：煮物, 和え物　　　)		○	
4	買い物 (店：近所 (100〜200ｍ) の○○ショッピングセンター　内容：野菜, 肉, 魚を購入)		○	
5	おしゃれ (内容：　　　)			
6	お出かけ (内容：　　　)			
7	子ども・孫・ひ孫との関わり (孫に料理を教えたい)			○
8	家族・親戚との集まり (お盆, 正月)		○	
9	ペット (種類：　　　) の世話			
10	友達と会話 (話題：散歩中にあいさつする, 自宅に誘って話す)		○	
11	友達と遊ぶ (内容：　　　)			
12	異性との交流 (内容：　　　)			
13	ランチ・ディナー (店名：　　　)			
14	食べ歩き (店名：　　　内容：　　　)			
15	お取り寄せ (内容：　　　)			
16	ボランティア (　　　)			
17	地域活動 (　　　)			
18	集まり (　　　)			
19	お参り (場所：月に2回, 息子と車で行く, 車で10分程度)		○	
20	史跡巡り (場所：　　　)			
21	文化施設 (内容：　　　)			
22	名所めぐり (場所：　　　)			
23	温泉・健康ランド (場所：　　　)			
24	国内旅行 (場所：　　　)			
25	海外旅行 (国：　　　)			
26	手芸 (内容：編み物や洋裁。視野狭窄で今はあきらめている)	○		
27	工芸 (内容：夫と竹細工)	○		
28	家庭菜園 (内容：　　　)			
29	ガーデニング (内容：　　　)			
30	模型 (内容：　　　)			

#	私の「楽しみ・生きがい」(CADL)（該当するところに「○」を記入してください）	していた	している	してみたい
31	読書 (内容：　　　)			
32	創作 (内容：俳句。NHKのラジオ番組で紹介されたことがある)	○		
33	語学 (種類：　　　)			
34	資格 (種類：　　　)			
35	カルチャー教室 (内容：　　　)			
36	絵画 (内容：　　　)			
37	パソコン・スマホ等 (内容：　　　)			
38	SNS (内容：　　　)			
39	写真 (種類：　　　)			
40	映画・観劇等 (内容：　　　)			
41	茶道・華道 (流派：　　　)			
42	歌唱 (内容：　　　)			
43	音楽 (内容：　　　)			
44	コンサート (内容：　　　)			
45	楽器演奏 (内容：　　　)			
46	遊び (内容：　　　)			
47	運動 (内容：デイサービスを週2回利用, 機械を使った筋力トレーニング, 歩行時のバランス練習)		○	
48	散歩 (場所：自宅から○○ショッピングセンターまで, 15分程度)		○	
49	アウトドア (内容：　　　)			
50	エンタメ (内容：　　　)			
51	スポーツ (内容：　　　)			
52	観戦 (内容：　　　)			
53	ダンス・踊り (内容：　　　)			
54	ギャンブル・賭け事 (内容：　　　)			
55	投資 (種類：　　　)			
56	祭り (内容：　　　)			
57	就労 (内容：夫の自営業 (文房具店) の手伝い, 事務仕事)	○		
58	役割 (内容：　　　)			
59				
60				

気づき促しフレーズ（赤字）：
- 「継続する上でつらいことは何ですか？」
- 「"文芸好き"を予防ケアプランに盛り込めるといいですね」
- 「近所のご友人とはどのような話題で盛り上がりますか？」
- 「ご主人のお墓参りをされる時のご苦労は何ですか？」
- 「ご長男夫婦とお出かけするのはどうでしょう？」
- 「継続するためにどのようなことに注意したいですか？」
- 「当時ご苦労されたことはどんなことですか？」

メモ

・夫は"妻は家にいるもの"という考えであったため、外に出て遊んだり人と交流したりすることはなかなかできなかった。そのため、洋裁や俳句など、自宅でもできる趣味を楽しんでいた。
・夫のことは好きで、亡くなった後も時折思い出すことがあり、いつも気にしている様子。居間で過ごす時は、夫が座っていた場所に座り、夫の代わりに家族のことを気にかけている。
・他の地域から現在の場所に引っ越してきたため、近所の人との疎外感を感じている (特に夫が生きていた時)。現在は散歩の途中でおしゃべりをするなどの交流もあり、仲の良い友人もできた。

※赤字はプレ・プランニング時の「気づき促しフレーズ」

介護予防サービス・支援計画書

●目標とする生活

1日	自宅の周辺を15分以上散歩しながら，散歩コースで行き交う近所の人たちとおしゃべりして俳句作りを楽しむ。

●支援計画

アセスメント領域と現在の状況	本人・家族の意欲・意向	領域における課題（背景・原因）	総合的課題	課題に対する目標と具体策の提案	具体策についての意向本人・家族
運動・移動 50歳ごろから視力が低下。大きな文字は読める。買い物を兼ねた散歩以外は家にいることが多く，運動量が低下。	本人：少しでも体が動かせるようにしたいね。 家族（長男）：屋内ふらつき腰の痛みを訴える。	■有 □無 下肢筋力低下で，ふらつきや腰の痛みの症状がある。小刻みに歩行し転倒の危険がある。	1．下肢筋力の低下により，散歩や買い物など外出する機会が減少する可能性がある。 2．自宅内で抑うつ状態になり，生活に対する意欲が低下してしまう可能性がある。	（目標） 1日30分以上，運動に取り組む。 （具体策） ・自宅でできるラジオ体操や廊下の往復，自宅内の散歩（雨の日）などに取り組む。 ・デイサービスでリハビリ（機能訓練）を実施する。 （目標） 1日1回は外出し，周りの人と交流し，落ち込みを防ぐ。 （具体策） ・毎日15～20分散歩で，近所の人とふれ合う。 ・デイサービスで，利用者と楽しい時間を過ごす。 ・○○地域サロン（月1回△△公民館）に参加して知り合いを増やす。	本人：散歩に出かけることはあるが，家で運動できるか心配。できるだけ部屋や廊下を歩くようにしたい。 家族（長男）：毎日体を動かし，やれていることは続けてほしい。 本人：ずっと洋裁や俳句が好きだったが，今は視力が落ちてできない。散歩なら続けたいわ。 家族（長男）：家の中で落ち込んでいる時があり心配です。母が作った俳句は清書します。
日常生活（家庭生活） 買い物は週2回，シルバーカーで20分かけて行く。調理や掃除（毎朝）など，家事は行っている。	本人：長男夫婦のために家事は続けたい。 家族（長男）：家ではハリがない様子が見られる。	■有 □無 コロナ禍や認知機能の低下により，外出に対する意欲が低下している。			
社会参加・対人関係・コミュニケーション 近所の人が訪ねて来て，おしゃべりをする（不定期）。昔の友人とは電話で話す（不定期）。	本人：近所の人とはよくおしゃべりしている。 家族（長男）：近所の人がよく自宅に来ている。	■有 □無 認知機能の低下により，会話の内容の理解に低下が見られる。			
健康管理 レビー小体型認知症と高血圧で，1カ月に1回は受診。視野狭窄による視力低下で眼科に受診。	本人：薬は自分で飲めています。 家族（長男）：受診時，主治医との受け答えが心配です。	□有 ■無 長男家族のサポートで定期受診はできている。服薬管理は自分でできている。			

●健康状態について
□主治医意見書，生活機能評価等を踏まえた留意点

【△△クリニック　△△主治医】
強度の近視で，視力はほとんどなく，視野狭窄もあります。認知症の症状が進行しており，抑うつ状態になってしまうことがあります。

基本チェックリストの（該当した質問項目数）／（質問項目数）をお書きください。
地域支援事業の場合は必要なプログラムの枠内の数字に○印をつけてください。

	運動不足	栄養改善	口腔内ケア	閉じこもり予防	物忘れ予防	うつ予防
予防給付または地域支援事業	④/5	0/2	0/3	1/2	0/3	②/5

	1年	毎日運動を続けて体力をつけ，１年後娘と不要なものを処分し，生活をしやすくする。孫娘に得意の料理を教えたい。

※「総合的課題」「目標」の項目は重要なポイントですので，文字サイズを大きく表記しています。

目標	支援計画					
	目標についての支援のポイント	本人等のセルフケアや家族の支援，インフォーマルサービス	介護保険サービスまたは地域支援事業	サービス種別	事業所	期間
１日30分以上，家の中で体操などの運動をして下肢筋力の低下を改善し，○○ショッピングセンターでの買い物と散歩の継続する。	・視野狭窄があることに留意しながら，できることを増やし，継続できるように声かけ・励ましをする。 ・パーキンソン症状が出ていないか，留意する。	本人：自分でできる体操や運動に取り組み，徐々に自宅内でも運動する習慣をつける。 家族（長男）：運動に前向きに取り組めるように声かけをする。	・自宅でできる運動・体操の提案 ・バイタルチェック ・リハビリの実施	本人 介護予防通所介護（緩和型） 家族	本人 ○○デイサービス 週１回 自費利用週１回 長男	○○年3月1日〜○○年11月30日
１日１回は外出して，近所の人たちや地域サロンの人たちとふれ合い，おしゃべりなどを楽しむ機会をつくる。	外出への不安感（気疲れ，ふらつきなど）に配慮した支援を行う。	本人：外出先で，他の人と交流できる。 家族（長男）：外出の見守りと声かけを行う。		家族 地域資源	長男・孫 近所の知り合い（Ｓさん，Ｙさん）	○○年3月1日〜○○年11月30日
	・周囲の利用者と円滑にやりとりできるよう，声かけをする。 ・丁寧にゆっくりと話す。	本人：焦らず丁寧に話すようにする。 地域サロン：早口に注意し，大きめの声でゆっくり話しかける。		介護予防通所介護（緩和型） 地域資源	○○デイサービス 週１回 自費利用週１回 地域サロン○○月１回（第４水曜日）△△公民館	○○年3月1日〜○○年11月30日

【本来行うべき支援ができない場合】
妥当な支援の実施に向けた方針

総合的な方針：生活不活発病の改善・予防のポイント

外出に対する不安感を軽減し，少しずつ外出意欲を高めていきましょう。また，認知機能を維持していけるように，デイサービスの利用時には運動をし，モニタリング時に適切な助言をさせていただきます。

地域包括支援センター	【意見】
	【確認印】

計画に関する同意

上記計画について，同意いたします。

　　　　　　　　　　○○○○年○月○日　氏名　○○○○

事例7 脳梗塞・左片麻痺：転倒の不安をなくし，夫と和菓子屋を続けながら，娘や孫と神戸で食べ歩きをする

83歳	要介護状態区分	障害高齢者の日常生活自立度	認知症高齢者の日常生活自立度
女性	要支援2	自立・J1・(J2)・A1・A2・B1・B2・C1・C2	(自立)・Ⅰ・Ⅱa・Ⅱb・Ⅲa・Ⅲb・Ⅳ・M

把握経路	1．介護予防検診　(2)．本人からの相談　3．家族からの相談　4．非該当　5．新予防からの移行　6．関係者　7．その他（　　　　　　　　　　　　　　　　　　　　　　）

概要：夫が定年退職後に始めた和菓子屋を手伝いながら，2階に住む長男家族との旅行や，別居している長女家族と一緒に外食などを楽しんでいた。持病の腰部脊柱管狭窄症により3年前から徐々に歩行能力は低下したが，機能訓練型デイサービスに通い，意欲的にトレーニングに励んでいた。
　1年前に脳梗塞を発症し，左片麻痺の後遺症から常時しびれがある。脳梗塞を発症した翌月，買い物時に転倒して肋骨を骨折。動作が緩慢になり家事に支障を来すようになった。
　しかし，言語聴覚士のいるデイサービスに変更して言語訓練を行い，歌うのが好きな本人の頑張りもあり改善される。

利用者基本情報

〈基本情報〉

本人の状況	(在宅)・入院または入所中（　　　　　　　　　　　　）　　身長148cm　体重57kg　BMI26.0
障害等認定	身障（　）・療育（　）・精神（　）・難病（　）・その他（　　　　　　　　　　　　　）
本人の住居環境	(自宅)・借家　(一戸建て)・集合住宅　自室（有〈 2 階建ての 1 階〉・(無)） 住宅改修（(有)・無）　浴室（(有)・無）　便所（(洋式)・和式） 段差の問題（有・(無)）床材，じゅうたんの状況（フローリング）照明の状況（　　） 履物の状況（　　　足のむくみが顕著で靴下が履けないため，自宅では裸足で過ごす　　　）
経済状況	国民年金・(厚生年金)・障害年金・生活保護 その他（　　　　　　　　　　　　　　）

家族構成

☆：主たる介護者

86歳　83歳
55歳　52歳（府内在住）　48歳　43歳
24歳
16歳　14歳　10歳

日中独居（有・(無)）
家族関係等の状況　2世帯住宅の1階に夫と住み，2階は長男家族5人が住む。夫は定年後から和菓子屋を自営し，本人が手伝っている。家族関係は良好。

緊急連絡先	氏名	続柄	住所	連絡先
	○○○○	夫	同居	○○○-○○○○-○○○○
	○○○○	長男	2世帯住宅の2階に住む	○○○-○○○○-○○○○

〈介護予防に関する事項〉

今までの生活	大阪市○○区で生まれる。6人きょうだい（姉，兄2人，本人，妹2人）の4番目。幼少時に滋賀県に疎開する。高校卒業後は家を離れて大阪市に戻り，ケーキ屋に勤めた後○○デパートの総務部に就職した。デパートのレストランで料理人だった夫と27歳で結婚。長女，長男を出産。子育て中は休職していたが，長男が小学校に入学したタイミングで復職し，定年まで勤める。料理人の夫は定年後に夢だった和菓子屋を始めたので手伝ってきた。

<table>
<tr><td rowspan="3">現在の生活状況</td><td colspan="3" align="center">1日の生活・過ごし方</td><td align="center">趣味・楽しみ・役割</td></tr>
<tr><td colspan="3">平日は，朝食後から14時ごろまでは畑仕事。土・日は夫が営む和菓子屋を手伝っている。
自宅にいる時はテレビを観て過ごすことが多い。
テレビを観ながらリハビリ体操（エクササイズバンドやボールを使った手先の運動を5分，週2～3回）をしている。</td><td rowspan="2">音楽が好きで美空ひばりの大ファン。60代までは，自治体が主催するコンサートや孫が通う小学校での合唱コンクールなどを聴きに行くこともあった。ウクレレを弾いてみたいと思っている。映画は洋画が好き。ミュージカルは宝塚歌劇団の大ファン。</td></tr>
<tr><td align="center">時間</td><td align="center">本人</td><td align="center">介護者・家族・その他</td></tr>
<tr><td></td><td>　6：00
　8：00
　9：00
14：00～16：00
21：00
　0：00～</td><td>起床
朝食
畑仕事
昼食
入浴（3日に1回）
和菓子作り
夕食
就寝</td><td>夫に合わせて起床。
平日は朝食後から14：00ごろまで畑へ出ていることが多い。
土・日は和菓子屋の店番をしている（夫の昼休憩時は1人で店番をする）。
長男家族：日中は仕事や学校のため不在。
家族全員，出かける時と帰った時には1階の2人に声をかけている。</td><td align="center">友人・地域との関係

4年ほど前までは，デパート勤務時代の友人3人と自宅から2駅離れた○○駅にあるホテルで2年ごとに集まって食事会を開いていた。
友人たちとの共通の趣味は宝塚歌劇団の観劇。同じ市に住む友人とは，年2回，宝塚大劇場まで観劇に行っていた。</td></tr>
</table>

〈現病歴・既往歴と経過〉（新しいものから書く・現在の状況に関連するものは必ず書く）

年月日	病名	医療機関・医師名（主治医・意見作成者に☆）		経過	治療中の場合は内容
○○年○月○日 82歳	肋骨骨折	○○内科外科クリニック	○○医師☆	TEL ○○○-○○○○-○○○○	治療中 (経観中) その他	
○○年○月○日 82歳	脳梗塞	○○内科外科クリニック	△△医師	TEL ○○○-○○○○-○○○○	治療中 (経観中) その他	
○○年○月○日 75歳	腰部脊柱管狭窄症	○○内科外科クリニック	○○医師	TEL ○○○-○○○○-○○○○	治療中 (経観中) その他	
○○年○月○日 60歳ごろ	高血圧，脂質異常症	○○内科外科クリニック	△△医師	TEL ○○○-○○○○-○○○○	(治療中) 経観中 その他	服薬治療中
○○年○月○日 60歳ごろ	糖尿病	○○内科外科クリニック	△△医師	TEL ○○○-○○○○-○○○○	(治療中) 経観中 その他	服薬治療中

〈現在利用しているサービス〉

公的サービス	非公的サービス
・介護予防福祉用具貸与（歩行器） ・介護予防住宅改修（実施済み） ・介護予防福祉用具販売（シャワーチェア・購入済み）	・自費ベッド（レンタル）

アセスメント

個別性のある 「活動」	【ADL】ほぼ自立。 【買い物】夫の運転する車（約30分）で週１回，○○駅前の△△スーパーに行く。 【掃除】頻度は不定期だが，本人が掃除機とフローリング用モップで掃除をする。 【洗濯】脳梗塞発症後は，干すことが困難で夫が行っている。 【ごみ出し】玄関に出るまでに時間がかかるため，夫が行っている。 【通院】夫の運転する車で月１回通う。 【金銭管理】買い物時に○○駅の並びにある○○銀行△△支店に立ち寄り，自分で 　ATMを操作して引き出している。
過去も含めた 「参加」	・20代から○○デパートに勤務していたおかげで社交性は高く，定年後もデパート 　勤務時代の仲間と月に１〜２回は会い，カラオケや旅行を楽しんでいた。 ・脳梗塞を発症するまでは，年に何度かは長男家族，長女家族と全員で集まって会食 　をしていた。旅行や墓参りをすることもあった。最近も，自宅に長男家族，長女家 　族が集まり，誕生日会を開いて祝ってもらった。
個人因子 （性格，価値観， 生活信条，学歴， 職歴など）	・明るく朗らかな性格で話し上手。その反面，とても繊細なところもあり，気を遣っ 　て疲れてしまうため基本的には集団活動を望んでいない。 ・潔癖症で，自宅内の掃除や整理整頓が好き。感染症が流行する時期はデイサービス 　の感染対策や衛生面が気になり，デイサービスの利用を中止してしまうこともあっ 　た。 ・若いころから美容が好きで，現在もおしゃれに興味がある。一方，80歳を過ぎて 　からは気ままに過ごしたい気持ちも強く，おしゃれをして外出するよりも，自宅で 　好きなテレビを観ていたいと思っている。
環境因子 （家族，親族， 近隣，友人， 地域環境など）	・２世帯住宅で，２階には長男家族５人が，１階には本人と夫が住む。長男夫婦は共 　働きで，日中は不在。同居する３人の孫も学校に行っている。皆，外出時と帰宅時 　には，１階に顔を出し声をかけている。 ・大阪府内に住む長女も月１回程度訪問しており，長女の子どもも一緒に外食をする 　こともあった。年に何度かは長男家族と長女家族が集まって会食をしている。家族 　の誰とも良好な関係。 ・妹たちとも電話でのやり取りが現在も続いている。
阻害因子 （活動，参加を 阻む要因）	【外出機会の減少】脳梗塞発症後は家族との外出の機会が減る。 【転倒の不安】屋内は伝い歩きが中心で必要時は杖を使う。 【交通量が多い道路】自宅は幹線道路沿いで交通量が多い。 【行き先がない】近隣はタクシー会社と閉店した雑貨屋，うどん屋程度しかない。周 　囲は畑で，近隣の農家との付き合いもない。
促進因子 （活動，参加を 促す要因）	【和菓子屋の手伝い】夫が和菓子屋を営んでいるため，店番をしている時は，お客さ 　んと話す機会があり，本人の生きがいでもある。 【協力的な家族】家族関係は良好。家族で一緒に外出することを目標に掲げれば，運 　動やリハビリテーションのモチベーションアップにつなげられる。 【夫の外出支援】屋外は歩行器で移動する。１年前の転倒をきっかけに，外出時は夫 　が付き添い，車での移動が中心である。

自宅1階の間取り図

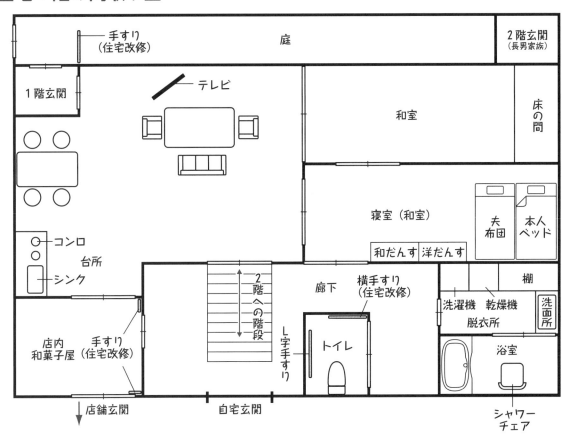

手すり（住宅改修）
庭
2階玄関（長男家族）
1階玄関
テレビ
和室
床の間
寝室（和室）
夫布団
本人ベッド
和だんす　洋だんす
棚
コンロ
台所
シンク
2階への階段
廊下
横手すり（住宅改修）
洗濯機　乾燥機
脱衣所
洗面所
店内和菓子屋
手すり（住宅改修）
L字手すり
トイレ
浴室
シャワーチェア
店舗玄関
自宅玄関

支え合い周辺マップ

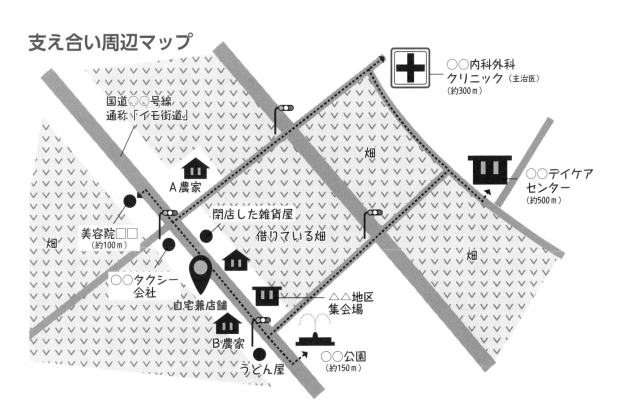

○○内科外科クリニック（主治医）（約300m）
国道○○号線通称「イモ街道」
畑
○○デイケアセンター（約500m）
A農家
閉店した雑貨屋
借りている畑
畑
美容院□□（約100m）
○○タクシー会社
自宅兼店舗
△△地区集会場
B農家
○○公園（約150m）
うどん屋

基本チェックリスト

No.	質問項目	回答 (いずれかに○を お付けください)		点数	事業 対象者 判定
1	バスや電車で1人で外出していますか	0.はい	**1.いいえ**		「ご自分でどのように 工夫していますか？」
2	日用品の買い物をしていますか	**0.はい**	1.いいえ		
3	預貯金の出し入れをしていますか	**0.はい**	1.いいえ		
4	友人の家を訪ねていますか	0.はい	**1.いいえ**		
5	家族や友人の相談にのっていますか	0.はい	**1.いいえ**	**3**/5	「脳梗塞がどのように 影響していますか？」
6	階段を手すりや壁をつたわらずに昇っていますか	0.はい	**1.いいえ**		3点〜 該当
7	椅子に座った状態から何もつかまらずに立ち上がっていますか	0.はい	**1.いいえ**		
8	15分位続けて歩いていますか	0.はい	**1.いいえ**		
9	この1年間に転んだことがありますか	**1.はい**	0.いいえ		
10	転倒に対する不安は大きいですか	**1.はい**	0.いいえ	**5**/5	
11	6カ月間で2〜3kg以上の体重減少がありましたか	1.はい	**0.いいえ**		2点〜 該当
12	身長（148）cm，体重（57）kg ⇒ BMI=（26.0）※（注）参照			**0**/2	
13	半年前に比べて固いものが食べにくくなりましたか	**1.はい**	0.いいえ		2点〜 該当
14	お茶や汁物等でむせることがありますか	1.はい	**0.いいえ**		
15	口の渇きが気になりますか	1.はい	**0.いいえ**	**1**/3	
16	週に1回以上は外出していますか	**0.はい**	1.いいえ		「16」が 「いいえ」 で該当
17	昨年と比べて外出の回数が減っていますか	**1.はい**	0.いいえ	**1**/2	
18	周りの人から「いつも同じ事を聞く」などの物忘れがあると言われますか	1.はい	**0.いいえ**		1点〜 該当
19	自分で電話番号を調べて，電話をかけることをしていますか	**0.はい**	1.いいえ		
20	今日が何月何日かわからない時がありますか	1.はい	**0.いいえ**	**0**/3	
（注）BMI=体重（kg）÷身長（m）÷身長（m）が 18.5未満の場合に1点とする。		小計		**10**/20	10点〜 該当
21	（ここ2週間）毎日の生活に充実感がない	1.はい	**0.いいえ**		2点〜 該当
22	（ここ2週間）これまで楽しんでやれていたことが楽しめなくなった	1.はい	**0.いいえ**		
23	（ここ2週間）以前は楽にできていたことが今ではおっくうに感じられる	1.はい	**0.いいえ**		
24	（ここ2週間）自分が役に立つ人間だと思えない	1.はい	**0.いいえ**		
25	（ここ2週間）わけもなく疲れたような感じがする	1.はい	**0.いいえ**	**0**/5	
※赤字はプレ・プランニング時の 「気づき促しフレーズ」		合計		**10**/25	

運動機能 / 栄養状態 / 口腔機能 / 閉じこもり / 認知機能 / うつ病の可能性

「原因は何だと思われますか？」

「前向きな気持ちは維持されていますね」

意欲・動機づけシート

作成日　○○○○　年　5　月　18　日　　※記入できるところから楽しみながら記入してください。

氏名	○○○○	年齢	83歳	性別	女性	要支援	2	担当	○○○○

No.	私の「楽しみ・生きがい」(CADL)（該当するところに「○」を記入してください）	していた	している	してみたい	No.	私の「楽しみ・生きがい」(CADL)（該当するところに「○」を記入してください）	していた	している	してみたい
1	家事（内容：買い物（週1回），調理（3食），掃除（週2～3回））		○		31	読書（内容： ）			
2	日曜大工（内容： ）				32	創作（内容： ）			
3	料理作り（内容：毎日3食調理，煮物中心の食事が多い）		○		33	語学（種類：若いころ英語に興味があった ）	○		
4	買い物（店：△△スーパー　内容：食品，日用品）		○		34	資格（種類： ）			
5	おしゃれ（内容：外出時は化粧，パーマや髪染めは月1回）		○		35	カルチャー教室（内容：人の集まりが苦手 ）			
6	お出かけ（内容：夫とドライブで琵琶湖などに行ってみたい）			○	36	絵画（内容：風景画，展覧会に出展。受賞歴あり）	○		
7	子ども・孫・ひ孫との関わり		○		37	パソコン・スマホ等（内容：苦手。電話も固定電話を使用 ）			
8	家族・親戚との集まり		○		38	SNS（内容：苦手。使用せず ）			
9	ペット（種類：長男家族が飼っている犬2匹におやつをやる）の世話			○	39	写真（種類：撮るのも撮られるのも好まない）			
10	友達と会話（話題：神戸市に住んでいる友人と1時間程度電話。月2回）		○		40	映画・観劇等（内容：洋画，宝塚歌劇団が好き）	○		○
11	友達と遊ぶ（内容：若いころは泊まりがけで外出 ）	○		○	41	茶道・華道（流派：父が生け花の師範）		○	
12	異性との交流（内容：夫のみ ）		○		42	歌唱（内容：60歳ごろまでカラオケに通う。今ではテレビを見ながら歌う）			
13	ランチ・ディナー（店名：○○ラーメン屋や△△焼肉店などに夫や長男家族と行く）		○		43	音楽（内容：BSコーラス番組を見るのが好き）			
14	食べ歩き（店名：ハンバーガー店　内容：夫とドライブスルーには週1回行く）		○		44	コンサート（内容：美空ひばりなど ）	○		
15	お取り寄せ（内容：長男が取り寄せてお裾分けしてくれる）		○		45	楽器演奏（内容：ウクレレに興味があり，機会があればやりたい）			○
16	ボランティア（手が不自由なため無理）				46	遊び（内容：特になし。思いつかない ）	○		
17	地域活動（世間話が嫌い）				47	運動（内容：エクササイズバンド，手先の運動）		○	
18	集まり（定年後も友人と旅行に行っていた ）	○			48	散歩（場所：階段でつまずき怖くなりできていない）			
19	お参り（場所：毎日仏壇の手入れ，夫の両親の命日には四天王寺にお参りに行っていた）		○		49	アウトドア（内容：若いころはスキーによく行った。キャンプは嫌い）	○		
20	史跡巡り（場所：あまり興味がない ）				50	エンタメ（内容：テレビでスポーツ，ドラマなど何でも観る）		○	
21	文化施設（内容：あまり興味がない ）				51	スポーツ（内容：陸上，卓球，ソフトボール，町の運動会）	○		
22	名所めぐり（場所：琵琶湖の遊覧船に興味がある）	○		○	52	観戦（内容：テレビでスポーツ観戦 ）		○	
23	温泉・健康ランド（場所：腰の手術以降，大浴場には怖くて入れない）				53	ダンス・踊り（内容：フラダンスを見るのは好き ）			
24	国内旅行（場所：若いころは九州，箱根，和歌山）	○			54	ギャンブル・賭け事（内容：特になし ）			
25	海外旅行（国：行ったことがない）				55	投資（種類：特になし ）			
26	手芸（内容：不器用なため苦手 ）				56	祭り（内容：集まりが好きではない ）			
27	工芸（内容：不器用なため苦手 ）				57	就労（内容：現在は自営の和菓子屋を手伝っている）		○	
28	家庭菜園（内容：畑仕事 ）			○	58	役割（内容：和菓子屋の手伝い，家事 ）		○	
29	ガーデニング（内容：あまり興味がない ）				59				
30	模型（内容：あまり興味がない ）				60				
メ モ									

赤字による「気づき促しフレーズ」：
- 「ワンちゃんのお名前は？」
- 「素敵ですね。いつごろ行きたいと思われますか？」
- 「ご友人といつごろ、どこへ行きたいと思いますか？」
- 「どなたと行きたいですか？」
- 「とても大切な家族エピソード！ぜひ続けましょう」
- 「予防ケアプランに盛り込むのは？いかがですか？」
- 「脳トレにも良い効果があると言われています」
- 「お手伝いの回数をどれくらい増やしたいですか？」
- 「畑仕事はストレスケアとしても重要ですね」

※赤字はプレ・プランニング時の「気づき促しフレーズ」

介護予防サービス・支援計画書

●目標とする生活

1日	・週2〜3回，近所を10分程度歩行器で散歩する。 ・週2〜3回，エクササイズバンドの筋トレ，手先の運動を行う。 ・会話が楽にできるように毎日口腔体操を行う。

●支援計画

アセスメント領域と現在の状況	本人・家族の意欲・意向	領域における課題（背景・原因）	総合的課題	課題に対する目標と具体策の提案	具体策についての意向 本人・家族
運動・移動 自宅内は手すりの伝い歩きと杖が中心。屋外は歩行器で移動。1年前の転倒以降，外出時は夫が車移動を担当。週2〜3回は運動を行っている。	本人：春になったら畑に行く夫にお弁当を届けたい。 夫：畑で妻が作ってくれたお弁当を一緒に食べたい。	■有　□無 肋骨の骨折以来転倒への不安あり。1人での外出が行えない。	1．左片麻痺のため歩行が不安定で転倒の危険がある。また，家事の一部と自営の和菓子屋の手伝いが行えない。	（目標） ○○公園で散歩をする時の転倒予防のための体力とバランス感覚をつける。 （具体策） シルバーカーで△△公園までの歩道を50m歩く。	本人：少しずつ散歩を再開したい。春先には畑に弁当を届けられるようになりたい。 夫：畑で妻と一緒に弁当を食べたい。
日常生活（家庭生活） 買い物は週1回，夫の車で行き，店内はカートを使用。毎食の調理，掃除が役割。浴室の掃除や洗濯物干し，ごみ捨ては夫が行う。	本人：夫が買い物に連れて行ってくれ気分転換になっている。 夫：風呂掃除と洗濯は，私の役割です（笑）。	□有　■無			
社会参加・対人関係・コミュニケーション テレビが趣味。夫の和菓子屋を手伝ってきたが，近所に知り合いは少ない。	本人：重い物は持てないが，和菓子屋の手伝いを再開したい。 夫：妻が店先に立つと売り上げが倍近い。	■有　□無 重い物が持てない。和菓子屋の手伝いは1〜2時間立ちっぱなし。体力的にも改善が必要。	2．和菓子屋の手伝い再開には，脳梗塞の再発予防，身体機能の改善，生活習慣の見直しが必要。	（目標） ふらつかず30分は立位がとれ店番ができるようになる。 （具体策） ・朝夕に15分間のリハビリを行う。 ・塩分・糖質に配慮した食事をする。 ・店内で歩行のリハビリを行う。	本人：脳梗塞が再発しないように，規則正しい生活をして店番に復帰したい。 夫：店番復帰を応援したい。
健康管理 脳梗塞の後遺症で，歩行が不安定。1年前の転倒による肋骨骨折で，外出機会が減少。入浴は3日に1回程度。	本人：暖かくなったら，徐々に散歩を再開したい。1人での入浴を続けたい。 夫：甘いものを控えて糖尿病を改善してほしい。	■有　□無 ・疾病による後遺症のため左片麻痺があり歩行が不安定。 ・高血圧と糖尿病のコントロールが必要。			

●健康状態について
□主治医意見書，生活機能評価等を踏まえた留意点

現在要支援2である。2世帯住宅暮らし，夫，長男夫婦，孫3人の7人家族。買い物は夫が手伝っている。現在，ほとんど外出しなくなっている。本人曰く，感染症に加え転倒が心配であるとのこと。以前はリハビリも行っていたが，やめてしまった。ほとんど閉じこもり状態である。ぜひリハビリの利用を考慮していただきたい。（○○年○月○日主治医意見書より）

基本チェックリストの（該当した質問項目数）／（質問項目数）をお書きください。
地域支援事業の場合は必要なプログラムの枠内の数字に○印をつけてください。

	運動不足	栄養改善	口腔内ケア	閉じこもり予防	物忘れ予防	うつ予防
予防給付または地域支援事業	⑤/5	0/2	1/3	1/2	0/3	0/5

1年	・少しでも歩けるようになって娘や孫と神戸の中華街で食べ歩きをしたい。 ・夫の和菓子屋を手伝い，それ以外の時間は，自宅で音楽やテレビを楽しみながら，ゆっくりと過ごしたい。

※「総合的課題」「目標」の項目は重要なポイントですので，文字サイズを大きく表記しています。

目標	支援計画					
	目標についての支援のポイント	本人等のセルフケアや家族の支援，インフォーマルサービス	介護保険サービスまたは地域支援事業	サービス種別	事業所	期間
神戸の食べ歩きと畑で弁当を食べることを目指して，歩行距離を10mずつ伸ばし，1時間の散歩を楽しめるようになる。	・自宅でのトレーニングを継続する声かけをする。 ・玄関から道路までの環境を整え（例：手すりの設置など）転倒を予防する。	本人：トレーニング（週2～3回） ・エクササイズバンドの運動 ・ボールを使った手先の運動 ・近所の散歩（毎日） ・口腔体操 家事： ・調理（毎食） ・掃除，買い物（週1回） 家族：買い物や外出時に同行。	歩行器（レンタル） 自費ベッド（レンタル）	介護予防福祉用具貸与 保険外サービス 家族	△△事業所 福祉用具レンタル 夫 長男の妻 孫	○○年2月1日～○○年1月31日
脳梗塞の再発予防のために，規則正しい生活を送り，和菓子屋の店番を週3回（各2時間）行えるようになる。	・お店での動線と作業姿勢と道具類を想定したリハビリを行う。 ・化粧方法や髪のセットを取り入れたリハビリを行う。	本人： ・服薬と朝夕の血圧チェック ・定期受診の実施 夫：受診への同行 本人，夫： ・店の動線チェック ・作業別の姿勢チェック リハビリ職：和菓子作りの動作や美容動作を使った効果的なリハビリ	介護予防通所介護	医療機関 介護予防サービス 家族 リハビリ	○○内科外科クリニック ○○デイケアセンター 本人・夫 作業療法士	○○年2月1日～○○年1月31日

【本来行うべき支援ができない場合】
妥当な支援の実施に向けた方針

総合的な方針：生活不活発病の改善・予防のポイント

本人の外出の目標に向けて，日々行う努力の姿勢を大切にしながら，家族と仲良く在宅生活を送れるように支援します。
なお，転倒のリスクが高いことから緊急時の連絡先として，第1を夫（自宅○○○－○○○○－○○○○），第2を長男（携帯○○○－○○○○－○○○○）として，緊急時は救急搬送可能で入院設備のある○○内科外科クリニック（○○○－○○○○－○○○○）で対応を希望します。

計画に関する同意

地域包括支援センター	【意見】
	【確認印】

上記計画について，同意いたします。

○○○○年○月○日　氏名　○○○○

脳梗塞・足底腱膜炎：
俳句, 書道, 歌のサークル活動で交流を広げ, 「生きていてうれしい」と思える日々を送りたい

82歳	要介護状態区分	障害高齢者の日常生活自立度	認知症高齢者の日常生活自立度
女性	要支援2	自立・(J1)・J2・A1・A2・B1・B2・C1・C2	(自立)・Ⅰ・Ⅱa・Ⅱb・Ⅲa・Ⅲb・Ⅳ・M

把握経路	1．介護予防検診　　(2)　本人からの相談　　3．家族からの相談 4．非該当　　　　　5．新予防からの移行　　6．関係者 7．その他（　　　　　　　　　　　　　　　　　　　　　　　）

概要：夫が46歳で他界してからは一人息子との2人暮らし。息子が18歳で家を出てからは1人暮らし。77歳の時に脳梗塞を発症し, その2年後に左手首を骨折。左手首は元どおりにはならないと医師から言われ, これまで楽しんできたフラダンスやウクレレ, 大正琴ができなくなることにショックを受ける。なじみの薬局から介護保険の利用を勧められ, 要支援2と認定される。当初は落ち込んだが, もともと合理的な発想をする性格なので「今の自分の状態でできることは何か」と気持ちを切り換えた。転倒の心配のない俳句, 書道, 歌のサークルに参加するようになり, 次に体力をつけようと前向きに考えて体操教室にも通うようになる。

利用者基本情報

〈基本情報〉

本人の状況	(在宅)・入院または入所中（　　　　　　　　　　　）　　身長153cm　体重54kg　BMI23.1
障害等認定	身障（　　）・療育（　　）・精神（　　）・難病（　　）・その他（　　　　　　）
本人の住居環境	自宅・借家　　一戸建て・(集合住宅)　自室（ 有 〈 4 階建ての 3 階〉・無 ） 住宅改修（(有)・無）　浴室（(有)・無）　便所（(洋式)・和式） 段差の問題（(有)・無）　床材, じゅうたんの状況（　　　　　　　　　　　） 照明の状況（　　　　　　　　　）　履物の状況（　　　　　　　　　）

経済状況	国民年金 ・ 厚生年金 ・ 障害年金 ・ 生活保護 その他（　　　　　　　　　　　　）

家族構成

☆：主たる介護者

	氏名	続柄	住所	連絡先
緊急連絡先	○○○○	長男	○○区	○○○-○○○○-○○○○

（享年46歳）　82歳
58歳（☆）　55歳
28歳　30歳　27歳

〈介護予防に関する事項〉

<table>
<tr><td rowspan="1">今までの生活</td><td>○○県○○郡○○町出身。高校卒業後，東京都○○区の会計事務所に勤める。5歳年上の同僚と結婚。40歳の時に夫が病気で他界。子育てをしながら定年まで勤める。定年後は，20代から憧れていたフラダンスやウクレレ，大正琴のなどを習う。会計事務所での経験を活かし，近くの医院で会計を手伝っていた（ボランティア）が，会計システムがIT化されたのを機に，1年前に辞める。77歳で脳梗塞を発症。3年前に玄関の段差で転倒して左手首を骨折したことで，楽しんできたフラダンスやウクレレ，大正琴などはあきらめた。</td></tr>
</table>

<table>
<tr><td rowspan="6">現在の生活状況</td><td colspan="3" align="center">1日の生活・過ごし方</td><td align="center">趣味・楽しみ・役割</td></tr>
<tr><td colspan="3">朝7時に起きて，1日の予定を確認する。
介護予防通所介護やサークル活動などで外出することが多い。
16時過ぎには帰宅し，夕食と入浴の後はテレビを見て過ごし，22時に就寝する。</td><td>・俳句サークルは，月1回作品を郵便で送っている。
・書道，歌のサークルにも参加し，練習後は会話を楽しんでいる。
・美術館巡り，観劇，コンサートによく行っていた。
・今は，絵手紙サークルを立ち上げたいと思っている。</td></tr>
<tr><td align="center">時間</td><td align="center">本人</td><td align="center">介護者・家族・その他</td><td align="center">友人・地域との関係</td></tr>
<tr><td>7：00
8：00

12：00

16：00～17：00
18：00

22：00</td><td>起床
朝食

昼食

帰宅
夕食・入浴
テレビ鑑賞
就寝</td><td>・ホームヘルパーが週1回午前中に訪問。一緒に掃除を行う。入浴介助の希望あり。
・デイサービスで週2回リハビリ。
・俳句，書道，歌のサークル活動に参加。
・通院，買い物など。</td><td>俳句，書道，歌のサークルの友人が多い。今も自分から友人に電話をして自宅に招き，おしゃべりの場をつくっている。20年来住むマンションや地域の住民ともよく話をし，近所の情報を得ている。子どものママ友時代の友人も多い。最近は，電話で話すことが多くなった。地域の体操教室に月2回参加している。</td></tr>
</table>

〈現病歴・既往歴と経過〉（新しいものから書く・現在の状況に関連するものは必ず書く）

年月日	病名	医療機関・医師名 （主治医・意見作成者に☆）		経過	治療中の場合は内容
○○年 ○月○日 81歳	足底腱膜炎	○○整形外科	□□医師　TEL ○○○-○○○○-○○○○	治療中 （経観中） その他	経過観察中
○○年 ○月○日 79歳	左手首骨折	△△病院	△△医師　TEL ○○○-○○○○-○○○○	治療中 経観中 （その他）	医師から元どおりにはならないと言われた。
○○年 ○月○日 77歳	脳梗塞	△△病院	△△医師☆　TEL ○○○-○○○○-○○○○	治療中 （経観中） その他	経過観察中
○○年 ○月○日 77歳	高血圧	△△病院	△△医師　TEL ○○○-○○○○-○○○○	治療中 （経観中） その他	経過観察中

〈現在利用しているサービス〉

公的サービス	非公的サービス
・介護保険で，介護予防訪問介護（週1回），介護予防通所介護（週1回） ・区が主催している体操教室（はつらつ体操） ・高齢者センターで開催されているサークル活動 ・配食サービス	・○○整形外科の理学療法士によるリハビリ

アセスメント

個別性のある「活動」	・分からない，納得できないことがあると，とことん追求するタイプ。教えると徹底的に情報を集め，希望に近いものを探す。 ・日常生活は合理的で，自分ができること・できないことを見極めて行動する。加齢で歩く速度や動作が遅くなり人についていけないと判断すると，長年楽しんでいたフラダンスをやめ，ドレスはすべて処分した。手首を骨折し元のようには動かないと判断すると，ウクレレと大正琴は人に譲ってしまった。小物づくりもスッパリとやめた。 ・脳梗塞の後遺症により包丁を持てないので，近所のスーパーで買ってきた総菜にひと手間を加えて食べている。掃除機はかけられるが，床のぞうきんがけはできない。
過去も含めた「参加」	【仕事】高校卒業後，会計事務所で定年まで働く。 【趣味】定年後はフラダンス，ウクレレ，大正琴のサークルに参加。発表会にも出ていた。特に，フラダンスは素敵な衣装を何着も持ち，サークルの中心的な存在だった。ウクレレは音が好きでよく弾いていたが，3年前の手首の骨折が元でやめた。今は，俳句，書道，歌のサークルに参加している。人と話すのが好きなので，サークルへの参加は積極的。 最近は，自分から出かけることが不安なので自宅に友人を招いておしゃべりをすることが多い。
個人因子 （性格，価値観，生活信条，学歴，職歴など）	【人間関係】夫とは40歳で死別したが，子育ては保育園の友人に助けられ乗り越えられた。当時のママ友とは，今でも交流がある。 【仕事】長年，会計事務所で働いていたため会計が得意。1年前まで近くのクリニックで会計の仕事をボランティアでしていた。 【楽しみ】会計事務所が渋谷にあったため，退職後も友人と渋谷駅界隈の食べ歩きや美術館巡りなどを楽しんでいた。 【生活信条】朝目覚めた時に「生きていてうれしい」と思えること。
環境因子 （家族，親族，近隣，友人，地域環境など）	【家族】○○区△△駅近くに長男家族が住んでおり，用事がある時は長男がすぐに来てくれる（車で40分ぐらいの距離）。孫2人は働いている。 【住居】定年退職した時に，退職金で新築マンションを購入。近所に○○公園，△△高齢者センター，○○スーパー，△△郵便局などがあり，徒歩30分圏内で暮らせている。K整形外科への通院は，遠いのでバスと電車で行っている。
阻害因子 （活動，参加を阻む要因）	【手首の骨折】3年前に自宅で転倒し左手首を骨折。医師に元どおりにはならないと言われた時は落ち込んだ。しかしサークル仲間の助言で，「自分なりにやれることをやろう」と頭を切り換え，積極的に出かけるようになった。 【脳梗塞】5年前（77歳）に軽い脳梗塞を発症する。後遺症はないものの，再発するのではないかと不安で行動を控えることもある。 【足の障害】足底腱膜炎のため，15分以上歩くと踵に痛みが出て歩けなくなる。
促進因子 （活動，参加を促す要因）	【積極性】良いと思うことは何でもやってみたいと合理的な発想をする。 【好奇心】何事にも好奇心が旺盛で，知識欲もある。 【高い興味関心】機会があればたくさんの人から情報を聞きたい。 【意欲】今を大切に生きていきたいと思っている。 【人脈づくり】趣味のサークルや子どもの保育園時代のママ友など，幅広い人脈がある。

自宅の間取り図
（8階3LDK）

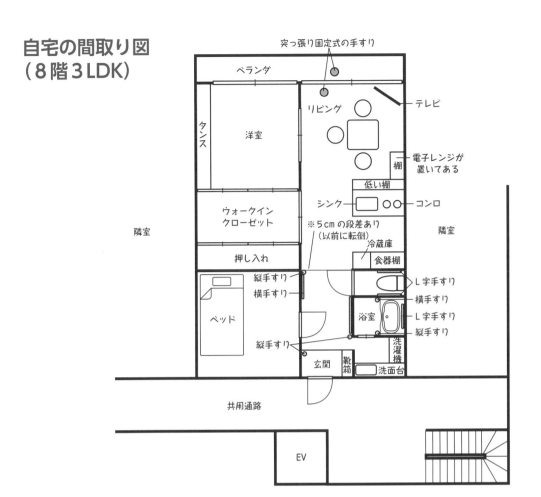

突っ張り固定式の手すり

ベランダ

リビング

テレビ

タンス

洋室

棚 ── 電子レンジが
　　　 置いてある

低い棚

シンク ── コンロ

ウォークイン
クローゼット

隣室

隣室

※5cmの段差あり
（以前に転倒）

冷蔵庫

食器棚

押し入れ

縦手すり ── L字手すり

横手すり ── 横手すり

浴室 ── L字手すり

ベッド

縦手すり

洗濯機

縦手すり

玄関 | 靴箱

洗面台

共用通路

EV

支え合い周辺マップ

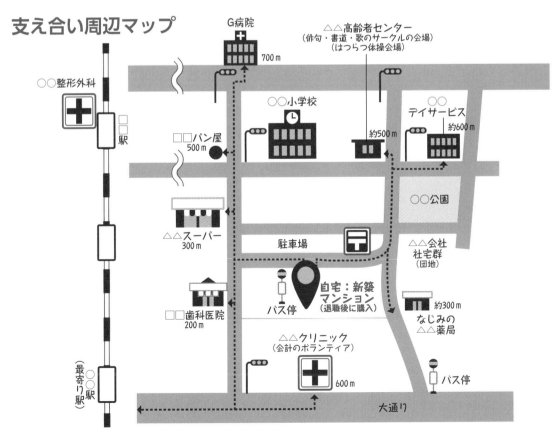

G病院

700m

△△高齢者センター
（俳句・書道・歌のサークルの会場）
（はつらつ体操会場）

○○整形外科

○○小学校

○○
デイサービス
約600m

駅

□□パン屋
500m

約500m

△△スーパー
300m

○○公園

駐車場

△△会社
社宅群
（団地）

自宅：新築
マンション
（退職後に購入）

□□歯科医院
200m

バス停

約300m
なじみの
△△薬局

△△クリニック
（会計のボランティア）

（最寄り駅）
○○駅

600m

バス停

大通り

基本チェックリスト

No.	質問項目	回答 （いずれかに○を お付けください）		点数	事業 対象者 判定
1	バスや電車で1人で外出していますか	⓪.はい	1.いいえ		「とても素晴らしいです！ どのようなことが つらいですか？」
2	日用品の買い物をしていますか	⓪.はい	1.いいえ		
3	預貯金の出し入れをしていますか	⓪.はい	1.いいえ		
4	友人の家を訪ねていますか	⓪.はい	1.いいえ		
5	家族や友人の相談にのっていますか	0.はい	①.いいえ	**1**/5	
6	階段を手すりや壁をつたわらずに昇っていますか	0.はい	①.いいえ		3点〜 該当
7	椅子に座った状態から何もつかまらずに立ち上がっていますか	0.はい	①.いいえ		
8	15分位続けて歩いていますか	0.はい	①.いいえ		
9	この1年間に転んだことがありますか	①.はい	0.いいえ	**5**/5	
10	転倒に対する不安は大きいですか	①.はい	0.いいえ		
11	6カ月間で2〜3kg以上の体重減少がありましたか	1.はい	⓪.いいえ	**0**/2	2点〜 該当
12	身長（153）cm，体重（54）kg ⇒ BMI＝（23.1）※（注）参照				
13	半年前に比べて固いものが食べにくくなりましたか	①.はい	0.いいえ	**1**/3	2点〜 該当
14	お茶や汁物等でむせることがありますか	1.はい	⓪.いいえ		
15	口の渇きが気になりますか	1.はい	⓪.いいえ		
16	週に1回以上は外出していますか	⓪.はい	1.いいえ	**1**/2	「16」が 「いいえ」 で該当
17	昨年と比べて外出の回数が減っていますか	①.はい	0.いいえ		
18	周りの人から「いつも同じ事を聞く」などの物忘れがあると言われますか	1.はい	⓪.いいえ	**0**/3	1点〜 該当
19	自分で電話番号を調べて，電話をかけることをしていますか	⓪.はい	1.いいえ		
20	今日が何月何日かわからない時がありますか	1.はい	⓪.いいえ		
（注）BMI＝体重（kg）÷身長（m）÷身長（m）が 18.5未満の場合に1点とする。		小計		**8**/20	10点〜 該当
21	（ここ2週間）毎日の生活に充実感がない	1.はい	⓪.いいえ		「どういう時に どのように 感じますか？」
22	（ここ2週間）これまで楽しんでやれていたことが楽しめなくなった	①.はい	0.いいえ		
23	（ここ2週間）以前は楽にできていたことが今ではおっくうに感じられる	1.はい	⓪.いいえ		2点〜 該当
24	（ここ2週間）自分が役に立つ人間だと思えない	1.はい	⓪.いいえ		
25	（ここ2週間）わけもなく疲れたような感じがする	①.はい	0.いいえ	**2**/5	
※赤字はプレ・プランニング時の 「気づき促しフレーズ」		合計		**10**/25	

「この中で特に改善したいのはどれですか？」

「よく出かけられるのはどちらですか？」

140

意欲・動機づけシート

作成日 ○○○○ 年 5 月 16 日　※記入できるところから楽しみながら記入してください。

氏名	F	年齢	82歳	性別	女性	要支援	2	担当	○○○○

No	私の「楽しみ・生きがい」(CADL)（該当するところに「○」を記入してください）	していた	している	してみたい
1	家事（内容：掃除機かけ　　）		○	
2	日曜大工（内容：簡単な棚を作る）	○		
3	料理作り（内容：毎朝味噌汁を作る）		○	
4	買い物（店：○○スーパー　内容：日常品）		○	
5	おしゃれ（内容：好き）		○	
6	お出かけ（内容：通院，サークル活動）		○	
7	子ども・孫・ひ孫との関わり		○	
8	家族・親戚との集まり			○
9	ペットの世話（大変だから飼わない）			
10	友達と会話（話題：病気のこと）		○	
11	友達と遊ぶ（内容：おしゃべり）		○	
12	異性との交流（内容：ない）			
13	ランチ・ディナー（店名：）	○		
14	食べ歩き（店名：ない　内容：）			
15	お取り寄せ（内容：興味がない）			
16	ボランティア（会計の仕事）	○		
17	地域活動（自治会の仕事）	○		
18	集まり（サークル）		○	
19	お参り（場所：夫のお墓）	○		
20	史跡巡り（場所：お寺）			○
21	文化施設（内容：美術館など）			
22	名所めぐり（場所：思いつかないが好き）			○
23	温泉・健康ランド（場所：熱海）	○		
24	国内旅行（場所：京都）	○		
25	海外旅行（国：ハワイ）	○		
26	手芸（内容：小物）	○		
27	工芸（内容：置物？）	○		
28	家庭菜園（ミニトマト）			○
29	ガーデニング（内容：室内に観葉植物）		○	
30	模型（内容：したことがない）			

No	私の「楽しみ・生きがい」(CADL)（該当するところに「○」を記入してください）	していた	している	してみたい
31	読書（内容：歴史小説）	○		
32	創作（内容：フラダンス衣装）	○		
33	語学（種類：少し英語）	○		
34	資格（種類：特になし）	○		
35	カルチャー教室（内容：俳句，書道）		○	
36	絵画（内容：絵手紙）			○
37	パソコン・スマホ等（内容：興味がない）			
38	SNS（内容：無理なので興味ない）			
39	写真（種類：見るのは好き）	○		
40	映画・観劇等（内容：面白そうなら）			○
41	茶道・華道（流派：表千家）		○	
42	歌唱（内容：歌のサークルでしている）		○	
43	音楽（内容：ラジオで聞いている）		○	
44	コンサート（内容：ウクレレ，フラダンス）	○		○
45	楽器演奏（内容：ウクレレ，大正琴）	○		
46	遊び（内容：興味がない）			
47	運動（内容：体操）		○	
48	散歩（場所：公園）		○	
49	アウトドア（内容：興味がない）			
50	エンタメ（内容：興味がない）			
51	スポーツ（内容：興味がない）			
52	観戦（内容：興味がない）			
53	ダンス・踊り（内容：フラダンス）	○		
54	ギャンブル・賭け事（内容：興味がない）			
55	投資（種類：興味がない）			
56	祭り（内容：興味がない）			
57	就労（内容：会計事務所に勤めていた）		○	
58	役割（内容：会計担当）		○	
59				
60				

赤字（気づき促しフレーズ）：
- 「いつごろ，どんな集まりをしておられたのですか？」
- 「Fさんの心の支え手の皆さんですね」
- 「具体的に，いつごろ，どなたとどこに行ってみたいですか？」
- 「育てる楽しみと食べる楽しみがあっていいですね。いつごろから始めたいですか？」
- 「俳句にはどのようなところに魅力がありますか？」
- 「いいですね。どちらか教室を探されているのですか？」
- 「どなたとどんな映画やお芝居を見に行きたいですか？」

メモ　興味がないものについての答えはなかった。「これからできることがあるかしら」「若いころを懐かしく思い出した」と話される。1人暮らしだから，「身の回りのものはなるべく処分していきたい」とも話される。

※赤字はプレ・プランニング時の「気づき促しフレーズ」

介護予防サービス・支援計画書

●目標とする生活

1日	1日のスケジュール（体操，通院，買い物，サークル活動など）を決めたとおりに行う。

●支援計画

アセスメント領域と現在の状況	本人・家族の意欲・意向	領域における課題（背景・原因）	総合的課題	課題に対する目標と具体策の提案	具体策についての意向 本人・家族
運動・移動 ふらつきがあり，自宅内・外で杖歩行。15分以上歩くと踵が痛むので，ゆっくり歩くようにしている。	自宅マンション内は杖をついて歩いているが，手すりを取り付け安心して動きたい。	■有 □無 歩行時にふらつきや踵の痛みがあり，15分以上歩くと痛みがある。	外出やおしゃべりは大好きだが，左手首の骨折，足腰の痛みがあるため以前よりも外出は控え気味である。	（目標） 自分でできることを継続し，サークル活動を続けたい。 （具体策） ・腰痛を改善できるように評判の良い整形外科で治療する。 ・徒歩30分以内は，休み休みでも杖で歩いて行く。 ・リビングなどの気になる部分の掃除をヘルパーと一緒に行う。 ・風呂の掃除をヘルパーと一緒に行い，1人でできるようになる。 ・ふらつきがあり，廊下に手すりを付ける。 ・デイサービスで器具を使った体操などを行う。	・左手はこれ以上治らないと，手術した医師に言われた。あきらめずにリハビリを受け，評判の良い整形外科に通えるようにしたい。 ・浴室に手すりを付けたので，好きな時に入浴できるようになったが，浴槽に入る時は不安がある。涼しくなってきたら，見守ってほしい。 ・体操を行って体力をつけて，またサークル活動に参加したい。
日常生活（家庭生活） 自分のペースで部屋の整理などを行う。片付けなど困難なところはヘルパーが行っている。	ようやく，洗濯物を片手で干せるようになった。自分でできるように工夫したい。	■有 □無 骨折した左手首が思うように動かないので，掃除や料理作りに支障がある。			
社会参加・対人関係・コミュニケーション 外出が好き。サークル活動やデイサービスで，会話を積極的に楽しんでいる。	いろいろな人と会って話していると，さまざまな情報が入るから楽しい。	□有 ■無			
健康管理 定期的に通院し気になることは主治医に相談する。リハビリはK整形外科，口腔ケアは□□歯科医院を受診。	腰痛などの痛みは，自分が納得するまで治療を継続したい。	■有 □無 手首骨折，足底腱膜炎，腰痛などの体の痛みがきつくなっている。脳梗塞の再発も心配。			

●健康状態について
□主治医意見書，生活機能評価等を踏まえた留意点

脳梗塞の再発防止，疼痛がある。筋力低下も心配なので，リハビリを進める。

基本チェックリストの（該当した質問項目数）／（質問項目数）をお書きください。
地域支援事業の場合は必要なプログラムの枠内の数字に○印をつけてください。

	運動不足	栄養改善	口腔内ケア	閉じこもり予防	物忘れ予防	うつ予防
予防給付または地域支援事業	⑤/5	0/2	1/3	1/2	0/3	②/5

	1年	1年後も朝目覚めた時に，「生きていてうれしい」と思える日々が送れている。長男家族と○○美術館やフラダンスを観たりウクレレの演奏を聴いたりしに行く。

※「総合的課題」「目標」の項目は重要なポイントですので，文字サイズを大きく表記しています。

目標	支援計画					
	目標についての支援のポイント	本人等のセルフケアや家族の支援，インフォーマルサービス	介護保険サービスまたは地域支援事業	サービス種別	事業所	期間
○○高齢者センターで行われている俳句，書道，歌のサークル活動をずっと続け，絵手紙サークルを立ち上げ，これらを通して充実した毎日を送りたい。	・サークルの友人との交流の様子や楽しみを話題にする。 ・筋力低下を防ぐため，簡単なリズム体操を毎朝夕行う。	本人： ・自宅でできるリズム体操を毎朝夕行う。 ・興味があることにアンテナを張り，新聞やテレビから情報収集を行い，話題にする。	介護保険サービス・地域支援事業	通所型サービス 地域資源	○○デイサービス 俳句・書道・歌のサークル仲間	○○年7月～○○年6月
	不安に感じている家事などが1人でできるように，ヘルパーのアドバイスを受け，工夫する。	本人：今できている家事を続ける。困難な家事はヘルパーに相談し，やり方を一緒に工夫する。	介護保険サービスまたは地域支援事業	訪問型サービス 介護予防福祉用具貸与住宅改修	○○ヘルパーステーション ○○福祉用具	○○年7月～○○年6月
	脳梗塞の再発に注意して，服薬や栄養改善など，体調管理をしっかり行う。	本人： ・定期的に通院する。 ・自分が治したい箇所を主治医や理学療法士に相談し，リハビリに取り組む。		治療・指導 本人 家族	○○整形外科△△病院 本人 長男夫婦	○○年7月～○○年6月

【本来行うべき支援ができない場合】
妥当な支援の実施に向けた方針

総合的な方針：生活不活発病の改善・予防のポイント

腰などの痛みを治療すると共に，痛みが軽減できるような動作をヘルパーやリハビリ職に相談しながら行う。俳句，書道，歌のサークルに参加し，ふらつきや転倒の不安なく自由に外出ができるようになる。

計画に関する同意

地域包括支援センター	【意見】
	【確認印】

上記計画について，同意いたします。

　　　　　　　　　　　　　　○○○○年○月○日　氏名　○○○○

脳梗塞・左上肢軽度麻痺：
減量に取り組み，少しスリムになった姿で家族写真を撮る

78歳	要介護状態区分	障害高齢者の日常生活自立度	認知症高齢者の日常生活自立度
女性	要支援2	自立・J1・(J2)・A1・A2・B1・B2・C1・C2	(自立)・Ⅰ・Ⅱa・Ⅱb・Ⅲa・Ⅲb・Ⅳ・M
把握経路		1．介護予防検診　2．本人からの相談　(3.)家族からの相談 4．非該当　5．新予防からの移行　6．関係者 7．その他（　　初回は地域包括支援センターからの紹介　　）	

概要：73歳の時，夫ががんを宣告され2週間の入院後に他界。突然，一人暮らしとなった。生活のすべてを夫に頼っていたため，生きる意欲を失ってしまった。しかし，その翌年に熱中症で救急搬送された後，気持ちを奮い立たせ，介護保険サービスを利用しながら夫の分まで生きると決める。2年前に骨折するまでは，毎日○○スーパーに買い物に行っていた。今はシルバーカーを使って500m先のコンビニ○○店に行っている。18時には友人と電話で話すのが日課。1年前の脳梗塞のせいか，今でも左上肢に軽度の麻痺が残るが，頭の中は食事メニューや電話で話す話題を常に考えている。長女からの提案で，安否確認を兼ねて毎日料理した夕食の写真をタブレットで撮影し，長女と長男グループにLINEで送っている。

利用者基本情報

〈基本情報〉

本人の状況	(在宅)・入院または入所中（　　　　　　　　　）　　　身長145cm　体重62kg　BMI29.5			
障害等認定	身障（　）・療育（　　）・精神（　）・難病（　　）・その他（　　　　　　）			
本人の 住居環境	(自宅)・借家　(一戸建て)・集合住宅　自室（(有)〈1階建ての1階〉・無） 住宅改修（(有)・無）　浴室（(有)・無）　便所（(洋式)・和式） 段差の問題（有・(無)）　床材，じゅうたんの状況（　　台所以外は畳　　） 照明の状況（　問題なし　）　履物の状況（　運動靴を着用　）			
経済状況	国民年金・(厚生年金)・障害年金・生活保護 (その他)（　　遺族年金　　）	家族構成		
緊急連絡先	氏名	続柄	住所	連絡先
	○○○○	長女	愛知県	○○○-○○○○-○○○○
	○○○○	弟	本人の隣町	○○○-○○○○-○○○○
	○○○○	弟の妻	同上	○○○-○○○○-○○○○

（享年78歳）　78歳

75歳　73歳
（車で10分の
ところに在住）

56歳　52歳(☆)

☆：主たる介護者

〈介護予防に関する事項〉

今までの生活	3人きょうだいの長女。専門学校を卒業後，23歳の時に27歳の夫と見合い結婚。夫の実家の印刷業を手伝う。25歳で長女，27歳で長男を出産。40歳から60歳まではヘルパーとして働き，弱視の人や高齢者のための拡大写本を制作するボランティア活動をしてきた。73歳の時，夫は肺がんで他界。翌年，散歩中に熱中症で2回も救急搬送される。その後，要介護1の認定を受け，デイサービスを利用。脊柱管狭窄症により，歩行時に痛みが出る。76歳の時に自宅の冷蔵庫が倒れて下敷きになり第12胸椎を圧迫骨折。退院時に要介護3と認定。77歳の時，左上肢に軽度の麻痺症状があり，脳梗塞と診断され入院治療。リハビリの効果もあり，半年後に要支援2と認定される。

	1日の生活・過ごし方		趣味・楽しみ・役割
	毎朝味噌汁を作る。夕食も毎日作り，タブレットで撮影して長女に送っている。 雨の日とデイサービス利用日以外はシルバーカーを使い，買い物を兼ねて近くのコンビニまで散歩をする。 18時には友人と電話でおしゃべりをする。		パッチワークやパン粘土を5年ほどする。夫の死後，子育てや認知症の母の介護，孫のことなどの詩集を自費出版する。

現在の生活状況	時間	本人	介護者・家族・その他	友人・地域との関係
	7：30	起床，念仏，洗濯，朝食		安否確認を兼ねて，毎日自分で作った夕食をタブレットで撮影し，長女に送信している。高校1年生の孫娘とも最近はLINEでやり取りしている。
	11：30	昼食準備	孫たちと適宜LINEでやり取りする	
	12：00	昼食 洗濯物の取り込み		
	15：00	コンビニまで散歩		支払いや手続きなどで分からないことがあった時には，近くの△△郵便局の局長に相談する（月1回程度）。近所に住んでいる友人とは，毎日18時から電話で話すのが習慣となっている。隣人からほぼ毎日総菜をもらえるのも励みになっている。
	17：00	夕食準備 夕食の写真撮影，LINE送信 夕食	夕食の写真を長女にLINE送信。一言二言書き込んだメッセージをやり取りする	
	18：00	友人とのおしゃべり シャワー浴		
	23：00	眠剤服用		
	23：30	就床		

〈現病歴・既往歴と経過〉（新しいものから書く・現在の状況に関連するものは必ず書く）

年月日	病名	医療機関・医師名 （主治医・意見作成者に☆）		経過	治療中の場合は内容
○○○○年 ○月○日 77歳	脳梗塞	○○病院	○○医師☆ TEL ○○○- ○○○○- ○○○○	(治療中) 経観中 その他	内服
○○○○年 ○月○日 76歳	第12胸椎圧迫骨折	○○病院	□□医師 TEL ○○○- ○○○○- ○○○○	(治療中) 経観中 その他	内服
○○○○年 ○月○日 74歳	脊柱管狭窄症	○○病院	□□医師 TEL ○○○- ○○○○- ○○○○	(治療中) 経観中 その他	内服 半年ごとに骨粗鬆症の注射

〈現在利用しているサービス〉

公的サービス	非公的サービス
・介護予防通所介護（週2回） ・介護予防訪問介護（掃除と買い物，それぞれ週1回） ・介護予防福祉用具貸与（手すり，屋外用歩行器） ・介護予防住宅改修（便座の向き変更，浴室扉折れ戸に交換，廊下に手すり） ・緊急通報装置貸与	・配食サービス（昼食：自費） ・民生委員による安否確認の訪問 ・介護タクシー

アセスメント

個別性のある 「活動」	・足腰を鍛えるためと気持ちが塞ぐのを防ぐために，雨の日とデイサービス利用日以外は，15時ごろにシルバーカーを使ってスーパーや近所のコンビニに出かける。 ・倹約家で，コンビニなら喫茶店のコーヒー1杯分の料金でコーヒー，パン，アイスクリームが買えることにこだわる。 ・歩行距離を伸ばすために，小さな住宅団地内の路地を隅々まで巡るように歩くようにしている。 ・毎日夕食に必ず2品は料理してタブレットで撮影し，安否確認を兼ねて長女と長男のグループLINEに送信している。
過去も含めた 「参加」	【町内会】夫が生存中に役員をしていたので，それを手伝っていた。 【仕事】60歳までベビーシッターやヘルパーをしていた。 【ボランティア】拡大写本の制作。 【サークル】公民館で行われているパッチワークやパン粘土のサークルに参加していた。「人が3人集まるところには必ず参加していた」と言うぐらい趣味活動に活発で，付き合いは広い。 【介護サービス】現在は週2回デイサービスに通っている。
個人因子 （性格，価値観， 生活信条，学歴， 職歴など）	【性格】生真面目，純粋，明るい，新しいことに好奇心旺盛。 【価値観】子育てに熱心。長男が高校時代にグレた時は体を張ってぶつかって向き合った。 【生活信条】コツコツ，他人に迷惑をかけない 【職業歴】ベビーシッター，ヘルパー 【学歴】○○の専門学校卒業
環境因子 （家族，親族， 近隣，友人， 地域環境など）	【家族，親族】弟夫婦や義妹（末弟の妻）と仲が良く，一緒に旅行にも行ったこともある。毎年8月に親族が集まってパーティーを開いていた。 【近所，近隣】住宅団地内の70代の人と付き合いあり。40代の隣人から総菜を分けてもらうことも多い。 【友人，知人】毎日18時に電話をかけてくれる友人がいる。緊急時に駆けつけてくれる知人夫婦もいる。 【地域環境】国道沿いの平坦な小さな団地（50年前に宅地造成された）
阻害因子 （活動，参加を 阻む要因）	【疾患名】第12胸椎圧迫骨折，脊柱管狭窄症，脳梗塞 【症状】腰痛，両股関節痛，両下肢痛（症状：何とも言えない鈍い痛みとしびれ），左上肢軽度麻痺 【地域】公民館を利用するには，手すりのない階段の昇降と靴の脱ぎ履きが必要。そこで手間取ることや誰かに手伝ってもらうことが心苦しい。「他人に迷惑をかけない」のが生活信条なので，参加をやめた。
促進因子 （活動，参加を 促す要因）	【性格，人格】真面目，一生懸命，ポジティブ，負けん気が強い 【価値観，こだわり】明るく元気に！ いつも夫の遺影に話しかけている。夫が見守ってくれている気持ちが支え。 【家族，親族の支援】スマートフォンやタブレットを使い，子どもや孫と会話やメッセージのやり取りをしている。 【人間関係】毎日18時から1時間程度友人との電話でのおしゃべり（話題を考えるのが楽しみ），ヘルパーとの会話，ケアマネジャーの毎月の訪問，デイサービスでの交流

自宅の間取り図

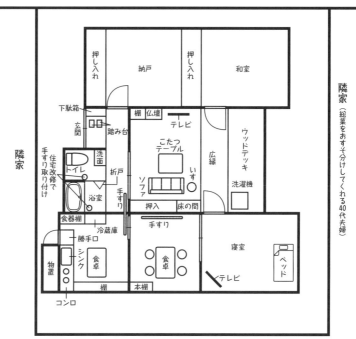

隣家

町道

押し入れ
納戸
押し入れ
和室

下駄箱
棚 仏壇
テレビ

玄関
踏み台

住宅改修で手すり取り付け

こたつテーブル
広縁
ウッドデッキ

洗面
トイレ
折戸
浴室

ソファ
いす
洗濯機

手すり
押入
床の間

食器棚
勝手口
冷蔵庫
手すり
寝室

物置
シンク
食卓
食卓
テレビ
ベッド

コンロ
棚
本棚

隣家
隣家（総菜をおすそ分けしてくれる40代夫婦）
隣家

支え合い周辺マップ

ごみ捨て場
18時のナイトコールの友人

田んぼ
自宅
○○公民館
JR○○線
田んぼ

総菜をおすそ分けしてくれる隣人
150 m
緊急時に対応してくれる夫婦
200 m

民生委員宅
散歩コース
田んぼ

弟宅（実家）（本人宅から車で約10分）
印刷会社（約4km）
コンビニ○○店シルパーカーを使って約20分

6車線を横断する
350 m
○○美容室
200 m
500 m

○○病院
車で20分
△△郵便局
月1回程度
□□スーパー
散歩コース
国道○号

○○駅
私鉄
○○デイサービスセンター

海岸

基本チェックリスト

No.	質問項目	回答 (いずれかに○を お付けください)		点数	事業 対象者 判定
1	バスや電車で1人で外出していますか	0.はい	(1.いいえ)		
2	日用品の買い物をしていますか	(0.はい)	1.いいえ		
3	預貯金の出し入れをしていますか	(0.はい)	1.いいえ	**1**/5	
4	友人の家を訪ねていますか	(0.はい)	1.いいえ		
5	家族や友人の相談にのっていますか	(0.はい)	1.いいえ		
6	階段を手すりや壁をつたわらずに昇っていますか	0.はい	(1.いいえ)		「どんな工夫を されていますか?」
7	椅子に座った状態から何もつかまらずに立ち上がっていますか	0.はい	(1.いいえ)		3点〜 該当
8	15分位続けて歩いていますか 「どれくらいの距離を歩けますか?」	(0.はい)	1.いいえ		
9	この1年間に転んだことがありますか	1.はい	(0.いいえ)	**3**/5	
10	転倒に対する不安は大きいですか 「目標の体重はありますか?」	(1.はい)	0.いいえ		
11	6カ月間で2〜3kg以上の体重減少がありましたか	1.はい	(0.いいえ)	**0**/2	2点〜 該当
12	身長 (145) cm, 体重 (62) kg ⇒ BMI=(29.5) ※(注) 参照				
13	半年前に比べて固いものが食べにくくなりましたか	1.はい	(0.いいえ)		2点〜 該当
14	お茶や汁物等でむせることがありますか	(1.はい)	0.いいえ	**1**/3	
15	口の渇きが気になりますか 「いつごろからですか?」	1.はい	(0.いいえ)		
16	週に1回以上は外出していますか	(0.はい)	1.いいえ	**0**/2	「16」が 「いいえ」 で該当
17	昨年と比べて外出の回数が減っていますか	1.はい	(0.いいえ)		
18	周りの人から「いつも同じ事を聞く」などの物忘れがあると言われますか	1.はい	(0.いいえ)		「もの忘れの心配はありますか?」
19	自分で電話番号を調べて, 電話をかけることをしていますか	(0.はい)	1.いいえ	**0**/3	1点〜 該当
20	今日が何月何日かわからない時がありますか	1.はい	(0.いいえ)		
(注) BMI=体重 (kg)÷身長 (m)÷身長 (m) が 18.5未満の場合に1点とする。		小計		**5**/20	10点〜 該当
21	(ここ2週間) 毎日の生活に充実感がない	1.はい	(0.いいえ)		「どのような工夫をされていますか?」
22	(ここ2週間) これまで楽しんでやれていたことが楽しめなくなった	1.はい	(0.いいえ)		2点〜 該当
23	(ここ2週間) 以前は楽にできていたことが今ではおっくうに感じられる	(1.はい)	0.いいえ		
24	(ここ2週間) 自分が役に立つ人間だと思えない	1.はい	(0.いいえ)	**1**/5	
25	(ここ2週間) わけもなく疲れたような感じがする	1.はい	(0.いいえ)		
※赤字はプレ・プランニング時の 「気づき促しフレーズ」 「どんなことがおっくうになってきましたか」		合計		**6**/25	

左欄縦書き: 運動機能　栄養状態　口腔機能　閉じこもり　認知機能　うつ病の可能性

意欲・動機づけシート

作成日 ○○○○ 年 5 月 14 日　※記入できるところから楽しみながら記入してください。

氏名	U	年齢	78歳	性別	女性	要支援	2	担当	○○○○

#	私の「楽しみ・生きがい」(CADL)（該当するところに「○」を記入してください）	していた	している	してみたい	#	私の「楽しみ・生きがい」(CADL)（該当するところに「○」を記入してください）	していた	している	してみたい
1	家事（内容：調理，部屋の模様替え　）		○		31	読書（内容：鬼平犯科帳，藤沢周平　）		○	
2	日曜大工（内容：「買い物はどちらにお出かけですか？」				32	創作（内容：詩集を自費出版したことがある）	○		
3	料理作り（内容：揚げ物，野菜の煮炊きなど全般）		○		33	語学（種類：　）			
4	買い物（店：コンビニ○○店，スーパー 内容：食材，仏花）	○	○	○	34	資格（種類：　）			
5	おしゃれ（内容：明るい色の服，2カ月ごとにヘアカット）		○		35	カルチャー教室（内容：「使いこなせているのがスゴいですね」			
6	お出かけ（内容：コンビニ○○店　）		○		36	絵画（内容：水彩　）	○		
7	子ども「お出かけされる時，おしゃれはどんなところに気を使っていますか？」		○		37	パソコン・スマホ等（内容：タブレット，スマホ　）			○
8	家族・	○		○	38	SNS（内容：LINE　）			○
9	ペット				39	写真（種類：毎日の夕食を撮影して長女に送信）			○
10	友達と会話（話題：毎日18時に友人と電話　）		○		40	映画・観劇等（内容：落語　）「好きな落語家は誰ですか？」	○		○
11	友達と遊ぶ「どんな話題が多いですか？」				41	茶道・華道（流派：　）		○	
12	異性との交流				42	歌唱（内容：カラオケ　）			
13	ランチ・デ・（店名：「誰と，いつ，どこのお店に行きたいと思っていますか？」			○	43	音楽（内容：テレビで楽しむ　）			
14	食べ歩き（店名：　内容：）			○	44	コンサート（内容：松山千春　）	○		○
15	お取り寄せ（内容：　）				45	楽器演奏（内容：「特に好きな曲は何ですか？」			
16	ボランティア（拡大写本　）		○		46	遊び（内容：　）		○	
17	地域活動（老人会　）		○		47	運動（内容：散歩，デイサービスの運動　）			○
18	集まり（老人会　）		○		48	散歩（場所：自宅がある団地内，コンビニ○○店）			○
19	お参り（場所：「どこの美術館に行きたいですか？」				49	アウトドア（内容：　）			
20	史跡巡り（場所：　）				50	エンタメ（内容：「これを続けている理由は何ですか？」			
21	文化施設（内容：美術館　）	○		○	51	スポーツ（内容：　）			
22	名所めぐり（場所：　）				52	観戦（内容：野球〈横浜ベイスターズ〉）	○		
23	温泉・健康ランド（場所：　）			○	53	ダンス・踊り（内容：　）			
24	国内旅行（場所：「いいですね。どなたと行きたいですか？」			○	54	ギャンブル・賭け事（内容：　）			
25	海外旅行（国：　）				55	投資（種類：　）			
26	手芸（内容：編み物，手芸）	○			56	祭り（内容：　）			
27	工芸（内容：　）				57	就労（内容：ベビーシッター，ヘルパー　）	○		
28	家庭菜園（内容：　）				58	役割（内容：　）			
29	ガーデニング（内容：　）				59				
30	模型（内容：　）				60				

メモ	楽しみながら，笑いながらチェックしていた。すぐに親族が集まることはできないが，「弟夫婦や義妹と可能な範囲で旅行やコンサートに行きたい」と意欲的に話された。夫婦で松山千春のコンサートに出かけた時，夫が千春と同じ坊主頭だったので，千春に「客席にも俺がおる」と言われたことがよい思い出のこと。

「ユニークな話題ですね！」　　　　　　　※赤字はプレ・プランニング時の「気づき促しフレーズ」

介護予防サービス・支援計画書

●目標とする生活

1日	・天気の良い日はコンビニ○○店までシルバーカーで散歩に出かける。 ・日々の気持ちを早朝日記に書き留める。 ・毎日，自分で献立を考えて夕食を作り，タブレットで撮影した食事の写真を長女に送る。

●支援計画

アセスメント領域と現在の状況	本人・家族の意欲・意向	領域における課題（背景・原因）	総合的課題	課題に対する目標と具体策の提案	具体策についての意向 本人・家族
運動・移動 脊柱管狭窄症のため腰から両脚に痛み。シルバーカーを押して500m先のコンビニ○○店や350m先の△△郵便局に行くことができる。	本人：1日1回は外出しています。国道○号線は5車線あるので，横断歩道を渡る時は不安です。	■有 □無 シルバーカーで国道○号線の横断歩道を渡るのに事故に遭う可能性が高い。	・脊柱管狭窄症と肥満のため腰と下肢の痛みが常にあり，立ち上がりや負荷のかかる家事には時間を要している。 ・糖質を抑えた食事で減量し脳梗塞の予防を。	（目標） 糖質を抑えた食事に改善し，5kg減量する。 （具体策） ・糖質に配慮した買い物リストを作り，ヘルパーに依頼。 ・長女に夕食の写真を送信する。	本人：ヘルパーさんのおかげで生活が成り立ち，感謝してます。タブレットで料理の写真を送ることが励みになっているので続けていきたい。
日常生活（家庭生活） 買い物と掃除は週1回ずつ訪問介護を利用。調理は休憩しながら2品作る。支払いは△△郵便局でやっている。	本人：隣の人の差し入れに助かっています。常に何しようか考えているのが楽しい。	□有 ■無 体に負担のかかる家事はヘルパーに支援してもらうので不自由はない。			
社会参加・対人関係・コミュニケーション 毎日作った夕食の写真を長男や長女の家族とLINEに送り，会話。18時から友人と1時間電話で話す。	本人：孫とのLINEや友人と毎日電話が楽しい。認知症の予防にもなっている。	□有 ■無 親族とはLINEで，友人とは毎日電話でやり取りができている。		（目標） 減量に取り組み，足腰の痛みを改善する。 （具体策） ・シルバーカーで散歩。 ・足腰に負担の少ない歩き方を身につける。	本人：痩せなくちゃね。弟夫婦や義妹と○○温泉に出かけるのを楽しみに頑張ります。
健康管理 ○○病院と△△外科に2カ月ごとに通院，△△外科で半年ごとに骨の注射。脊柱管狭窄症による腰痛と両脚の痛みで，立ち上がりがつらい。	本人：転倒予防のためにシルバーカーで散歩している。ダイエットしたいが，つい食べてしまう。	■有 □無 肥満度が高く，医師から減量の指示がある。			

●健康状態について
□主治医意見書，生活機能評価等を踏まえた留意点

転倒・骨折，移動能力の低下に注意。手すりの設置やリハビリを行うことにより，生活機能の維持が期待できる。転倒予防のためシルバーカーやベッドの利用，買い物の支援が必要である。体重を減らすことも重要である。

基本チェックリストの（該当した質問項目数）/（質問項目数）をお書きください。
地域支援事業の場合は必要なプログラムの枠内の数字に○印をつけてください。

	運動不足	栄養改善	口腔内ケア	閉じこもり予防	物忘れ予防	うつ予防
予防給付または地域支援事業	③/5	0/2	1/3	0/2	0/3	1/5

| | 1年 | 1年後，弟夫婦や義妹たちと一緒に1泊2日で○○温泉に旅行に行けるようになる。少し痩せた姿になり，家族写真を撮る。 |

※「総合的課題」「目標」の項目は重要なポイントですので，文字サイズを大きく表記しています。

目標	支援計画					
	目標についての支援のポイント	本人等のセルフケアや家族の支援，インフォーマルサービス	介護保険サービスまたは地域支援事業	サービス種別	事業所	期間
日課として毎日料理を作り，長女長男のグループLINEにタブレットで写真の送信を続ける。	日常生活の中で負担に感じる生活行為を聞き取り，解決方法をリハビリ職と一緒に考える。	本人：①栄養バランスと肥満抑制に配慮した食事を考え，作る。②買い物リストを作成する。③体の痛みに合わせて休み休み行う。④できる範囲で整理整頓をする。⑤介護タクシーを利用して受診する。長男・長女・孫：LINEでの交流	①買い物代行②掃除機かけやトイレ，浴室などの掃除③物の移動など	①〜⑤本人②〜④訪問型サービス⑤介護タクシー	□□訪問介護事業所	○○年○月○日〜○○年○月○日
			①毎月の訪問②情報提供③緊急時対応など	①②③介護予防支援	○○居宅介護支援事業所	○○年○月○日〜○○年○月○日
減量に取り組み，足腰の痛みの改善を目指す。	・たんぱく質と野菜を中心にした料理を作る。・動作に伴う痛みに配慮する。	本人：スーパーで食材を買って，料理を作る。弟夫婦：不定期訪問と話し相手	①運動機能訓練メニューの作成と実施，評価②入浴の見守り③ベッドの手すり④玄関の縦手すり	①②通所型サービス③介護予防福祉用具貸与④介護予防住宅改修⑤定期受診本人家族	○○通所介護事業所△△福祉用具レンタル□□工務店□□病院本人弟夫婦	○○年○月○日〜○○年○月○日

【本来行うべき支援ができない場合】
妥当な支援の実施に向けた方針

| 地域包括支援センター | 【意見】 |
| | 【確認印】 |

総合的な方針：生活不活発病の改善・予防のポイント

前向きに意欲的である一方で，頑張り過ぎ，無理が思わぬ事故につながることも心配されます。デイサービスでの運動機能訓練だけでなく，自宅でも体力の維持に取り組みましょう。住環境を整え，家事など負担のかかる生活動作をヘルパーや福祉用具のサポートを活用し，今の生活を継続できるように支援します。

計画に関する同意

上記計画について，同意いたします。

○○○○年○月○日　氏名　○○○○

<table>
<tr><td rowspan="2">事例10</td><td colspan="4">軽度アルツハイマー型認知症：
家事と犬の世話に励み，
コーラス活動を再開させたい</td></tr>
</table>

80歳	要介護状態区分	障害高齢者の日常生活自立度	認知症高齢者の日常生活自立度
女性	要支援1	自立・J1・J2・A1・A2・B1・B2・C1・C2	自立・Ⅰ・Ⅱa・Ⅱb・Ⅲa・Ⅲb・Ⅳ・M

把握経路	1．介護予防検診　　2　本人からの相談　　3．家族からの相談 4．非該当　　　　　5．新予防からの移行　　6．関係者 7．その他（　　　　　　　　　　　　　　　　　　　　　　　　　　）

概要：くも膜下出血で予介護となった夫を16年間介護したＡさん。もともともは音楽好きで，夫の他界後は，オカリナ教室やコーラスサークルにようやく参加できるようになっている。1年後，長男の妻が乳がんを患い入院のたびに家事や犬の世話をするため，長男宅に行くようになる。コーラスサークルに参加したいが，長男宅の手伝いのため参加が難しくなった。1年前（74歳）で軽度のアルツハイマー型認知症と診断される。もの忘れのことで気持ちが落ち込む時は，話を聞いてくれる隣人とおしゃべりをして気分転換している。週1回のデイサービスは非常に楽しみで，友達もできた。食事はほとんど自分で作ることができている。

利用者基本情報

〈基本情報〉

本人の状況	在宅・入院または入所中（　　　　　　　　　　　）　　身長140cm　体重45kg　BMI23.0
障害等認定	身障（　　）・療育（　　）・精神（　　）・難病（　　）・その他（　　　　　）
本人の 住居環境	自宅・借家　一戸建て・集合住宅　　自室（有〈2階建ての1階〉・無） 住宅改修（有・無）　浴室（有・無）　便所（洋式・和式） 段差の問題（有・無）　床材，じゅうたんの状況（　　台所の床拭きをする　　） 照明の状況（　問題なし　）　履物の状況（　運動靴を着用，庭はサンダル　）
経済状況	国民年金・厚生年金・障害年金・生活保護 その他（　　遺族年金　　）

<table>
<tr><td rowspan="6">緊急連絡先</td><td>氏名</td><td>続柄</td><td>住所</td><td>連絡先</td></tr>
<tr><td>○○○○</td><td>長男</td><td>隣町</td><td>○○○-
○○○○-
○○○○</td></tr>
<tr><td>○○○○</td><td>長女</td><td>△△県</td><td>○○○-
○○○○-
○○○○</td></tr>
<tr><td></td><td></td><td></td><td></td></tr>
<tr><td></td><td></td><td></td><td></td></tr>
<tr><td></td><td></td><td></td><td></td></tr>
</table>

家族構成

（享年74歳）　80歳　76歳（隣市）　80歳

50歳　55歳（隣町）☆　51歳（隣県）　55歳

30歳　27歳

☆：主たる介護者

〈介護予防に関する事項〉

<table>
<tr><td>今までの生活</td><td>愛知県○○市に生まれる。２人姉妹の長女。父親は戦死。小学２年生のころに三重県に疎開する。祖母と母親と妹の４人で生活する。中学卒業後，電機メーカーに就職し，事務職として働く。23歳で結婚し，現在の住所に引っ越す。専業主婦となり，一男一女を育てる。25年前に，夫（当時57歳）がくも膜下出血で倒れる。後遺症として高次脳機能障害が生じた夫の付き添いで障害者作業所○○に通い，作業を手伝う。16年間の介護の末，夫は73歳で他界。
音楽が好きで，オカリナ教室に通い大きな舞台で演奏したこともある。公民館でコーラスサークルに月２回参加していたが，長男の妻が乳がんで病気療養中になり，時々長男宅に泊まりがけで出かけ，家事を手伝っているためコーラスサークルに参加できなくなった。
２年前に軽度認知障害の症状が現れ，１年前に軽度のアルツハイマー型認知症と診断される。</td></tr>
</table>

<table>
<tr><td rowspan="4">現在の生活状況</td><td colspan="2">１日の生活・過ごし方</td><td>趣味・楽しみ・役割</td></tr>
<tr><td colspan="2">三食きちんと作っている。
午前は洗濯，掃除，布団干しなど
16時半～17時は近所を30分ぐらい散歩する。時々，隣のMさんの家でおしゃべりをし，癒されて帰宅する。</td><td>過去には○○コーラスサークル：月２回（第２・第４金曜日の午後）や民謡の会△△：月２回（第１・第３月曜日の午後）に参加していた。
かぎ針編みや刺繍も得意だった。</td></tr>
</table>

<table>
<tr><td>時間</td><td>本人</td><td>介護者・家族・その他</td><td>友人・地域との関係</td></tr>
<tr><td>6：00</td><td>起床，朝食準備</td><td rowspan="2">タイマーでつくテレビを目覚まし時計代わりにして起床</td><td rowspan="4">近隣住民との仲は良い。特に隣に住む年上のMさんを姉のように頼りにしている。たまに訪ねては一緒にお茶を飲み，話を聞いてもらっている。
コーラスサークルの仲間が近くにいて地域のお得な情報を届けてくれる。</td></tr>
<tr><td>7：00
午前</td><td>朝食
洗濯
買い物</td></tr>
<tr><td>12：00
午後</td><td>昼食（パン食など）
テレビ鑑賞など</td><td></td></tr>
<tr><td>16：30</td><td>散歩</td><td></td></tr>
<tr><td>18：30</td><td>夕食</td><td rowspan="3">タイマーでテレビが消える</td><td></td></tr>
<tr><td>19：30</td><td>入浴</td><td></td></tr>
<tr><td>21：00</td><td>就床</td><td></td></tr>
</table>

〈現病歴・既往歴と経過〉（新しいものから書く・現在の状況に関連するものは必ず書く）

年月日	病名	医療機関・医師名 （主治医・意見作成者に☆）			経過	治療中の場合は内容
○○○○年 ○月○日 79歳	軽度アルツハイマー型認知症	○○クリニック	○○医師☆	TEL ○○○- ○○○○- ○○○○	治療中 経観中 その他	内服
○○○○年 ○月○日 78歳	高血圧症	○○クリニック	○○医師	TEL ○○○- ○○○○- ○○○○	治療中 経観中 その他	内服
○○○○年 ○月○日 76歳	脂質異常症	○○クリニック	○○医師	TEL ○○○- ○○○○- ○○○○	治療中 経観中 その他	内服
					治療中 経観中 その他	

〈現在利用しているサービス〉

公的サービス	非公的サービス
介護予防通所介護（週１回）	

アセスメント

個別性のある 「活動」	・3日に1回ぐらいのペースで電動アシスト自転車に乗り，○○スーパーに買い物に行っている。 ・夕方には散歩して近所で出会った人とおしゃべりを楽しむことが習慣になっている。 ・毎日，献立を考え食事を作る（揚げ物は控えている）。 ・長男の妻が乳がんの治療のため時々入院する。その前後に，電車に乗って長男宅に行き，家事全般と2匹の室内犬の世話をしている。
過去も含めた 「参加」	・月2回コーラスサークル○○に参加し，月1回公民館で高齢者の集い（おしゃべり会）に参加していた。 ・夫がくも膜下出血による高次脳機能障害を起こしたため，一緒に障害者作業所○○に通い，作業の手伝いをしていた。 ・オカリナ教室に通っていた時期があり，隣県の県民ホールの大ステージで演奏したこともある。
個人因子 （性格，価値観， 生活信条，学歴， 職歴など）	【性格】真面目，純粋，クヨクヨ悩んでいても他人には笑顔を見せる頑張り屋。 【価値観】家族が第一。隣近所との付き合いは好き。 【生活信条】身だしなみに気をつける。きれい好きで家の中の掃除は行き届いている。 【学歴・職歴】最終学歴は中学卒業。卒業後は電機メーカーで事務職として働いていた。働きながら夜間学校に通い，和文タイプを習っていた。
環境因子 （家族，親族， 近隣，友人， 地域環境など）	【家族・親族】父親は太平洋戦争の際にガダルカナル島で戦死。以後，母親と母方祖母，妹の4人で生活した。結婚後，一男一女を授かる。子どもはそれぞれ家庭を持っており，長男は隣町，長女は他県在住。 【近所・近隣】付き合いは良好。隣に住むMさんを信頼している。 【友人・知人】コーラスサークルの仲間が近くに住んでいて，地域のお得な情報を届けてくれる。 【地域環境】線路沿いの50年来の小さな団地で，普通電車が止まる○○駅が200m先にある。国道○号線に近く，大型スーパーまでは自転車で10分弱。
阻害因子 （活動，参加を 阻む要因）	【疾患名】高血圧症，脂質異常症，アルツハイマー型認知症 【症状】年齢相応のもの忘れがある。生活に支障はないが，同じことを前にも聞いたと指摘されると落ち込む。よかれと思ってやっている長男家族の手伝いを長女に「世話を焼きすぎ」と指摘され落ち込む。
促進因子 （活動，参加を 促す要因）	【性格・人格】真面目，一生懸命，子ども思い，明るい，前向き 【価値観・こだわり】困っている人にはできる範囲で援助をしたい気持ちが強い。 【家族・親族の支援】長男夫婦からの食事の誘い 【地域関係】コーラスサークル○○の友達が近くにいる。隣に住んでいるMさんが温厚で話し相手になってくれている。

自宅1階の間取り図

支え合い周辺マップ

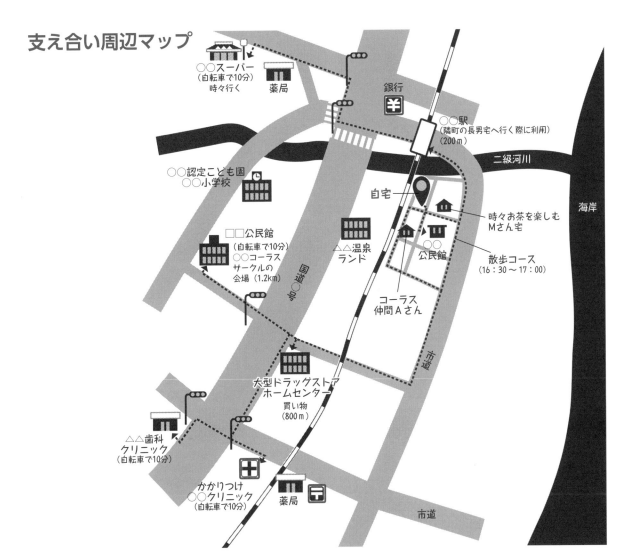

基本チェックリスト

No.	質問項目	回答 (いずれかに○を お付けください)		点数	事業 対象者 判定
1	バスや電車で1人で外出していますか	0.はい	1.いいえ		「どんな相談に のっているの ですか?」
2	日用品の買い物をしていますか	0.はい	1.いいえ		
3	預貯金の出し入れをしていますか	0.はい	1.いいえ		
4	友人の家を訪ねていますか	0.はい	1.いいえ		
5	家族や友人の相談にのっていますか	0.はい	1.いいえ	**0**/5	
6	階段を手すりや壁をつたわらずに昇っていますか	0.はい	1.いいえ		3点〜 該当
7	椅子に座った状態から何もつかまらずに立ち上がっていますか	0.はい	1.いいえ		
8	15分位続けて歩いていますか	0.はい	1.いいえ		
9	この1年間に転んだことがありますか	1.はい	0.いいえ		
10	転倒に対する不安は大きいですか	1.はい	0.いいえ	**2**/5	
11	6カ月間で2〜3kg以上の体重減少がありましたか	1.はい	0.いいえ		2点〜 該当
12	身長(140)cm, 体重(45)kg ⇒ BMI=(23.0) ※(注) 参照			**0**/2	
13	半年前に比べて固いものが食べにくくなりましたか	1.はい	0.いいえ		2点〜 該当
14	お茶や汁物等でむせることがありますか	1.はい	0.いいえ		
15	口の渇きが気になりますか	1.はい	0.いいえ	**0**/3	
16	週に1回以上は外出していますか	0.はい	1.いいえ		「16」が 「いいえ」 で該当
17	昨年と比べて外出の回数が減っていますか	1.はい	0.いいえ	**0**/2	
18	周りの人から「いつも同じ事を聞く」などの物忘れがあると言われますか	1.はい	0.いいえ		1点〜 該当
19	自分で電話番号を調べて, 電話をかけることをしていますか	0.はい	1.いいえ		
20	今日が何月何日かわからない時がありますか	1.はい	0.いいえ	**2**/3	

運動機能 / 栄養状態 / 口腔機能 / 閉じこもり / 認知機能

(注)BMI=体重(kg)÷身長(m)÷身長(m)が
18.5未満の場合に1点とする。

				点数	
小計				**4**/20	10点〜 該当

吹き出し: 「どういうところが不安ですか?」
「分からない時はどうしていますか?」
「すごいですね!どんな努力をしているのですか?」
「特にどこですか」
「よく行かれるのはどちらですか?」

No.	質問項目	回答		点数	判定
21	(ここ2週間)毎日の生活に充実感がない	1.はい	0.いいえ		「以前はどんなことを 楽しまれて いましたか?」
22	(ここ2週間)これまで楽しんでやれていたことが楽しめなくなった	1.はい	0.いいえ		
23	(ここ2週間)以前は楽にできていたことが今ではおっくうに感じられる	1.はい	0.いいえ		2点〜 該当
24	(ここ2週間)自分が役に立つ人間だと思えない	1.はい	0.いいえ		
25	(ここ2週間)わけもなく疲れたような感じがする	1.はい	0.いいえ	**4**/5	

うつ病の可能性

※**赤字はプレ・プランニング時の**
「気づき促しフレーズ」

合計	**8**/25

意欲・動機づけシート

作成日 ○○○○ 年 5 月 2 日　※記入できるところから楽しみながら記入してください。

氏名	I	年齢	80歳	性別	女性	要支援	1	担当	○○○○

左側項目

No	私の「楽しみ・生きがい」(CADL)（該当するところに「○」を記入してください）	していた	している	してみたい
1	家事（内容：掃除，床拭き，買い物，調理）		○	
2	日曜大工（内容：）			
3	料理作り（内容：全般，酢の物は毎日）		○	
4	買い物（店：○○スーパー　内容：食材，日用品）		○	
5	おしゃれ（内容：パーマ，眉毛は必ず描く，身だしなみは大切）		○	
6	お出かけ（内容：○○スーパー，隣町の長男宅）		○	
7	子ども・孫・ひ孫との関わり		○	
8	家族・親戚との集まり		○	
9	ペット（種類：長男宅の室内犬2匹）の世話		○	
10	友達と会話（話題：日々のこと）		○	
11	友達と遊ぶ（内容：デイサービスで交流）		○	
12	異性との交流			
13	ランチ・ディナー（店名：）	○		
14	食べ歩き（店名：　内容：）			
15	お取り寄せ（内容：）			
16	ボランティア（			
17	地域活動			
18	集まり（コーラスサークル○○	○		○
19	お参り（場所：）			
20	史跡巡り（場所：）			
21	文化施設（内容：）			
22	名所めぐり（場所：）			
23	温泉・健康ランド（場所：近くに新しくできた温泉スパに行ってみたい）			○
24	国内旅行（場所：誘われたら行っていた）			○
25	海外旅行（国：）			
26	手芸（内容：かぎ針編みや刺繍）	○		
27	工芸（内容：）			
28	家庭菜園			
29	ガーデニング（内容：庭に前からあるあじさい）		○	
30	模型（内容：）			

右側項目

No	私の「楽しみ・生きがい」(CADL)（該当するところに「○」を記入してください）	していた	している	してみたい
31	読書（内容：新聞，恋愛小説）	○		○
32	創作（内容：かぎ針編みや刺繍のデザイン）	○		
33	語学（種類：）			
34	資格（種類：）			
35	カルチャー教室（内容：）			
36	絵画（内容：）			
37	パソコン・スマホ等（内容：スマホ）		○	
38	SNS（内容：長男，長女とLINE）		○	
39	写真（種類：）			
40	映画・観劇等（内容：演奏会）	○		○
41	茶道・華道（流派：　内容：）			○
42	歌唱（内容：休止中のコーラスサークル○○，民謡）	○		○
43	音楽（内容：テレビで楽しむ）		○	
44	コンサート（内容：クラシック，バイオリン）	○		○
45	楽器演奏（内容：オカリナ）			○
46	遊び（内容：）		○	
47	運動（内容：健康体操）	○		○
48	散歩（場所：自宅のある団地内）		○	
49	アウトドア（内容：）			
50	エンタメ（内容：）			
51	スポーツ（内容：）			
52	観戦（内容：）			
53	ダンス・踊り（内容：短期間だが社交ダンス教室に通っていた）	○		
54	ギャンブル・賭け事（内容：）			
55	投資（種類：）			
56	祭り（内容：）			
57	就労（内容：電機メーカーで事務職）	○		
58	役割（内容：長男宅の家事，犬の散歩）			○
59				
60				

気づき促しフレーズ（赤字）：
- 「すごく頑張っておられますね」
- 「おしゃれで特にこだわっていることは何ですか?」
- 「特にどんなことが楽しいですか?」
- 「どのくらいの頻度で通いたいですか?」
- 「いつごろ，どなたと行きたいと思いますか?」
- 「手入れをしていてつらいことは?」
- 「関係づくりと安否確認に頼りになるツールですね」
- 「どなたと行きたいと思っていますか?」
- 「再開したら，どんな歌を歌いたいですか?」
- 「いつ皆さんの前で発表してみたいですか?」
- 「どんな健康体操を身につけたいですか?」
- 「この役割を続ける上で不安はありませんか?」

メモ
コーラスサークルの活動や友達宅に行くこと，小旅行などが長男宅の家事手伝いのためできなくなりつまらない。近いうちに活動を再開したいとのこと。ご本人に意欲と体力があることが確認された。

※赤字はプレ・プランニング時の「気づき促しフレーズ」

介護予防サービス・支援計画書

●目標とする生活

1日	もの忘れの進行を防ぎ，気軽にお出かけや買い物ができるように，毎日行っている30～60分の散歩を続け，足腰を鍛える。塩分の摂りすぎに注意する。

●支援計画

アセスメント領域と現在の状況	本人・家族の意欲・意向	領域における課題（背景・原因）	総合的課題	課題に対する目標と具体策の提案	具体策についての意向 本人・家族
運動・移動 電動アシスト自転車で3日に1回は○○スーパーに買い物。500m先の駅まで歩いて電車で長男宅に。夕方に自宅周囲を30分程散歩。	本人：わずかの段差でつまずく。音が聴こえづらく，後ろから車が来るのが分からないことがたびたび。	■有 □無 脚力は保たれている。活動量が多い分，転倒リスクが高い。難聴も進んでいる。	・長男宅での手伝い期間が長くなるとストレスが増し，認知症の影響もあって感傷的になることがある。 ・大好きなコーラスサークル○○に行けていないため，友人との交流がほとんどない。	（目標） コーラスサークル○○に出かける。 （具体策） ・コーラス仲間と交流を続け情報を得る。 ・日々の健康管理を続ける。 ・運動療法を自宅でも行う。	本人：隣町の○○文化会館ぐらいならまだまだ歩いて行きたいので，散歩して足腰を鍛えます。 長男：頑張り屋の母なのでやり続けてくれると思います。
日常生活（家庭生活） 認知症だが家事はこなせている。長男の妻の病気療養中は，長男宅に1カ月滞在し，家事と犬の世話。	本人：家事は億劫ではない。長男の手伝いは続けたい。 長男：妻が治療中なのでとても助かる。	□有 ■無 家事全般はこなせており，自宅内も整理されている。IH調理器なので失火の危険もない。			
社会参加・対人関係・コミュニケーション 長男宅の手伝いのためコーラスサークル○○に参加できない。週1回のデイサービスが楽しみ。	本人：またコーラスサークル○○に行きたい。 長男：デイサービスに休まずに通ってほしい。	■有 □無 電動アシスト自転車でサークルに通いたい。だが転倒や難聴もあり，事故のリスクが高い。		（目標） 長男宅の家事と犬の世話で役に立つ。 （具体策） 一人で電車で行けるように，毎日散歩をして足腰を鍛える。	本人：長男の妻の病気を代わってあげたい。自分が少しでも役に立てたらうれしい。犬の散歩で転倒しないように注意して行いたい。
健康管理 薬はお薬カレンダーを使って飲み忘れなし。夕方に散歩し，就寝前に血圧測定。長男に感傷的なメールや電話をすることがある。	本人：薬はきちんと飲んでいる。認知症が進むのが嫌なので，注意して出かけたい。 長男：認知症が進まないように協力したい。	■有 □無 運動・栄養・睡眠のバランスの影響でうつのような精神状態になることも。			

●健康状態について

□主治医意見書，生活機能評価等を踏まえた留意点

高血圧症と脂質異常症で治療を継続しています。状態は安定しています。塩分制限（8g/日）をお願いします。

基本チェックリストの（該当した質問項目数）／（質問項目数）をお書きください。
地域支援事業の場合は必要なプログラムの枠内の数字に○印をつけてください。

	運動不足	栄養改善	口腔内ケア	閉じこもり予防	物忘れ予防	うつ予防
予防給付または地域支援事業	2/5	0/2	0/3	0/2	(2/3)	(4/5)

1年	○○文化会館でのクラシックコンサートや近くの温泉ランド○○や△△の温泉旅行に行けるようになりたい。		

※「総合的課題」「目標」の項目は重要なポイントですので，文字サイズを大きく表記しています。

目標	支援計画					
	目標についての支援のポイント	本人等のセルフケアや家族の支援，インフォーマルサービス	介護保険サービスまたは地域支援事業	サービス種別	事業所	期間
コーラスサークル○○の練習に参加し，隣町の○○文化会館まで歩ける。	健康状態を把握し，活動が楽しめるように援助する。頑張り屋なので無理をしないように声かけする。	本人：毎日，30〜60分程散歩をして体力を維持する。Mさんとの会話にコンサートの活躍を盛り込む。コーラスサークルの仲間：コンサート情報をやり取りする。長男：YouTubeで音楽を楽しめることを伝え，一緒に歌う。	・健康チェック ・本人の体力と残存機能に応じた運動メニューと自宅でも行える健康体操メニューの作成・実施・評価 ・レクリエーション活動の提供	通所型サービス（独自） 地域資源 家族	○○デイサービスセンター コーラスサークルの仲間 長男	○○年○月○日〜○○年○月○日
長男の妻の入院期間中，長男宅の家事と犬の世話をして長男夫婦の役に立つ。	身体と心の負担が増していないか，責任を背負い込みすぎていないか，声かけを行い，週に1回は話し合う。	本人： ・散歩をしてリフレッシュする。 ・長男宅に3日以上いないようにする。 長男夫婦： ・忘れるのでやってもらいたいことをメモしておく。 ・母親に手伝ってもらう日数を連続3日以内にする。 ・帰りは実家まで車で送り，車内でおしゃべりをする。	ストレス解消にデイサービスなどで交流しながら運動やレクリエーションなどを楽しむ。	通所型サービス（独自）	○○デイサービスセンター	○○年○月○日〜○○年○月○日
			毎月の訪問時（電話含む）に苦労話などを傾聴し，心身ともに安定するようにサポートする。	介護予防ケアマネジメント	○○居宅介護支援事業所	○○年○月○日〜○○年○月○日
				家族	長男夫婦	随時

【本来行うべき支援ができない場合】
妥当な支援の実施に向けた方針

| 地域包括支援センター | 【意見】 |
| | 【確認印】 |

総合的な方針：生活不活発病の改善・予防のポイント

①ご長男夫婦宅の家事や犬の世話を継続すると共に，デイサービスやご近所の人と交流し気分転換を図りましょう。
②気分が塞ぎそうになったらご長男や親族の方，専門職に気持ちを伝え，心の安定を保つようにしていきましょう。
③外出回数が多い分，歩道での転倒や電動アシスト自転車の運転事故には注意しましょう。

計画に関する同意

上記計画について，同意いたします。

○○○○年○月○日　氏名　○○○○

事例11 両側変形性股関節症・膝関節症：元茶道家の私は，脳梗塞の長男に「昭和の家庭料理」を毎日作ることが生きがい

86歳	要介護状態区分	障害高齢者の日常生活自立度	認知症高齢者の日常生活自立度
女性	要支援2	自立・J1・J2・(A1)・A2・B1・B2・C1・C2	自立・(I)・Ⅱa・Ⅱb・Ⅲa・Ⅲb・Ⅳ・M
把握経路	1. 介護予防検診　　2. 本人からの相談　　3. 家族からの相談 4. 非該当　　5. 新予防からの移行　　6. 関係者 (7) その他（　　　初回は地域包括支援センターからの紹介　　　）		

概要：5年前，○○地域包括支援センターに本人から申請があり，要支援2と認定され訪問介護の利用を開始する。50歳の時から始めた茶道教室の稽古の影響で股関節の軟骨が減少し，6年前より正座をするのが難しくなる。今では椅子の手すりをつかみながら滑るように腰かけることしかできない。両股関節および両膝の変形が著しく座位がとれないため，電動起立補助椅子を使用し，両足を伸展したまま座る。足先には滑り止めを敷いてストッパーにしている。このような状態であったが，介護保険を利用しながら寝たきりとなった夫を最期まで介護した。夫が他界した後は，脳梗塞を発症した左片麻痺の長男との2人暮らしが始まる。長男が大好物の「昭和の家庭料理」を作ることが生きがいとなっている。

利用者基本情報

〈基本情報〉

本人の状況	(在宅)・入院または入所中（　　　　　　　　　　　）　　身長145cm　体重46kg　BMI21.9			
障害等認定	身障（　　）・療育（　　　）・精神（　　　）・難病（　　　）・その他（　　　　　　　）			
本人の住居環境	(自宅)・借家　(一戸建て)・集合住宅　　自室（(有)〈 2 階建ての 1 階〉・無） 住宅改修（(有)・無）　　浴室（(有)・無）　　便所（(洋式)・和式） 段差の問題（(有)・無）　　床材，じゅうたんの状況（　　特に問題なし　　　） 照明の状況（　問題なし　）　履物の状況（　2カ月ごとの通院のみ外出。靴も問題なし　）			
経済状況	(国民年金)・厚生年金・障害年金・生活保護 (その他)（　　　遺族年金　　　）	家族構成		
緊急連絡先	氏名	続柄	住所	連絡先
	○○○○	長男	同居	○○○-○○○○-○○○○

86歳

56歳（左片麻痺がある）

交流なし

☆：主たる介護者

〈介護予防に関する事項〉

今までの生活	兵庫県生まれ。27歳で結婚する。結婚までは洋裁や和裁，華道などの習い事をしていた。50歳ごろに現住所に家を建て，自宅で憧れの茶道教室（裏千家）を開き，81歳まで教えていた。 30年間に及ぶ茶道の所作による両股関節痛と膝関節痛により，6年前から動作困難となる。通院や必要な外出の時は○○介護タクシーを利用してきた。81歳の時，自ら介護保険を申請し，要支援2と認定され，ヘルパーの利用を始める。そのころ要介護4だった夫は寝たきり状態になり，83歳の時，夫を看取る。その後は脳梗塞で左片麻痺になった長男と2人暮らしになる。

現在の生活状況	1日の生活・過ごし方			趣味・楽しみ・役割
	午前と午後に分けて食事を作っている。 家の中では歩行器とサイドウォーカーを使い分け，ゆっくり歩いて家事をする。 1時間動いては30分休むようにしている。 夜間は3回ほどトイレに行く。			作るのはもっぱら家庭的な昭和の料理。20代は洋裁，和裁，華道などを習う。50歳ごろから自宅で茶道教室（裏千家）を開き，数年前まで生徒が来ていた。
	時間	**本人**	**介護者・家族・その他**	**友人・地域との関係**
	5：30～6：00 6：30 10：00 11：30 18：00 20：00 21：00	起床，食事準備 朝食，食洗器の食器を片付ける 洗濯 一休み，テレビ 昼食 静養，テレビ，洗濯取り込み 夕食準備 夕食 入浴 就床	ごみ出しは長男の役割 長男が自分で作る時はほぼインスタントのカレーかラーメン 夕食は2人で一緒に食べる	現在の家に住んで35年になるが，近所の人と特に親しいわけではない。ただ，隣りに住む○○さんは道路沿いの草むしりをしてくれたり，除草剤をまいてくれたりする。

〈現病歴・既往歴と経過〉（新しいものから書く・現在の状況に関連するものは必ず書く）

年月日	病名	医療機関・医師名（主治医・意見作成者に☆）		経過	治療中の場合は内容
○○○○年 ○月○日 85歳	鉄欠乏性貧血	○○クリニック	○○医師	TEL ○○○- ○○○○- ○○○○	治療中 (経観中) その他	2カ月内服して終了
○○○○年 ○月○日 80歳	両側変形性股関節症	○○クリニック	○○医師	TEL ○○○- ○○○○- ○○○○	治療中 (経観中) その他	
○○○○年 ○月○日 80歳	両側変形性膝関節症	○○クリニック	○○医師	TEL ○○○- ○○○○- ○○○○	治療中 (経観中) その他	
○○○○年 ○月○日 64歳	高血圧症	○○クリニック	○○医師☆	TEL ○○○- ○○○○- ○○○○	(治療中) 経観中 その他	内服

〈現在利用しているサービス〉

公的サービス	非公的サービス
・介護予防訪問介護（週1回掃除） ・介護予防訪問看護（週2回） ・介護予防福祉用具貸与（手すり数カ所（トイレ，玄関，掃き出し，ベッドサイド），段差スロープ，室内用歩行器，電動起立補助椅子）	・○○スーパーの宅配サービス（食材，日用品） ・○○介護タクシー

アセスメント

個別性のある 「活動」	・家事はすべて自分で行いたいと思っている。買い物に出かけるのがつらいため， ○○スーパーの宅配サービスを利用し，自分で電話注文している。 ・家庭的な手作りの調理にこだわりがある。流し台などに片手をついて支えにしたり，どこかにもたれたりして休みながら立位姿勢で行っている。 ・屈んだ姿勢で行う掃除はヘルパーに依頼している。 ・庭の除草は，2カ月ごとにシルバー人材センターに依頼している。 ・ごみ出しの日をいつも意識しているので，ごみは確実に出している。
過去も含めた 「参加」	・81歳まで約30年，自宅で茶道教室（裏千家）を毎週開く。生徒は4～5人。お茶の作法だけでなく，歴史や文化を教えていた。教室を閉めてからも2～3年は生徒との交流があったが，年々立ったり座ったりが難しくなってきたため，生徒に迷惑をかけないようにとの思いで，自ら交流を止めた。 ・インドア派。厳格な夫に尽くすタイプで，地域活動にもほとんど参加していなかった。 ・足に障害が出る時までは，家事や庭の掃除，庭木の手入れをすべて自分でしていたほどの完璧派。
個人因子 （性格，価値観， 生活信条，学歴， 職歴など）	【性格】真面目で几帳面。何事も一生懸命でこだわりは強い。元茶道家でもあり，上品な言葉づかいをする。亡父から「人が良い」と言われてきた。 【価値観】家庭的であること，家の中が整然としていることを好む。 【生活信条】人には頼らず自分でできることは自分でする。 【職業歴】主婦 【学歴】○○商業高校卒業
環境因子 （家族，親族， 近隣，友人， 地域環境など）	【家族，親族】兄と弟も亡くなり，身寄りは左片麻痺の長男のみ。親戚との付き合いはない。 【友人，知人】茶道教室の生徒との年賀状のやりとりも本人から止めた（新しい先生に就いているため）。 【地域環境】国道沿いの住宅団地。5階建ての市営住宅が近くにある。隣に住む夫婦が，道路沿いの草を抜いたり除草剤をまいたりしてくれる。
阻害因子 （活動，参加を 阻む要因）	【疾患名】両側変形性股関節症，両側変形性膝関節症，高血圧症 【症状】股関節，膝関節に屈曲制限あり。右膝は過伸展で膝から股関節にかけての大腿筋が非常に緊張している。膝から下は血流が悪く，浮腫が見られる。 【原因】茶道で立ったり座ったりの繰り返しが，股関節障害を引き起こす。
促進因子 （活動，参加を 促す要因）	【性格・人格】家庭を大事にする気持ちが強い。 【価値観・こだわり】長男の健康が第一。手製の料理を「昭和の家庭料理」と自称し，肉じゃがや天ぷら，きんぴらを作る。料理への自尊心は高い。 【家族・親族の支援】長男が唯一の支援者 【人間関係】訪問看護のスタッフ，ヘルパー，介護タクシーとの会話が主。看護実習の学生が同伴で来ることが多く，本人は「医学と福祉に貢献している」との自負がある。

162

自宅1階の間取り図

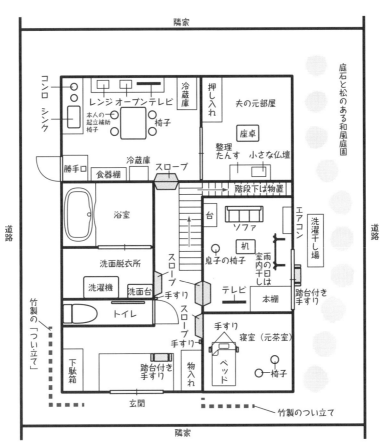

支え合い周辺マップ

基本チェックリスト

No.	質問項目	回答 （いずれかに○を お付けください）		点数	事業 対象者 判定
1	バスや電車で1人で外出していますか	0.はい	1.いいえ		
2	日用品の買い物をしていますか	0.はい	1.いいえ		「詳しく聞かせて いただけますか?」
3	預貯金の出し入れをしていますか	0.はい	1.いいえ		
4	友人の家を訪ねていますか	0.はい	1.いいえ	5/5	
5	家族や友人の相談にのっていますか	0.はい	1.いいえ		
6	階段を手すりや壁をつたわらずに昇っていますか	0.はい	1.いいえ		
7	椅子に座った状態から何もつかまらずに立ち上がっていますか	0.はい	1.いいえ		3点〜 該当
8	15分位続けて歩いていますか	0.はい	1.いいえ		
9	この1年間に転んだことがありますか	1.はい	0.いいえ		
10	転倒に対する不安は大きいですか	1.はい	0.いいえ	4/5	
11	6カ月間で2〜3kg以上の体重減少がありましたか	1.はい	0.いいえ		2点〜 該当
12	身長（145）cm，体重（46）kg ⇒ BMI＝（21.9）※（注）参照			0/2	
13	半年前に比べて固いものが食べにくくなりましたか	1.はい	0.いいえ		
14	お茶や汁物等でむせることがありますか	1.はい	0.いいえ		2点〜 該当
15	口の渇きが気になりますか	1.はい	0.いいえ	0/3	
16	週に1回以上は外出していますか	0.はい	1.いいえ		「16」が 「いいえ」 で該当
17	昨年と比べて外出の回数が減っていますか	1.はい	0.いいえ	1/2	
18	周りの人から「いつも同じ事を聞く」などの物忘れがあると言われますか	1.はい	0.いいえ		
19	自分で電話番号を調べて，電話をかけることをしていますか	0.はい	1.いいえ		1点〜 該当
20	今日が何月何日かわからない時がありますか	1.はい	0.いいえ	0/3	
（注）BMI＝体重（kg）÷身長（m）÷身長（m）が 18.5未満の場合に1点とする。		小計		10/20	10点〜 該当
21	（ここ2週間）毎日の生活に充実感がない	1.はい	0.いいえ		
22	（ここ2週間）これまで楽しんでやれていたことが楽しめなくなった	1.はい	0.いいえ		
23	（ここ2週間）以前は楽にできていたことが今ではおっくうに感じられる	1.はい	0.いいえ		2点〜 該当
24	（ここ2週間）自分が役に立つ人間だと思えない	1.はい	0.いいえ		
25	（ここ2週間）わけもなく疲れたような感じがする	1.はい	0.いいえ	1/5	
※赤字はプレ・プランニング時の 「気づき促しフレーズ」		合計		11/25	

運動機能 / 栄養状態 / 口腔機能 / 閉じこもり / 認知機能 / うつ病の可能性

「転倒しないように
どのような工夫を
されていますか?」

「特にどこが
不安ですか」

「どのような
工夫をされて
いますか?」

「この状態を続けるには，
どういうことに注意すれば
よいとお考えですか?」

「どのようなことが
生きがいになって
いますか?」

「どのようなことが
おっくうになってきましたか?」

意欲・動機づけシート

作成日 ○○○○ 年 5 月 28 日　※記入できるところから楽しみながら記入してください。

氏名	S	年齢	86歳	性別	女性	要支援	2	担当	○○○○

	私の「楽しみ・生きがい」(CADL) (該当するところに「○」を記入してください)	していた	している	してみたい		私の「楽しみ・生きがい」(CADL) (該当するところに「○」を記入してください)	していた	している	してみたい
1	家事（内容：調理，掃除，洗濯　　）		○	○	31	読書（内容：股関節疾患を特集した雑誌　）		○	
2	日曜大工（内容：　　）				32	創作（内容：　　）			
3	料理作り（内容：天ぷら，肉じゃが，きんぴら，生姜焼き，煮物など全般）		○	○	33	語学（種類：　　）			
4	買い物（店：○○スーパーの宅配　内容：食材，日用品　）		○	○	34	資格（種類：茶道師範　　）	○		
5	おしゃれ（内容：着物。たんす2棹　）	○			35	カルチャー教室（内容：　　）			
6	お出かけ（内容：2カ月ごとの通院のみ　）		○		36	絵画（内容：　　）			
7	子ども・孫・ひ孫との関わり（子ども（長男）と同居　）		○		37	パソコン・スマホ等（内容：　　）			
8	家族・親戚との集まり				38	SNS（内容：　　）			
9	ペット（種類：　　）の世話				39	写真（種類：インスタントカメラ　）	○		
10	友達と会話（話題：友達が90歳なので絶えている　）	○			40	映画・観劇等（内容：　　）			
11	友達と遊ぶ（内容：　　）				41	茶道・華道（流派：裏千家　）	○		
12	異性との交流				42	歌唱（内容：　　）			
13	ランチ・ディナー（店名：　　）				43	音楽（内容：テレビでクラシック，歌謡曲　）		○	○
14	食べ歩き（店名：　　内容：　　）				44	コンサート（内容：　　）			
15	お取り寄せ（内容：　　）				45	楽器演奏（内容：　　）			
16	ボランティア（　　）				46	遊び（内容：　　）			
17	地域活動（　　）				47	運動（内容：訪問看護でのリハビリ　）		○	○
18	集まり（　　）				48	散歩（場所：団地内。10年前から　）	○		○
19	お参り（場所：　　）				49	アウトドア（内容：　　）			
20	史跡巡り（場所：　　）				50	エンタメ（内容：　　）			
21	文化施設（内容：徳川美術館〈名古屋市〉　）	○		○	51	スポーツ（内容：　　）			
22	名所めぐり（場所：　　）				52	観戦（内容：　　）			
23	温泉・健康ランド（場所：　　）			○	53	ダンス・踊り（内容：　　）			
24	国内旅行（場所：　　）				54	ギャンブル・賭け事（内容：　　）			
25	海外旅行（国：　　）				55	投資（種類：　　）			
26	手芸（内容：編み物，裁縫など衣類　）	○			56	祭り（内容：　　）			
27	工芸（内容：　　）				57	就労（内容：　　）			
28	家庭菜園（内容：　　）				58	役割（内容：家事全般　）	○	○	○
29	ガーデニング（内容：年中茶花を栽培したい　）	○		○	59				
30	模型（内容：　　）				60				

赤字の気づき促しフレーズ：
- 「どうしてやってみたいのか聞かせていただけますか？」
- 「スマホを使った撮影をやってみてはいかがでしょうか？」
- 「好きな歌手は？どんな曲がお好きですか？」
- 「いつごろ，どなたと行ってみたいですか？」
- 「どのような運動ができるようになりたいですか？」
- 「温泉ですか？健康ランドですか？」
- 「元茶道家ならではのこだわりですね。どんな花を育てたいですか？」
- 「家事の中でも特にやってみたいことは何ですか？」

メモ	「もう余生だからやりたいこともない。長男のことが心配なだけ」と話しながらも，ご本人がこれまでやってきたことは懐かしさがにじんだ声となり，チェックする手にも力が入っていた。

※赤字はプレ・プランニング時の「気づき促しフレーズ」

介護予防サービス・支援計画書

●目標とする生活

1日	長男に「昭和の家庭料理」を作り，自分が生きていることを実感できる日々を送りたい。

●支援計画

アセスメント領域と現在の状況	本人・家族の意欲・意向	領域における課題（背景・原因）	総合的課題	課題に対する目標と具体策の提案	具体策についての意向 本人・家族
運動・移動 家の中をゆっくり移動している。変形性股関節症で立ち座りに時間がかかる。	本人：○○ホームセンターの店内をカートを押して自由に歩きたいが，迷惑をかけそうなのであきらめている。 長男：電動の起立補助椅子がないと立ち座りできない。	■有　□無 股関節と膝関節に極度の制限があり，立ち座り動作を安定して行うには腕の力を維持する必要がある。	股関節と膝関節の制限が著しく，立つ・座るの動作や家事が困難で，歩行器や手すりを使わないと家事全般ができない。	（目標） 整理整頓された環境で生活する。 （具体策） ・訪問介護で掃除の支援。 ・定期的に庭の除草を依頼。 ・洗濯物を干すために踏み台付き手すりを設置貸与。	本人：以前のようにはできないけど，家の中と庭はきれいにしたい。 長男：僕は左利きの左片麻痺で力加減が分からないので，掃除は援助してもらいたい。
日常生活（家庭生活） 歩行器を使い洗濯物を干す。買い物は○○スーパーの宅配サービスを利用。	本人：ヘルパーさんのおかげで家の中がきれいになる。健康のため食事は作りは続けたい。 長男：自分は配食サービスでもよいです。	■有　□無 時間がかかっても調理することで自尊心が保たれている。ただ，股関節と膝関節に制限があり。			
社会参加・対人関係・コミュニケーション 隣に住む夫婦が道路沿いの除草をしてくれる。兄弟も亡くなり，身内は同居の長男のみ。	本人：リハビリの時に若い子たちが勉強に来る。役に立っているのでうれしい。 長男：夕食は母と一緒に食べている。	□有　■無 親子共に身体に障がいがあっても地域の理解があり，生活の支障はない。訪問看護の実習生同行は生きがい。	長男の健康のために手料理を作りたいが，億劫になってきた。	（目標） 昭和の家庭料理を作り続ける。 （具体策） ・宅配サービスで食材を購入。 ・下肢や体幹の筋力を維持する訪問リハビリを継続。 ・時間を分散し調理。	本人：リハビリのおかげで痛みが減った。できる間は料理を作りたい。 長男：母の生きがいでもある料理は否定はしない。腕の力はあるが足の力も維持していく必要がある。
健康管理 2カ月に1回，介護タクシーで○○クリニックに通院。補聴器により医師や薬剤師の説明が分かるようになる。	本人：時々食事を作るのが面倒だと感じる。でも作らないと，自分が自分でなくなるので頑張りたい。	□有　■無 身体の不自由さと加齢による面倒さが増えている。自分なりに行えており，生活リズムと精神面が安定している。			

●健康状態について
□主治医意見書，生活機能評価等を踏まえた留意点

高血圧症，両側変形性股関節症，両側変形性膝関節症のため，腰痛，股関節の痛み，膝の痛みがあり屈曲や伸展が困難。転倒すればたちまち寝たきりになる。回避するため電動起立補助椅子は継続して使い，リハビリも継続的に必要。

基本チェックリストの（該当した質問項目数）／（質問項目数）をお書きください。
地域支援事業の場合は必要なプログラムの枠内の数字に○印をつけてください。

	運動不足	栄養改善	口腔内ケア	閉じこもり予防	物忘れ予防	うつ予防
予防給付または地域支援事業	④/5	0/2	0/3	①/2	0/3	1/5

		転倒したり病気にかかったりすることなく，料理や洗濯などの家事ができる健康状態を維持して，長男と自宅でいつまでも暮らしていく。				
1年						

※「総合的課題」「目標」の項目は重要なポイントですので，文字サイズを大きく表記しています。

目標	支援計画					
	目標についての支援のポイント	本人等のセルフケアや家族の支援，インフォーマルサービス	介護保険サービスまたは地域支援事業	サービス種別	事業所	期間
精神的にも落ち着くので，できる範囲で家や庭をきれいにしていたい。	心の安定と意欲を維持できるように，住環境の清潔面を援助すると共に安全性を確認する。	本人：拭き掃除や片付けをする。 ・洗濯をする。 ・ごみをまとめる。 長男：できる範囲で家事を手伝う。 ○○介護タクシー：通院帰りに○○ホームセンターで買い物を支援。 隣に住む○○さん：道路沿いの除草の協力。 シルバー人材センター：庭の除草，庭木の剪定。	・掃除機かけ ・台所の床拭き ・トイレと浴室の掃除 ・季節ごとの衣類の入れ替え ・ごみをまとめる	訪問型サービス（独自）	訪問介護センター○○	○○年○月○日～○○年○月○日
			・身体状況に応じてプランニングされたリハビリメニューの実施 ・筋緊張を緩和するマッサージ	介護予防訪問看護	訪問看護ステーション○○	○○年○月○日～○○年○月○日
私と長男の健康のために，これからも自慢の「昭和の家庭料理」を作っていきたい。	・料理をサポートするために，身体機能の維持と住環境の安全確保を見守っていく。 ・高血圧を悪化させないために塩分控えめにする。	本人： ・食材は宅配サービスを利用する。 ・休みながら食事の準備と自主トレ。 長男： ・宅配物を運び入れる。 ・一緒に夕食を食べる。 ○○スーパー：電話注文の商品を届ける。 ○○介護タクシー：通院介助	・身体状況に即したリハビリメニューの実施 ・自主トレメニューの指導 ・生活環境の確認 ・栄養指導	介護予防訪問看護	訪問看護ステーション○○	○○年○月○日～○○年○月○日
			・歩行器の貸与 ・敷居段差スロープの貸与 ・手すりの設置 ・電動起立補助椅子の貸与	介護予防福祉用具貸与	○○福祉用具貸与事業所	○○年○月○日～○○年○月○日

【本来行うべき支援ができない場合】
妥当な支援の実施に向けた方針

長期にわたり訪問看護にてリハビリを行ってきた。股関節と膝関節の屈曲制限があり，全体に動作はスロー。車椅子に座っていることや車での頻繁な移動はつらく，通所介護の利用は困難。本人も希望していない。リハビリは必要であり，訪問看護でリハビリを継続していく。

総合的な方針：生活不活発病の改善・予防のポイント

これからも昭和の家庭料理を作り，ご長男と食卓を囲むことができるように，身体機能と体力の維持，および家庭の衛生環境の清潔を支援していくと共に，住み慣れたご自宅の住環境の安全を確認し，随時サポートしていきます。

計画に関する同意

上記計画について，同意いたします。

○○○○年○月○日　氏名　○○○○

地域包括支援センター	【意見】
	【確認印】

事例12	腰痛・不眠症：温泉好きの94歳がペタンクとグラウンドゴルフの再開を目指す

94歳	要介護状態区分	障害高齢者の日常生活自立度	認知症高齢者の日常生活自立度
男性	要支援1	自立・J1・(J2)・A1・A2・B1・B2・C1・C2	自立・I・(IIa)・IIb・IIIa・IIIb・IV・M
把握経路		1. 介護予防検診　　2. 本人からの相談　　(3) 家族からの相談 4. 非該当　　5. 新予防からの移行　　6. 関係者 7. その他（　　　　初回は地域包括支援センターからの紹介　　　　）	

概要：駅の助役を務め，55歳で定年。現役時代はできなかった漢字検定や畑作業などにチャレンジする。65歳の時に妻が他界しかなり落ち込むが，半年後からシルバー大学に通い，いろいろな趣味活動をスタートさせる。老人会の会長を2年間務めた。元来のリーダーシップを発揮し，ペタンクとグラウンドゴルフのグループを発足させ，ねんりんピックへの出場も果たす。

もともと腰痛があり，85歳の時に悪化。徐々に仲間が他界し，活動が難しくなる。地元の公民館で開催される地域サロンには何とか参加していたが，意欲の低下が見られ日常生活も著しく低下してきている。

利用者基本情報

〈基本情報〉

本人の状況	(在宅)・入院または入所中（　　　　　　　　　　）　　　身長163cm　体重62kg　BMI23.3			
障害等認定	身障（　）・療育（　）・精神（　）・難病（　）・その他（　　　　　　）			
本人の住居環境	(自宅)・借家　(一戸建て)・集合住宅　　自室（有）〈 2 階建ての 1 階〉・無） 住宅改修（有・無）　　浴室（有）・無）　　便所（洋式）・和式） 段差の問題（ 有 ・(無)）　　床材，じゅうたんの状況（　　　　畳　　　　） 照明の状況（　　問題なし　　）　　　　履物の状況（　　問題なし　　）			
経済状況	国民年金・(厚生年金)・障害年金・生活保護 その他（　　　　　　　　　　）			

緊急連絡先	氏名	続柄	住所	連絡先
	○○○○	長男の妻	○○市○○町×番地	080-××××-△△△△
	△△△△	長女	○○市○○町▽番地	090-××××-△△△△

家族構成

☆：主たる介護者

- 94歳
- （享年62歳）
- 69歳（近所に在住）
- 65歳　62歳 ☆
- 63歳（埼玉県在住）

168

〈介護予防に関する事項〉

今までの生活	幼少期に父親が病で他界し，母親は再婚した。新しい父親とは反りが合わず，暴力を振るわれていた。高等小学校卒業後に住み込みで働ける地元の陶器工場に就職。太平洋戦争が始まり，零式艦上戦闘機（零戦）製造のため群馬県に移り住む。終戦後，地元に戻り，22歳の時に○○鉄道会社に就職し，23歳で見合い結婚。3人の子どもをもうけた。65歳で妻が他界。半年後にシルバー大学に通いはじめ，ペタンクと出合い，地元の仲間とチームを結成してねんりんピックに出場した。同時期にグラウンドゴルフも始め，こちらでもねんりんピックに出場した。85歳になった時にもともと患っていた腰痛が悪化し，ペタンクやグラウンドゴルフを休むことになった。そのため，チーム自体も機能しなくなり，徐々に仲間も他界し，とても寂しくなりすっかり意欲が低下。日常の活動も低下している。

現在の生活状況	1日の生活・過ごし方	趣味・楽しみ・役割
	・午前中はセニアカーを運転し，近くの○○スーパーへ買い物に行ったり，△△の湯（市が運営している温泉施設）に出かけている。時々近くのそば屋○○に1人で食べに行ったり，30代から利用している理容室○○に出かけたりする。 ・午後は，自宅で猫たちとゆっくり過ごしている。	・週に4～5日は△△の湯（市が運営する温泉施設）を利用している。買い物も大好き。週に3～4日は近所の○○スーパーに総菜などを買いに出かけている。 ・気が向くと，自宅で好きな歌をアカペラで歌っている。漢字検定準1級を持っていて，漢字が得意。

時間	本人	介護者・家族・その他	友人・地域との関係
6：00	起床	・同居する長男は朝6時に家を出て夜9時過ぎに帰宅。長男の妻は朝5時から昼ごろまで弁当工場で勤務。 ・近くに住む長女が毎日朝と晩に顔を見せに来ている。	・ペタンクやグラウンドゴルフをやれていたころは仲間がたくさんいたが，次々と仲間が他界し，交友関係がぐっと減る。 ・地元で開催されていたサロンにも行かなくなり，交友関係がさらに薄くなる。近所の人とはあいさつをする程度になった。
7：30	朝食		
9：30	外出（買い物など）		
12：00	昼食		
13：30	昼寝		
18：30	夕食		
21：00	就寝		

〈現病歴・既往歴と経過〉（新しいものから書く・現在の状況に関連するものは必ず書く）

年月日	病名	医療機関・医師名 （主治医・意見作成者に☆）			経過	治療中の場合は内容
○○○○年○月○日93歳	不眠症	○○総合病院精神科	○○医師	TEL ○○○-○○○○-○○○○	(治療中) 経観中 その他	入院し内服治療。現在は月に1回定期受診。内服治療中。
○○○○年○月○日92歳	一過性脳虚血発作	□□医院	□□医師☆	TEL ○○○-○○○○-○○○○	(治療中) 経観中 その他	月に1回定期受診。内服治療中。
○○○○年○月○日92歳	不整脈	□□医院	□□医師☆	TEL ○○○-○○○○-○○○○	(治療中) 経観中 その他	月に1回定期受診。内服治療中。
○○○○年○月○日85歳	腰痛	△△病院	△△医師	TEL ○○○-○○○○-○○○○	治療中 (経観中) その他	

〈現在利用しているサービス〉

公的サービス	非公的サービス
・総合事業：現行相当通所介護サービス　週1回 ・介護予防福祉用具貸与：車椅子（セニアカー）	・地元の○○サロン（月1回：△△公民館）：休止中

アセスメント

個別性のある 「活動」	・屋内の移動は独歩もしくは伝い歩きが可能。屋外では短距離ならば杖歩行，長距離ならセニアカーを使用している。入浴は浴槽の出入りに不安があり，見守ってもらっている。洗身・洗髪は自分でできる。市が運営する温泉施設△△の湯に週4～5日も通うほど大の温泉好き。 ・洗濯は長男の妻が担っている。もともと几帳面なので，自分の部屋は自分で掃除している。朝食と夕食は長男の妻が作っているが，昼食は近くの○○スーパーに行き，総菜を買って食べている。時々外食をしている。妻が他界した後，65歳から台所に立ち，うどんを使った料理をしていた。ATMでの預貯金の出し入れも自分で行える。 ・定年後は畑仕事に挑んできた。猫4匹の世話をしている。
過去も含めた 「参加」	【仕事】鉄道会社は，助役として定年まで勤めた。同僚や部下にうどん料理を振る舞うぐらい面倒見が良かった。 【地域活動】老人会の会長を2年間務めた。シルバー大学で知ったペタンクやグラウンドゴルフのチームを先頭に立って発足させ，リーダーとして活躍し，全国大会に出場する。ペタンクの審判もボランティアで行い，県外まで出かけることもあった。地元のサロンにも積極的に参加し，みんなを引っ張っていくリーダー的な存在として楽しんでいた。地域の介護施設にカラオケボランティアとして仲間と出向き，年に4回程度活動をしていた。 【趣味活動】市が開催の陶芸教室に参加し3作品を作ったが，長続きせずに辞めてしまう。俳句や短歌を新聞や雑誌に投稿していたが，一度も掲載されなかった。
個人因子 (性格，価値観， 生活信条，学歴， 職歴など)	【性格】人当たりが良く，温和で優しい。猫にも自分が寝ている場所を譲るほど。 【価値観】次男に思い入れが強すぎて今も仕送りをしている。外では仲間から頼りにされており，リーダーシップがある。社交的であり，冗談を言って場を和ませるのが上手。仲間も多い。 【職歴】高等小学校卒業後，町工場で住み込みで働いた後，太平洋戦争が始まってから群馬県に移り住み零式艦上戦闘機製造に携わる。終戦後は地元に戻り，○○鉄道会社に就職し，助役として勤務，定年まで勤め上げる。
環境因子 (家族，親族， 近隣，友人， 地域環境など)	【家族】長男夫婦と同居している。生活時間が違うので長男とはあまり会っていないが，長男の妻は病院受診の際は付き添ってくれている。長女は同じ町内に住んでいるので，毎朝晩，様子を見に来ている。次男は埼玉県に住んでおり，年に1回ぐらいしか会っていない。次男とは一緒に旅行に行くことがあり，今も仕送りをしている。 【近隣】近所や地域の付き合いは，ペタンクやグラウンドゴルフなどをやっていた時は活発だったが，現在はあまりない。セニアカーで外出をした時にあいさつをする程度。自宅が住宅街にあり，近くに○○中学校があるため，近所に子どもが多い。
阻害因子 (活動，参加を 阻む要因)	【腰痛】持病の腰痛が悪化して運動ができなくなる。腰が思うように動かないので，転倒の不安が強い。 【友人の減少】ペタンクやグラウンドゴルフ，カラオケボランティア活動の仲間が病気を患ったり，他界したりして減っている。
促進因子 (活動，参加を 促す要因)	【前向きな性格】人当たりが良く社交的で，頼りにされる。優しい性格で冗談を言って場を和ませるムードメーカー。もともと几帳面な性格で，きちんと物事をこなしたい。腰痛があるため思うように体が動かないが，「少しでもよいからまた畑をやってみたい」と前向きである。地元のサロンも体調が良ければ参加したいと思っている。体がいうことを利けばペタンクやグラウンドゴルフを再びやりたいと思っている。 【外出好き】体を動かすことと外出することが好きで，セニアカーの運転も楽しい。 【家族思い】できるだけ毎日を健康に過ごし，自分のことは自分でやり，家族の役に立ちたいと考えている。

自宅1階の間取り図

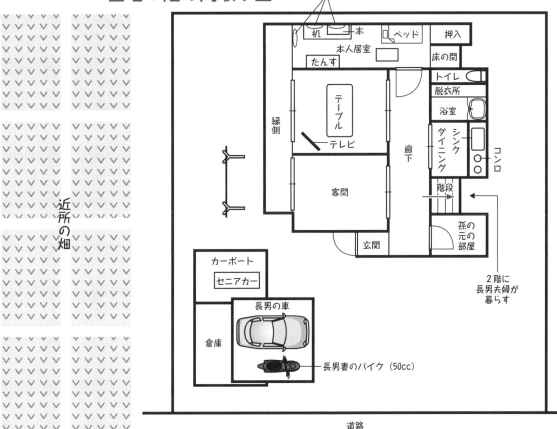

漢検の賞状，N検の賞状ペナントやグラウンドゴルフの賞状

支え合い周辺マップ

基本チェックリスト

No.	質問項目	回答 (いずれかに○を お付けください)		点数	事業 対象者 判定
1	バスや電車で1人で外出していますか	0.はい	1.いいえ		「どのようなものを 買うのが楽しいですか?」
2	日用品の買い物をしていますか	0.はい	1.いいえ		
3	預貯金の出し入れをしていますか	0.はい	1.いいえ		
4	友人の家を訪ねていますか	0.はい	1.いいえ	2/5	「どのような相談に のっていますか?」
5	家族や友人の相談にのっていますか	0.はい	1.いいえ		
6	階段を手すりや壁をつたわらずに昇っていますか	0.はい	1.いいえ		
7	椅子に座った状態から何もつかまらずに立ち上がっていますか	0.はい	1.いいえ		3点～ 該当
8	15分位続けて歩いていますか	0.はい	1.いいえ	4/5	「どのような努力を されていますか?」
9	この1年間に転んだことがありますか	1.はい	0.いいえ		「具体的に 教えてください」
10	転倒に対する不安は大きいですか	1.はい	0.いいえ		
11	6カ月間で2～3kg以上の体重減少がありましたか	1.はい	0.いいえ	0/2	2点～ 該当
12	身長(163)cm, 体重(62)kg ⇒ BMI=(23.3) ※(注) 参照				
13	半年前に比べて固いものが食べにくくなりましたか	1.はい	0.いいえ		2点～ 該当
14	お茶や汁物等でむせることがありますか	1.はい	0.いいえ	1/3	
15	口の渇きが気になりますか	1.はい	0.いいえ		「どのような時ですか?」
16	週に1回以上は外出していますか	0.はい	1.いいえ		「16」が 「いいえ」 で該当
17	昨年と比べて外出の回数が減っていますか	1.はい	0.いいえ	0/2	「どこに お出かけされて いますか?」
18	周りの人から「いつも同じ事を聞く」などの物忘れがあると言われますか	1.はい	0.いいえ		
19	自分で電話番号を調べて, 電話をかけることをしていますか	0.はい	1.いいえ		1点～ 該当
20	今日が何月何日かわからない時がありますか	1.はい	0.いいえ	0/3	

(注)BMI=体重(kg)÷身長(m)÷身長(m)が
18.5未満の場合に1点とする。「よく電話をかけるのは
どなたですか?」

		小計	7/20	10点～ 該当

No.	質問項目	回答		点数	事業対象者判定
21	(ここ2週間)毎日の生活に充実感がない	1.はい	0.いいえ		
22	(ここ2週間)これまで楽しんでやれていたことが楽しめなくなった	1.はい	0.いいえ		
23	(ここ2週間)以前は楽にできていたことが今ではおっくうに感じられる	1.はい	0.いいえ		2点～ 該当
24	(ここ2週間)自分が役に立つ人間だと思えない	1.はい	0.いいえ		
25	(ここ2週間)わけもなく疲れたような感じがする	1.はい	0.いいえ	3/5	

※赤字はプレ・プランニング時の
「気づき促しフレーズ」

「具体的に教えて
いただけますか?」

		合計	10/25	

運動機能　栄養状態　口腔機能　閉じこもり　認知機能　うつ病の可能性

意欲・動機づけシート

作成日 ○○○○ 年 **5** 月 **25** 日　※記入できるところから楽しみながら記入してください。

氏名	M. J.	年齢	94歳	性別	男性	要支援	1	担当	○○○○

No.	私の「楽しみ・生きがい」(CADL)（該当するところに「○」を記入してください）	していた	している	してみたい	No.	私の「楽しみ・生きがい」(CADL)（該当するところに「○」を記入してください）	していた	している	してみたい
1	家事（内容：掃除（もともと几帳面），洗濯（自分の下着））		○		31	読書（内容：時代小説 ）	○		
2	日曜大工（内容： ）				32	創作（内容：俳句，短歌 ）		○	○
3	料理作り（内容：うどんを使った料理 ）	○		○	33	語学（種類： ）			
4	買い物（店：○○スーパー　内容：総菜 ）		○		34	資格（種類：危険物取扱者【甲種】，漢字検定準1級，N検4級）	○		
5	おしゃれ（内容： ）				35	カルチャー教室（内容：陶芸教室 ）		○	○
6	お出かけ（内容：△△の湯【市営の温泉施設】，美容室）		○		36	絵画（内容： ）			
7	子ども・孫・ひ孫との関わり		○		37	パソコン・スマホ等（内容： ）			
8	家族・親戚との集まり		○		38	SNS（内容： ）			
9	ペット（種類：猫【7匹】 ）の世話		○		39	写真（種類： ）			
10	友達と会話（話題：ペタンク，グラウンドゴルフ ）			○	40	映画・観劇等（内容： ）			
11	友達と遊ぶ（内容：ペタンク，グラウンドゴルフ ）			○	41	茶道・華道（流派： ）			
12	異性との交流（内容：ペタンク，グラウンドゴルフ ）			○	42	歌唱（内容：カラオケ ）			○
13	ランチ・ディナー（店名：うどん処○○，そば屋○○ ）		○		43	音楽（内容：演歌：五木ひろし ）			○
14	食べ歩き（店名： ）				44	コンサート（内容： ）			
15	お取り寄せ（内容： ）				45	楽器演奏（内容： ）			
16	ボランティア（ペタンクの審判，介護施設でのカラオケ披露）	○			46	遊び（内容： ）			
17	地域活動（老人会の会長：2年間 ）	○			47	運動（内容：オリジナル体操 ）	○		○
18	集まり（ペタンクやグラウンドゴルフの集い，地域サロン）	○		○	48	散歩（場所：近所 ）			○
19	お参り（場所：同町内 ）		○		49	アウトドア（内容： ）			
20	史跡巡り（場所： ）				50	エンタメ（内容： ）			
21	文化施設（内容： ）				51	スポーツ（内容：ペタンク，グラウンドゴルフ ）	○		
22	名所めぐり（場所： ）				52	観戦（内容：相撲 ）	○		
23	温泉・健康ランド（場所：△△の湯 ）		○		53	ダンス・踊り（内容：社交ダンス ）	○		
24	国内旅行（場所：長崎，愛知など ）		○		54	ギャンブル・賭け事			
25	海外旅行（国：中国，タイ，ヨーロッパ各国 ）		○		55	投資（種類： ）			
26	手芸（内容：かぎ針編みや刺繍 ）	○		○	56	祭り（内容： ）			
27	工芸（内容： ）				57	就労（内容： ）			
28	家庭菜園（内容：大根，白菜，にんじんなど ）	○		○	58	役割（内容： ）			
29	ガーデニング（内容： ）				59				
30	模型（内容： ）				60				

気づき促しフレーズ（赤字）：
- 「どのようなうどん料理が得意ですか？」
- 「ペタンクとグラウンドゴルフの魅力は何ですか？」
- 「ペタンクやグラウンドゴルフの仲間とは，定期的に連絡を取っていますか？」
- 「どのようなものを編んでみたいですか？」
- 「家庭菜園は1年をかけた楽しみですね。どんな魅力がありますか？」
- 「1人で楽しめる趣味ですね。いつから再開したいと希望されますか？」
- 「どなたと行かれるのですか？」
- 「どんな体操ですか？」
- 「特にどのあたりを散歩されたいですか？」
- 「皆さんの反応が楽しみですね。いつごろ再開されたいですか？」
- 「おしゃれな趣味ですね。奥様も一緒にしていらっしゃったのですか？」

メモ
- 3：まかないとして同僚に振る舞っていた。
- 28：近所に2カ所の畑を借りてやっていた。
- 32：作品を作り，雑誌や地元紙に投稿をしていた。
- 53：やろうと準備をしていたが，パートナーがけがをしてしまい，できなかった。

※とても楽しそうに記入されていた。チェックがついたところを話題にすると話が広がり，今までのかかわりでは見たことがないくらい話に勢いがあった。

※赤字はプレ・プランニング時の「気づき促しフレーズ」

介護予防サービス・支援計画書

●目標とする生活

1日	○○スーパーへの買い物や△△の湯に行くことを継続するために，セニアカーの安全運転に心掛け，自宅でオリジナルトレーニングの体操で筋力の維持を図る。

●支援計画

アセスメント領域と現在の状況	本人・家族の意欲・意向	領域における課題（背景・原因）	総合的課題	課題に対する目標と具体策の提案	具体策についての意向 本人・家族
運動・移動 自宅内は何もつかまらずに歩ける。外出はセニアカーを利用し，○○スーパーや市営「△△の湯」に行っている。自宅では寝て過ごすことが多い。	本人：家にいると体を動かさないので，体がなまる。外に出て体を動かした方がいい。 長男の妻：散歩くらいしてほしい。	■有 □無 自宅にいると横になって過ごすことが多く，さらなる筋力の低下が心配。	自宅にいるままだと横になり体を動かさないことが増え，身体機能の低下が進んでしまい，さらに地域での交流の機会が減っている。	（目標） 体を動かす機会をつくり，筋力や体力が改善・維持する。 （具体策） ・介護予防通所介護を利用し，運動器の機能向上プログラムに取り組む。 ・○○スーパーへの買い物や△△の湯など，目的を持った外出で，体を動かす機会をつくる。	本人：家では体を動かすことがない。機会があれば運動をしたい。自分なりに目的を持って外出をしているので，引き続き頑張りたい。 長男の妻：外出や散歩など体を動かす機会が父にとってはとても良いと思う。
日常生活（家庭生活） 腰痛があるが，自室の掃除や下着の洗濯はしている。買い物はセニアカーで○○スーパーに行き，昼食はスーパーの総菜，朝夕は長男の妻の手料理を食べる。金銭管理は行っている。	本人：身の回りのことは自分で行い，無理なことは長男の妻に頼っている。 長男の妻：できないことを手伝っていきたい。	□有 ■無			
社会参加・対人関係・コミュニケーション △△公民館で開かれていた地域サロンに月1回は参加していた。ご近所とはあいさつ程度。なじみの理容室○○に行っている。	本人：地域サロンにはまた行きたい。外出は続けたい。 長男の妻：「自分は年を取った」と元気のない言葉も増えた。	■有 □無 横になっていることが多く，サロンにも行かなくなり交流の機会が減っている。		（目標） 散歩など外出する機会をつくり，新しい楽しみをつくることを目指す。 （具体策） ・介護予防通所介護で利用者同士の交流やレクリエーションを楽しむ。 ・自分のペースでの外出を可能にするため，セニアカーを活用する。 ・地域サロンに参加する。	本人：デイサービスに行くと皆さんと話ができ，外出用にセニアカーを使えるのもありがたい。サロンにもまた参加したい。 長男の妻：デイサービスに行って皆さんと楽しんでくれたら安心です。
健康管理 1カ月に1回，○○医院と△△病院精神科を受診。受診は長男の妻が付き添う。内服薬の管理は自分で行えている。自宅の浴槽は深く本人は不安である。	本人：腰痛は心配。今は痛くないので，このまま過ごしていければいい。 長男の妻：元気でいてほしいと思います。	□有 ■無			

●健康状態について

□主治医意見書，生活機能評価等を踏まえた留意点

> 年齢を考えると転倒の危険性や病状の悪化の心配はありますが，現在の体調に問題があるわけではないので，引き続き体調管理に留意して生活してください。

基本チェックリストの（該当した質問項目数）／（質問項目数）をお書きください。
地域支援事業の場合は必要なプログラムの枠内の数字に○印をつけてください。

	運動不足	栄養改善	口腔内ケア	閉じこもり予防	物忘れ予防	うつ予防
予防給付または地域支援事業	④/5	0/2	1/3	0/2	0/3	③/5

1年	1年後，○○市主催のペタンクとグラウンドゴルフの大会にチームで参加することと次男と○○に温泉旅行に行く。

※「総合的課題」「目標」の項目は重要なポイントですので，文字サイズを大きく表記しています。

目標	支援計画					
	目標についての支援のポイント	本人等のセルフケアや家族の支援，インフォーマルサービス	介護保険サービスまたは地域支援事業	サービス種別	事業所	期間
腰痛の改善と筋力や体力の向上を目指し，ペタンクやグラウンドゴルフに参加できるようになる。	日常生活の中で手軽に取り組めるトレーニングメニューをつくる。	本人：買い物や入浴など目的を持って外出し，オリジナルのトレーニングメニューを使って体を動かす。	運動器機能向上訓練の実施。	通所型サービス（独自）	○○デイサービス	○○年○月○日〜△△年○月○日
			セニアカーを活用し，外出をする。	介護予防福祉用具貸与	□□介護サービス	○○年○月○日〜△△年○月○日
地域サロンや買い物だけでなく，新たな外出の行き先をつくり，安全で楽しく移動できるようになる。	・新しい出会いと交流の機会をつくれるように支援する。・新しい外出先（居場所）を一緒に考えていく。	本人：・セニアカーを利用し，○○スーパーや△△の湯，地域サロンへ出かける。・セニアカーを安全に利用するために，外出時の「セニアカー安全・危険マップ」をつくる。	デイサービスの利用者との交流の声がけやレクリエーションへの参加の促し。	通所型サービス（独自）	○○デイサービス	○○年○月○日〜△△年○月○日
			外出時はセニアカーを利用する。	介護予防福祉用具貸与	□□介護サービス	○○年○月○日〜△△年○月○日

【本来行うべき支援ができない場合】
妥当な支援の実施に向けた方針

地域包括支援センター	【意見】
	【確認印】

総合的な方針：生活不活発病の改善・予防のポイント

加齢や腰痛のため意欲の低下が見られますが，やりたいことは明確なので，体調管理に留意しながら目的を持った外出（例：セニアカー安全・危険マップ作り）ができ，筋力や体力の維持向上が図れるように支援します。

計画に関する同意

上記計画について，同意いたします。

　　　　　　　　　　　　　○○○○年○月○日　氏名　○○○○

事例13	脳梗塞・高血圧： 駄菓子屋で近所の子どもたちとの再会を目指し， 毎日1,000歩とリハビリ体操を頑張る		
81歳	要介護状態区分	障害高齢者の日常生活自立度	認知症高齢者の日常生活自立度
女性	**要支援2**	自立・J1・J2・(A1)・A2・B1・ B2・C1・C2	自立・Ⅰ・(Ⅱa)・Ⅱb・Ⅲa・ Ⅲb・Ⅳ・M
把握経路	1．介護予防検診　　2．本人からの相談　　3．家族からの相談 4．非該当　　5．新予防からの移行　　6．関係者 (7)　その他（　　　　　　　　　地域包括支援センター　　　　　　　　　）		

概要：近所の子どもたちのために40年前に義母から引き継いだ駄菓子屋を営むかたわら，給食センターにパートで働いたり，町の広報誌を三輪車に乗って配布したりと，地域でも活発な人として有名だった。78歳の時に脳梗塞を発症し，自宅内の環境を整える目的で駄菓子屋を閉店した。本心は駄菓子屋を再開して近所の子どもたちとの交流を希望している。そのため，スマートフォンの歩数計アプリを使って歩数を計測したり（目標1,000歩）自宅でできるリハビリ体操を前向きに頑張っている。

利用者基本情報

〈基本情報〉

本人の状況	(在宅)・入院または入所中（　　　　　　　　　）　　　身長140cm　体重65kg　BMI33.2			
障害等認定	身障（　　　）・療育（　　　）・精神（　　　）・難病（　　　）・その他（　　　　　）			
本人の 住居環境	(自宅)・借家　(一戸建て)・集合住宅　　自室（有〈1階建ての1階〉・無） 住宅改修（有・無）　　浴室（有)・無）　　便所（洋式)・和式） 段差の問題（有)・無）　　床材，じゅうたんの状況（　　　問題なし　　　） 照明の状況（　　問題なし　　）　　履物の状況（　　　屋内：靴下，屋外：靴　　　）			
経済状況	(国民年金)・厚生年金・障害年金・生活保護 その他（　　　　　　　）	家族構成		
緊急連絡先		氏名	続柄	住所	連絡先

氏名	続柄	住所	連絡先
○○○○	長女	○○○○	○○○－ ○○○○－ ○○○○

☆：主たる介護者

86歳　81歳　84歳　60歳　58歳（隣家）　55歳　35歳　32歳

〈介護予防に関する事項〉

<table>
<tr>
<td rowspan="2">今までの生活</td>
<td colspan="2">愛知県○○市出身。5歳上の夫と22歳で結婚し、結婚後に隣の△△町に建てた家で暮らす。一男一女をもうける。パートで学校給食の調理を行っていた。
地域活動として三輪車に乗って、近所に町の広報誌を配っていたので、よく知られた存在だった。
40年前に義母から引き継いだ駄菓子屋を経営していた。自分で駄菓子問屋に電話をし、仕入れもしていた。3年前に脳梗塞になり、閉店した。リハビリを頑張って回復したが、1年前にシルバーカー歩行時に転倒し、左上腕骨頸部を骨折。週2回T整形外科に通って再びリハビリに取り組んでいる。</td>
</tr>
</table>

現在の生活状況	1日の生活・過ごし方	趣味・楽しみ・役割
	デイケアに行かない日は、家で過ごし、掃除などの家事を少しずつ行っている。 同居する長女と一緒に車でショッピングセンター○○に買い物に出かけるようにしている。	お寺が好きで、日帰りバスツアーで遠方の寺巡りもしていた。手芸が趣味。町の広報誌を配るなど、地域の活動をしていた。体を動かすために軽運動を行うスポーツジムに行ったことがあり、水泳の経験もある。 子どもが好きで、駄菓子屋で楽しそうに買い物している姿を見ているのが楽しみだった。

時間	本人	介護者・家族・その他	友人・地域との関係
6：30	起床	食事準備	駄菓子屋時代は、近所の子どもたちや親たちの中に知り合いがたくさんいた。 脳梗塞を発症した後も広報誌配布は続けたが、スポーツジムや手芸サークルの仲間の集まりには行っていない。現在も友人や仲間とは会っていない。 デイケアでは、近所の人も利用しているので、話をすることがある。
7：00	食事 洗濯物干し	食事　家事 長女出勤	
12：00	余暇 昼食 余暇	長女帰宅、食事準備	
18：00	夕食	食事準備	
20：00	入浴	入浴の手伝い	
21：00	就寝		

〈現病歴・既往歴と経過〉（新しいものから書く・現在の状況に関連するものは必ず書く）

年月日	病名	医療機関・医師名 （主治医・意見作成者に☆）			経過	治療中の場合は内容
○○年 12月3日 80歳	左上腕骨頸部骨折	○○整形外科	○○医師☆	TEL ○○○- ○○○○- ○○○○	治療中 (経観中) その他	治癒
○○年 12月1日 78歳	左手首骨折	○○整形外科	○○医師	TEL ○○○- ○○○○- ○○○○	治療中 (経観中) その他	治癒
○○年 12月1日 78歳	脳梗塞 高血圧	△△クリニック	△△医師	TEL ○○○- ○○○○- ○○○○	(治療中) 経観中 その他	服薬
				TEL	治療中 経観中 その他	

〈現在利用しているサービス〉

公的サービス	非公的サービス
介護予防通所リハビリテーション（週2回）	利用なし

アセスメント

個別性のある 「活動」	・1年前のシルバーカー歩行時の転倒による腕の骨折が治ってきたので，自分の部屋に掃除機をかけたり洗濯物を干したりしている。天気の良い日は自宅の周りを散歩し，歩数をスマホのアプリで計測している。毎日600～1,000歩の距離を歩けるようになってきている。 ・長女が運転する車で近くのショッピングセンター○○に出かけることがある。もう少し体力がついたら，食品や服などを選んでみたい希望がある。現在は食材などは生協の宅配サービスを利用している。注文の伝票は自分で書いている。 ・ATMでのお金の引き出しや買い物の支払いも自分でできている。少しではあるが，庭先でガーデニングをしている。
過去も含めた 「参加」	・以前は，○○公民館の手芸教室に参加し，手芸を楽しんでいた。手芸サークルの仲間と一緒に寺巡りに行った。家族と温泉などの国内旅行にも出かけた。 ・親族の命日になると近くのお寺へ墓参りに出かけている。脳梗塞を発症する3年前までは，○○小学校の給食の調理を行ったり，三輪車に乗って広報誌を近所に配布したりしていた。 ・今は週2回○○デイケアに通い，職員や利用者との会話を楽しんでいる。
個人因子 (性格，価値観， 生活信条，学歴， 職歴など)	【生活歴】愛知県○○市で生まれ育ち，結婚後は現在の△△町に住む。 【職歴】40年前に義母から駄菓子屋を引き継ぎ経営していた。3年前に脳梗塞になったため店を閉めた。 【性格】地域のことにも積極的で話し好き。人当たりの良い性格。真面目。デイケアに行くことを楽しみにしており，リハビリにも熱心に取り組んでいる。
環境因子 (家族，親族， 近隣，友人， 地域環境など)	【家族】夫と長女の3人暮らし。散歩に行く時は，夫が一緒に付き添って歩いている。隣の敷地の家に長男家族と長男の妻の母親が住んでいる。家事は，主に同居する長女が行っている。長女は午前中のみ仕事をしている。 【人間関係】現在，友人との付き合いはほとんどない。駄菓子屋を営んでいた時には問屋の人との仕入れを通しての付き合いがあった。
阻害因子 (活動，参加を 阻む要因)	・転倒したことにより，外出する機会や集まって話をする機会が減ってしまった。シルバーカーを使うことに恐怖感がある。骨折したことで，できることに制限が出てきた。特に足腰が弱ってしまったと感じている。 ・デイケアに行かない日は家で過ごしているが，座っていることが多い。たまに長女と買い物に行っても，店内を歩くだけで疲れてしまい，商品を選ぶ余裕がない。 ・以前は買い物の際にキャッシュレスの支払いも1人でできていたが，一度支払いに戸惑ったことがあり，それ以来不安がある。 ・庭で花を育てることが好きだったが，体力が落ち，規模を縮小した。
促進因子 (活動，参加を 促す要因)	・駄菓子屋の話題が出ると懐かしい表情になり，もう少し頑張れたかもという後悔がある。ガーデニングができるように，家族にも買い物を手伝ってもらい行う。あらかじめ買うものを決め，自分で手に取れるようにサポートすれば買い物も可能である。 ・スマホの歩数計アプリで散歩の歩数を計測しているので，記録として残し，振り返って満足感を得るようにしている。理学療法士と相談してトレーニングメニューを一緒に考え，実行する前向きさはある。

自宅の間取り図

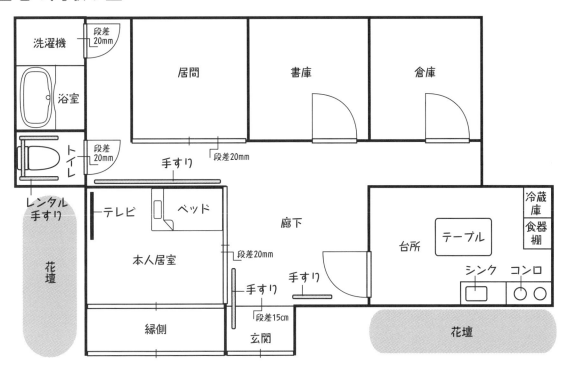

支え合い周辺マップ

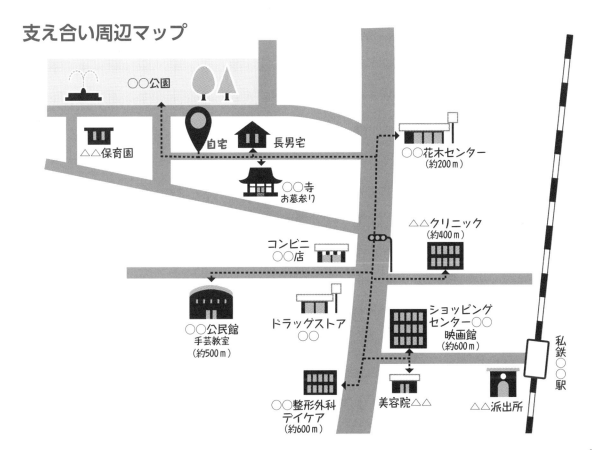

基本チェックリスト

No.	質問項目	回答 (いずれかに○を お付けください)		点数	事業 対象者 判定
1	バスや電車で1人で外出していますか	0.はい	(1.いいえ)		
2	日用品の買い物をしていますか	(0.はい)	1.いいえ		「訪ねたい友人は どなたですか?」
3	預貯金の出し入れをしていますか	(0.はい)	1.いいえ		
4	友人の家を訪ねていますか	0.はい	(1.いいえ)		
5	家族や友人の相談にのっていますか	(0.はい)	1.いいえ	**2**/5	
6	階段を手すりや壁をつたわらずに昇っていますか	0.はい	(1.いいえ)		
7	椅子に座った状態から何もつかまらずに立ち上がっていますか	0.はい	(1.いいえ)		3点〜 該当
8	15分位続けて歩いていますか	0.はい	(1.いいえ)		
9	この1年間に転んだことがありますか	(1.はい)	0.いいえ		
10	転倒に対する不安は大きいですか	(1.はい)	0.いいえ	**5**/5	
11	6カ月間で2〜3kg以上の体重減少がありましたか	1.はい	(0.いいえ)		2点〜 該当
12	身長(140)cm, 体重(65)kg ⇒ BMI=(33.2) ※(注) 参照			**0**/2	
13	半年前に比べて固いものが食べにくくなりましたか	1.はい	(0.いいえ)		
14	お茶や汁物等でむせることがありますか	(1.はい)	0.いいえ		2点〜 該当
15	口の渇きが気になりますか	1.はい	(0.いいえ)	**1**/3	
16	週に1回以上は外出していますか	(0.はい)	1.いいえ		「16」が 「いいえ」 で該当
17	昨年と比べて外出の回数が減っていますか	(1.はい)	0.いいえ	**1**/2	
18	周りの人から「いつも同じ事を聞く」などの物忘れがあると言われますか	1.はい	(0.いいえ)		
19	自分で電話番号を調べて, 電話をかけることをしていますか	(0.はい)	1.いいえ		1点〜 該当
20	今日が何月何日かわからない時がありますか	1.はい	(0.いいえ)	**0**/3	
(注)BMI=体重(kg)÷身長(m)÷身長(m)が 18.5未満の場合に1点とする。		小計		**9**/20	10点〜 該当

運動機能 栄養状態 口腔機能 閉じこもり 認知機能

吹き出し:「どのような相談にのっていますか?」
吹き出し:「訪ねたい友人はどなたですか?」
吹き出し:「どのようにしているのか聞かせていただけますか?」
吹き出し:「○○さんにとって何kgぐらいが理想ですか?」
吹き出し:「どのくらいの回数ですか?」
吹き出し:「よく行かれるのはどちらですか?」
吹き出し:「どなたに電話することが多いですか?」

No.	質問項目	回答		点数	
21	(ここ2週間)毎日の生活に充実感がない	1.はい	(0.いいえ)		
22	(ここ2週間)これまで楽しんでやれていたことが楽しめなくなった	1.はい	(0.いいえ)		「とても前向き ですね!」
23	(ここ2週間)以前は楽にできていたことが今ではおっくうに感じられる	1.はい	(0.いいえ)		2点〜 該当
24	(ここ2週間)自分が役に立つ人間だと思えない	1.はい	(0.いいえ)		
25	(ここ2週間)わけもなく疲れたような感じがする	1.はい	(0.いいえ)	**0**/5	

うつ病の可能性

※赤字はプレ・プランニング時の 「気づき促しフレーズ」	合計	**9**/25

意欲・動機づけシート

作成日 ○○○○ 年　　月　　日　※記入できるところから楽しみながら記入してください。

氏名	K	年齢	81歳	性別	女性	要支援	2	担当	○○○○

No	私の「楽しみ・生きがい」(CADL)（該当するところに「○」を記入してください。）	していた	している	してみたい	No	私の「楽しみ・生きがい」(CADL)（該当するところに「○」を記入してください。）	していた	している	してみたい
1	家事（内容：　　）		○	○	31	読書（内容：　　）			
2	日曜大工（内容：　　）				32	創作（内容：　　）			
3	料理作り（内容：サラダ）	○			33	語学（種類：　　）			
4	買い物（店：○○スーパー　内容：お菓子など）		○	○	34	資格（種類：　　）			
5	おしゃれ（内容：　　）				35	カルチャー教室（内容：○○公民館での手芸サークル△△）	○		○
6	お出かけ（内容：　　）	○			36	絵画（内容：　　）			
7	子ども・孫・ひ孫との関わり	○	（○）	○	37	パソコン・スマホ等（内容：歩数計アプリ使用）		○	
8	家族・親戚との集まり	○	○	○	38	SNS（内容：　　）			
9	ペット（種類：　　）の世話				39	写真（種類：　　）			
10	友達と会話（話題：　　）				40	映画・観劇等（内容：　　）	○		○
11	友達と遊ぶ（内容：　　）				41	茶道・華道（流派：　　）			
12	異性との交流（内容：　　）				42	歌唱（内容：　　）			
13	ランチ・ディナー（店名：　　）				43	音楽（内容：　　）			
14	食べ歩き（店名：　　内容：　　）				44	コンサート（内容：　　）			
15	お取り寄せ（内容：テレビショッピング）		○	○	45	楽器演奏（内容：　　）			
16	ボランティア（　　）				46	遊び（内容：　　）			
17	地域活動（○○小学校の給食の調理，広報誌の配付）	○			47	運動（内容：スポーツジム○○　水泳）	○		○
18	集まり（　　）				48	散歩（場所：近所の公園）	○	○	○
19	お参り（場所：近くの寺）	○	○	○	49	アウトドア（内容：　　）			
20	史跡巡り（場所：　　）				50	エンタメ（内容：　　）			
21	文化施設（内容：　　）				51	スポーツ（内容：　　）			
22	名所めぐり（場所：四国八十八ヵ所）		○	○	52	観戦（内容：　　）			
23	温泉・健康ランド（場所：○○温泉）	○			53	ダンス・踊り（内容：　　）			
24	国内旅行（場所：家族と温泉旅行）	○			54	ギャンブル・賭け事（内容：　　）			
25	海外旅行（国：　　）				55	投資（種類：　　）			
26	手芸（内容：編み物：手芸サークル△△）	○			56	祭り（内容：　　）			
27	工芸（内容：　　）				57	就労（内容：駄菓子屋を営む）	○		○
28	家庭菜園（内容：　　）		○		58	役割（内容：　　）			
29	ガーデニング（内容：　　）		○	○	59				
30	模型（内容：　　）				60				

赤字のフレーズ：
- 「食べ物や衣服をショッピングすることも楽しいですね」
- 「どのようなことをしたいですか?」
- 「どんな集まりをされていますか?」
- 「最近買ったものは何ですか?」
- 「どなたとよく行かれますか?」
- 「どんな花を育てたいですか?」
- 「いつごろまた参加したいですか?」
- 「どんな映画を観に行きたいですか?」
- 「いつごろスポーツジムや水泳教室を再開したいとお考えですか?」
- 「ご主人とどこまで散歩したいですか?」
- 「四国の八十八ヵ所巡りは，いつごろ始めたいですか?」
- 「何よりの"やる気スイッチ"がこれですね。思いを聞かせていただけますか?」

メモ：買い物に行けるようになったら，食品や服を選びたい。体力がなくて，ガーデニングの量を減らした。お墓参りにシルバーカーで行く。○○公民館の手芸教室に通い，仲間がいた。

※赤字はプレ・プランニング時の「気づき促しフレーズ」

介護予防サービス・支援計画書

●目標とする生活

1日	室内で転ばないように過ごし，夫と散歩に出かけて体を動かすようにしたい。駄菓子屋を再開するために，毎日1,000歩散歩を目指す。

●支援計画

アセスメント領域と現在の状況	本人・家族の意欲・意向	領域における課題（背景・原因）	総合的課題	課題に対する目標と具体策の提案	具体策についての意向本人・家族
運動・移動 4月に入ってから天気が良い日に散歩し，600～1,000歩続けて歩けるようになった。	本人：転ばないように歩きたい。 長女：転ばないようになってほしい。	■有 □無 日常生活全般に支障があり，転倒の不安強く活動量が減少。足の筋力が低下。	・転倒による骨折で，着替えなど，日常生活に不自由さを感じている。 ・足の筋力低下で，転倒しやすい状態になっている。 ・外出が減ったことや刺激が少ない生活になり物事を考える機会も減り，認知機能の低下の恐れがある。 ・外出をしても，体力がついていかず，買い物時は商品を選ぶ余裕がなく買い物を楽しめていない。	（目標） ショッピングセンター○○で歩いて買い物ができるように，運動などを取り入れて，体力と筋力をつける。歩行を安定させる。転倒しない生活を目指したい。 （具体策） ・理学療法士の指導の下，器具を使ったリハビリや運動を行い筋力をつける。 ・転倒予防に自宅でできる簡単な体操を行う。 ・歩数計アプリを活用し，目で見える形で管理する。 ・食事内容に注意し，内服管理を行う。	本人：自分の足で歩いて買い物に行きたい。自分で欲しいものを選んで買い物できるようになるといいね。自分で支払いもしたい。 長女：本人が歩いて買い物ができるようにリハビリをサポートしていきたい。
日常生活（家庭生活） 花が好きでガーデニングを行ってきたが，体力が落ちたので，種類を少なくして育てている。	本人：長女に面倒をかけたくない。良くなったら種類を増やしたい。	■有 □無 自分でやりたい気持ちもある。骨折により，思うように左手が使えない。			
社会参加・対人関係・コミュニケーション 以前，家で駄菓子屋を営み，子どもや近隣の人との交流をとても楽しんできた。	本人：駄菓子屋の話題が出ると，懐かしく感じることがあり，再開したい。	■有 □無 1人で外出することは，転倒も不安で体力的に難しい。			
健康管理 3年前に脳梗塞を発症している。その後遺症で，左半身が動かしにくいことがある。	本人：脳梗塞の再発に注意し，健康で過ごしたい。 長女：再発が心配です。	■有 □無 食事摂取や水分摂取，内服管理などができず，脳梗塞の再発が心配される。			

●健康状態について

□主治医意見書，生活機能評価等を踏まえた留意点

1年前に左上腕骨を骨折，左上肢が使いにくい。週2回リハビリのために通院している。今後も転倒や移動能力の低下の可能性がある。

基本チェックリストの（該当した質問項目数）／（質問項目数）をお書きください。
地域支援事業の場合は必要なプログラムの枠内の数字に○印をつけてください。

	運動不足	栄養改善	口腔内ケア	閉じこもり予防	物忘れ予防	うつ予防
予防給付または地域支援事業	⑤/5	0/2	1/3	1/2	0/3	0/5

| 1年 | 自信を持ってスーパーやコンビニで買い物をしたり，スムーズに外出を楽しんだりできるようになる。駄菓子屋再開に向けて，近所の〇〇公園で毎年行われるフリーマーケットに出店して子どもたちとかかわる。 |

※「総合的課題」「目標」の項目は重要なポイントですので，文字サイズを大きく表記しています。

目標	支援計画					
	目標についての支援のポイント	本人等のセルフケアや家族の支援，インフォーマルサービス	介護保険サービスまたは地域支援事業	サービス種別	事業所	期間
自信を持って歩けるように，1日1,000歩を目標に散歩をして，公園の花壇の季節の花を眺める。	・散歩時の歩数は本人がスマートフォンの歩数計アプリを使って計測する。 ・転ばないように見守る。	・簡単なリハビリ体操を一緒に行い，転倒しそうな動作・姿勢をなくす。 ・スマートフォンの歩数計アプリで歩数の計測，確認，記録を行う。	・送迎（乗車の動作確認）・健康チェック ・リハビリなど自宅で行えるメニューの作成	介護予防通所リハビリ	〇〇整形外科デイケア	〇〇年〇月〇日～〇〇年〇月〇日
ショッピングセンター〇〇に買い物に行き，自分で商品を選び，購入する。	本人と一緒に買い物に出かけ，欲しいものを本人が選択して買いやすいようにサポートする。	ショッピングセンター〇〇のホームページやチラシなどで本人が欲しいものがある棚の位置をあらかじめ確認して出かける。		本人家族	本人長女	〇〇年〇月〇日～〇〇年〇月〇日
塩分の高い食事に注意し，脳梗塞を再発させない。	食べすぎないように声かけをする。	食事内容，水分摂取，内服管理の支援をする。	食事見守り 食事指導 服薬指導	本人家族内科	本人長女△△クリニック	〇〇年〇月〇日～〇〇年〇月〇日

【本来行うべき支援ができない場合】
妥当な支援の実施に向けた方針

総合的な方針：生活不活発病の改善・予防のポイント

　3年前のように駄菓子屋を再開したいという思いの実現を目指し，体力や筋力をつけ，普段から転倒することなく過ごせることを目指しましょう。リハビリや体操を行うことで自信を持って外出ができるよう，塩分を控えめにして体重を減らし，意欲的に生活できるように支援します。

計画に関する同意

上記計画について，同意いたします。

〇〇〇〇年〇月〇日　氏名　〇〇〇〇

地域包括支援センター	【意見】
	【確認印】

脊柱管狭窄症・腰椎すべり症：
2年後の夫の十三回忌法要では
自分が育てた花で祭壇を飾りたい

85歳	要介護状態区分	障害高齢者の日常生活自立度	認知症高齢者の日常生活自立度
女性	**要支援2**	自立・J1・(J2)・A1・A2・B1・B2・C1・C2	(自立)・Ⅰ・Ⅱa・Ⅱb・Ⅲa・Ⅲb・Ⅳ・M

把握経路	1. 介護予防検診　　(2) 本人からの相談　　3. 家族からの相談　 4. 非該当　　　　　 5. 新予防からの移行　　6. 関係者　 7. その他（　　　　　　　　　　　　　　　　　　　　　　　　　）

概要：働き者で優しかった夫が17年前に脳梗塞を発症。要介護4となった夫が他界するまで，脊柱管狭窄症と腰椎すべり症による腰の痛みと膝の痛み，ひどいめまいにも耐え，杖や手すりを使いながら，介護を頑張った。
夫が享年82歳で他界した後も，体調が悪い時でも仏壇へのお供えや線香は欠かさず続けている。夫が生きていた時から自宅の庭でガーデニングをやっていた。今は，「できるだけ元気にいて，2年後の夫の十三回忌では自分が育てた花で祭壇を飾ること」を強く望んでいる。

利用者基本情報

〈基本情報〉

本人の状況	(在宅)・入院または入所中（　　　　　　　　　　　　）　　身長148cm　体重59kg　BMI26.9
障害等認定	身障（　　）・療育（　　）・精神（　　）・難病（　　）・その他（　　　　　　　　）
本人の 住居環境	(自宅)・借家　(一戸建て)・集合住宅　　自室（(有)〈 1 階建ての 2 階〉・無 ） 住宅改修（(有)・無 ）　浴室（(有)・無 ）　便所（(洋式)・和式 ） 段差の問題（ 有 ・(無)）　床材，じゅうたんの状況（　　　　フローリング　　　　） 照明の状況（　　　　　　　　　）　履物の状況（　　　　　　　　　　）

経済状況	(国民年金)・厚生年金・障害年金・生活保護 その他（　　　　　　　　　）

家族構成

☆：主たる介護者

緊急連絡先

	氏名	続柄	住所	連絡先
	○○○○	長女	○○市	○○○ー ○○○○ー ○○○○

91歳　87歳　　　　　　85歳　83歳

85歳　（享年82歳）

60歳
（近所）　55歳　　57歳
（近所）　62歳

30歳　27歳　　　　27歳　月1回，
外食をする

〈介護予防に関する事項〉

今までの生活	東京都○○区生まれ。姉2人弟1人の4人きょうだい。小学2年生の時に父の実家がある栃木県○○市へ一家で疎開する。小学生のころから米作りや酪農の手伝いをし，風呂と台所の火起こしも任された。19歳の時に両親が続けて他界し，姉と交代で祖父の介護をした。 25歳の時，30歳の農協職員とお見合い結婚。専業主婦になり，義祖母と義母を20年近く介護した。夫の退職後は，一緒に自宅の庭でガーデニングをしたり旅行に行ったりと充実した生活を送っていたが，夫が73歳で脳梗塞を発症。他界するまでの8年間，脊柱管狭窄症や腰椎すべり症による腰の痛み，膝の痛みに耐えながら介護を続けた。 親類からの信頼も厚く，義理の叔母の連絡先になっている。

現在の生活状況	**1日の生活・過ごし方**		**趣味・楽しみ・役割**
	朝に洗濯や掃除など家事を行う。腰の調子が良い時は庭の草花の手入れをする。 11時ごろ，近所に住む長女が来て1時間程度雑談して帰る。 午後は駐車場のシャッターを閉め，寝室で横になりながらゆっくり気ままに過ごすことが多い。		ガーデニングが大の楽しみ。 カラオケも好きで，大月みやこの曲を聴いて自宅で練習している。 デイサービスで取り組んでいる脳トレ（クロスワードパズル，手話など）を自宅でも毎日取り組むことが楽しみになっている。

時間	本人	介護者・家族・その他	友人・地域との関係
7：30	起床（仏壇のお供え）	長男が仕事前に家に寄り，安否確認をする。	隣家の老夫婦と親しく，採れた野菜をもらうことも多い。お返しに，もらった野菜で作った料理をおすそ分けしている。 月に一度，長女や孫と一緒に外食に出かけるのが楽しみ。
8：00	朝食	長女来訪。1時間ほどおしゃべりを楽しむ。頼んでおいた買い物を持ってきてくれ，庭の手入れをしてくれることもある。	
9：00	洗濯などの家事		
11：00	雑談，筋トレ		
12：00	昼食		
〜	家で自由に過ごす		
17：00	入浴		
18：00	夕食		
22：00	就寝		

〈現病歴・既往歴と経過〉（新しいものから書く・現在の状況に関連するものは必ず書く）

年月日	病名	医療機関・医師名 （主治医・意見作成者に☆）			経過	治療中の場合は内容
○○○○年○月○日 75歳ごろ	脊柱管狭窄症・腰椎すべり症	△△総合病院 （整形外科）	○○医師☆	TEL ○○○-○○○○-○○○○	(治療中) 経観中 その他	手術しか治療がないと言われている。コルセットを着用。
○○○○年○月○日 74歳	白内障 緑内障	△△総合病院	□□医師	TEL ○○○-○○○○-○○○○	(治療中) 経観中 その他	白内障は手術済み。 緑内障は点眼で経過観察。
○○○○年○月○日 65歳	半月板損傷	△△総合病院	△△医師	TEL ○○○-○○○○-○○○○	治療中 (経観中) その他	約2カ月ギプス固定。自動車から降車した際にひねった。サポーターを着用。
○○○○年○月○日 50歳	狭心症	○○大学病院	××医師	TEL ○○○-○○○○-○○○○	治療中 (経観中) その他	カテーテル手術を受ける。60歳の時に同内容で○○大学病院に入院。

〈現在利用しているサービス〉

公的サービス	非公的サービス
通所型サービス（独自）（週1回） 介護予防福祉用具貸与（手すり）	ごみの戸別収集

アセスメント

個別性のある 「活動」	・朝起きたら仏壇にお供えをし，線香をあげるのが習慣。料理好き。作りすぎてしまうことが多く，野菜をくれる隣家の老夫婦や長女，長男におすそ分けをするのが生きがいにもなっている。花が好きで，午前中に家事が終わったらソファに座り，庭の花を眺めている。できる範囲で水やりや植え替えなどを行い，できないところは長男に頼んでいる。一番の楽しみなのに十分に行えていないのがいつも心残り。 ・月に2回△△総合病院へ通院。その帰りに長女と○○スーパーやドラッグストア□□に買い物に出かける。 ・1日2回，時間を決めてマシンで筋トレしている。
過去も含めた 「参加」	・5年前まで近所の○○生け花教室に10年ほど通っていた。 ・地区の婦人会で交通安全係をしていたので，「緑のおばさん」として小学生の登下校の見守りを20年近く頑張った。 ・祖父，義祖母，義母，夫，義理の叔母の介護を行ってきたので，親類からの信頼はとても厚い。
個人因子 （性格，価値観， 生活信条，学歴， 職歴など）	【価値観】健康を保つために栄養面に関する意識が高く，健康食品に関心がある。便秘にならないよう食物繊維や発酵食品を取ることを心がけている。 【性格】社交的で話し好きなので，話をしていて話題は尽きない。幼少期から花が好きだった。東京から疎開して田舎に来たので，たくさんの草花に囲まれて遊べることが楽しかった。
環境因子 （家族，親族， 近隣，友人， 地域環境など）	・隣に住む老夫婦と週に1回程度交流がある。 ・長女が毎日昼ごろに訪問し，買い物もしてくれる。 ・月に一度，孫（長女の子）と外食に出かけている。 ・実家に車を駐めている長男は，毎朝安否確認のため声をかけてから出勤する。日曜日は昼食を一緒に食べている。 ・デイサービスに通い，話し相手が増えた。 ・生協コープで定期購買をしているが，テレビの通販番組で気に入ったものを購入することもある。 ・重い物が運べないため，ごみ捨ては戸別収集を頼んでいる。
阻害因子 （活動，参加を 阻む要因）	【体調】狭心症，半月板損傷，脊柱管狭窄症と腰椎すべり症の既往がある。現在は，腰痛，ひざ痛，めまいなどがあり，歩行に負担がある。 年に数回ぎっくり腰で動けなくなることがある。片手で体を支えていないと座っていることもつらくなることが，長い時は1ヵ月ぐらい続く。 【交流】この数年で交流が激減している。 ・姉が隔週で来訪していたが，2年前に運転が難しくなり来られなくなった。 ・親友の一人が4年前に他界した。もう一人の親友は施設に入所した。 ・交流の場になっていた美容室に毎週通っていたが，店主が1年前に他界した。 ・生け花教室に通っていたが，先生が病気で5年前に終了した。 ・10年前に夫が他界してからは，夫の関係のつながりがなくなった。
促進因子 （活動，参加を 促す要因）	【性格】社交的なので，誰かに会いに行くことは好き。 【趣味】クロスワードパズルのような頭を使う脳トレゲームを積極的にやろうとする。デイサービスでカラオケを初体験。すっかり気に入り，自宅で大月みやこの歌を練習するほどである。

自宅の間取り図

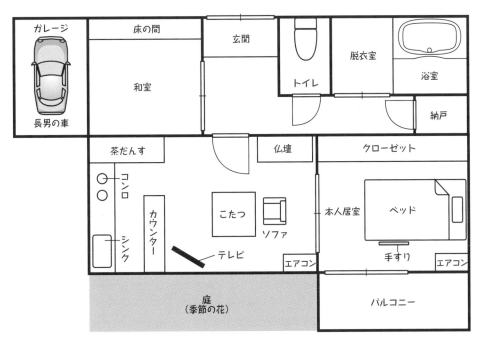

支え合い周辺マップ

基本チェックリスト

No.	質問項目	回答 (いずれかに○を お付けください)		点数	事業 対象者 判定
1	バスや電車で1人で外出していますか	0.はい	1.いいえ		
2	日用品の買い物をしていますか	0.はい	1.いいえ		「長女さん・孫娘さんの どんな相談にのって いるのですか?」
3	預貯金の出し入れをしていますか	0.はい	1.いいえ		
4	友人の家を訪ねていますか	0.はい	1.いいえ		
5	家族や友人の相談にのっていますか	0.はい	1.いいえ	2/5	
6	階段を手すりや壁をつたわらずに昇っていますか	0.はい	1.いいえ		「どんなところが 不安になるの ですか?」
7	椅子に座った状態から何もつかまらずに立ち上がっていますか	0.はい	1.いいえ		
8	15分位続けて歩いていますか	0.はい	1.いいえ		3点〜 該当
9	この1年間に転んだことがありますか	1.はい	0.いいえ		
10	転倒に対する不安は大きいですか	1.はい	0.いいえ	3/5	
11	6カ月間で2〜3kg以上の体重減少がありましたか	1.はい	0.いいえ		2点〜 該当
12	身長(148)cm,体重(59)kg ⇒ BMI=(26.9) ※(注)参照			1/2	
13	半年前に比べて固いものが食べにくくなりましたか	1.はい	0.いいえ		2点〜 該当
14	お茶や汁物等でむせることがありますか	1.はい	0.いいえ		
15	口の渇きが気になりますか	1.はい	0.いいえ	0/3	
16	週に1回以上は外出していますか	0.はい	1.いいえ		「16」が 「いいえ」 で該当
17	昨年と比べて外出の回数が減っていますか	1.はい	0.いいえ	1/2	
18	周りの人から「いつも同じ事を聞く」などの物忘れがあると言われますか	1.はい	0.いいえ		1点〜 該当
19	自分で電話番号を調べて,電話をかけることをしていますか	0.はい	1.いいえ		
20	今日が何月何日かわからない時がありますか	1.はい	0.いいえ	0/3	
(注)BMI=体重(kg)÷身長(m)÷身長(m)が 18.5未満の場合に1点とする。		小計		7/20	10点〜 該当
21	(ここ2週間)毎日の生活に充実感がない	1.はい	0.いいえ		「毎日が充実して いいですね。 秘訣を教えて いただけますか?」
22	(ここ2週間)これまで楽しんでやれていたことが楽しめなくなった	1.はい	0.いいえ		
23	(ここ2週間)以前は楽にできていたことが今ではおっくうに感じられる	1.はい	0.いいえ		2点〜 該当
24	(ここ2週間)自分が役に立つ人間だと思えない	1.はい	0.いいえ		
25	(ここ2週間)わけもなく疲れたような感じがする	1.はい	0.いいえ	0/5	
※赤字はプレ・プランニング時の 「気づき促しフレーズ」		合計		7/25	

左側縦書きラベル:
運動機能 / 栄養状態 / 口腔機能 / 閉じこもり / 認知機能 / うつ病の可能性

吹き出し(気づき促しフレーズ):
「お隣の老夫婦さんとはどんな話題でおしゃべりを楽しんでいますか?」
「どこまで歩いて行かれるのですか?」
「ご自分では原因は何だと思われますか?」

意欲・動機づけシート

作成日 ○○○○ 年 5 月 25 日 ※記入できるところから楽しみながら記入してください。

氏名	T. W.	年齢	85歳	性別	女性	要支援	2	担当	○○○○

	私の「楽しみ・生きがい」(CADL)（該当するところに「○」を記入してください）	していた	している	してみたい		私の「楽しみ・生きがい」(CADL)（該当するところに「○」を記入してください）	していた	している	してみたい
1	家事（内容：調理，洗濯，掃除 ）		○		31	読書（内容： ）			
2	日曜大工（内容： ）				32	創作（内容： ）			
3	料理作り（内容：煮物などの和食が中心 ）		○		33	語学（種類： ）			
4	買い物（店： 内容： ）				34	資格（種類： ）			
5	おしゃれ（内容：指輪やネックレスなど ）	○		○	35	カルチャー教室（内容：手話 ）	○		○
6	お出かけ（内容： ）				36	絵画（内容： ）			
7	子ども・孫・ひ孫との関わり				37	パソコン・スマホ等（内容： ）			
8	家族・親戚との集まり		○	○	38	SNS（内容： ）			
9	ペット（種類： ）の世話				39	写真（種類： ）			
10	友達と会話（話題： ）				40	映画・観劇等（内容： ）			
11	友達と遊ぶ（内容： ）				41	茶道・華道（流派： ）		○	
12	異性との交流				42	歌唱（内容：カラオケ〈大月みやこ〉 ）		○	○
13	ランチ・ディナー（店名： ）		○	○	43	音楽（内容： ）			
14	食べ歩き（店名： 内容： ）		○	○	44	コンサート（内容： ）			
15	お取り寄せ（内容：生協の宅配 ）		○		45	楽器演奏（内容： ）			
16	ボランティア（ごみ拾い ）	○		○	46	遊び（内容：クロスワードパズル ）		○	
17	地域活動（ ）				47	運動（内容：筋トレマシン，スクワット ）		○	
18	集まり（ ）				48	散歩（場所： ）			
19	お参り（場所：夫の墓参り〈○○霊園〉 ）		○	○	49	アウトドア（内容： ）			
20	史跡巡り（場所： ）				50	エンタメ（内容： ）			
21	文化施設（内容： ）				51	スポーツ（内容： ）			
22	名所めぐり（場所： ）		○	○	52	観戦（内容： ）			
23	温泉・健康ランド（場所：長女夫婦 ）		○	○	53	ダンス・踊り（内容： ）			
24	国内旅行（場所： ）				54	ギャンブル・賭け事（内容： ）			
25	海外旅行（国： ）				55	投資（種類： ）			
26	手芸（内容：編み物 ）		○		56	祭り（内容： ）			
27	工芸（内容： ）				57	就労（内容： ）			
28	家庭菜園（内容： ）				58	役割（内容： ）			
29	ガーデニング（内容：千日草・ひまわり・パンジーなど）		○	○	59				
30	模型（内容： ）				60				

赤字の気づき促しフレーズ：
- 「お得意の煮物は何ですか？」
- 「どんな集まりがご希望ですか？」
- 「ご長女や孫娘さんとよく行かれるお店はどんなところですか？」
- 「どの辺りをされたいですか？」
- 「墓参りも外出です。霊園内はどうやって歩かれていますか？」
- 「特にお気に入りの花は何ですか？」
- 「どちらの温泉に行きたいですか？」
- 「おしゃれは大事ですね！おしゃれをしてお出かけしたいところや会いたい人を教えていただけますか？」
- 「どこで手話をしてみたいのですか？」
- 「大月みやこのどんな曲がお好きですか？」
- 「新しい曲に挑戦するなら，どんな曲ですか？」
- 「やっていてつらいことはありませんか？」

メモ	季節の花を自分の庭で手入れして楽しみたいと話されました。まだまだやりたいことはあるけれど，100のうち「5つぐらい」しか手を付けられていない（笑）。夫がいた時は一緒にやりたいことが自由にできていた。大月みやこの歌を練習中。カラオケの経験はなかったが，デイサービスで歌ったら楽しかったので，今は夢中。

※赤字はプレ・プランニング時の「気づき促しフレーズ」

介護予防サービス・支援計画書

●目標とする生活

1日	朝，仏壇にお供えをして線香をあげ，ガーデニングで育てている花の水やりや世話を毎日続ける。

●支援計画

アセスメント領域と現在の状況	本人・家族の意欲・意向	領域における課題（背景・原因）	総合的課題	課題に対する目標と具体策の提案	具体策についての意向 本人・家族
運動・移動 外出時は膝が痛くふらつくので杖を使用。右腕は痛みで肩より上に上がらない。朝夕に筋トレマシンを10分間，スクワットを20回している。	本人：膝も腰も痛く，めまいもありベッドからの立ち上がりが心配。足腰が弱ってきた。	■有 □無 ・右半月板損傷 ・脊柱管狭窄症 ・めまいによるバランスの低下 ・足腰の痛み	1．膝・腰の痛みと，めまいにより外出時の転倒の不安が強い。 2．膝が痛いので，ガーデニングでは苦労している。 3．友人などが他界して交流の機会が減り意欲が低下している。	（目標） 安定した立ち上がりと移動。 （具体策） ・手すりを設置する。 ・痛みが強い時は歩行器や杖を使用する。 ・マッサージで痛みを緩和する。	朝方に膝や腰の痛みが特に強いので，手すりや歩行器があると膝の負担も減るし助かる。マッサージも使ってみたい。
日常生活（家庭生活） 買い物は生協の宅配を長女と頼んでいる。受診の帰りに○○スーパーで買い物をする。ごみ捨ては戸別収集を頼んでいる。調理や掃除は行えている。	本人：家のことは，長男と長女の協力を得ながらできている。	□有 ■無 家の中のことは自分で行えている。子どもたちの協力が得られている。		（目標） ガーデニングの継続。 （具体策） ・器具を使って足腰を鍛える。 ・作業椅子を使う。 ・運動メニューをこなす。	幼いころから花が好きなので，ガーデニングで季節ごとの花作りを続けていきたい。
社会参加・対人関係・コミュニケーション 長女と長男が毎日訪問や電話をしてくれ，日曜日は長男と昼食を食べている。月1回は孫と外食。	本人：親友が亡くなり出かける先も減りました。何か楽しみをつくりたい。	■有 □無 夫，友人，親類の他界による交流の減少		（目標） 定期的な外出と交流。 （具体策） ・デイサービスで他の利用者と交流する。 ・近所への訪問。 ・家族との買い物と外食を続ける。	大人数の集まりは得意ではないが，少人数の集まりなら初対面でも楽しめそうです。
健康管理 右半月板損傷後の痛みと脊柱管狭窄症による腰から大腿部にかけての痛みがある。 両目が緑内障で視野狭窄。原因不明のめまいがある。	本人：何かあれば病院に行くようにしている。マシンで足踏み体操を頑張っている。	■有 □無 体調に敏感で，必要時には通院できている。			

●健康状態について

□主治医意見書，生活機能評価等を踏まえた留意点

腰椎すべり症，脊柱管狭窄症，右半月板損傷による膝痛にて通院，薬剤による保存治療施行中。

基本チェックリストの（該当した質問項目数）／（質問項目数）をお書きください。
地域支援事業の場合は必要なプログラムの枠内の数字に○印をつけてください。

	運動不足	栄養改善	口腔内ケア	閉じこもり予防	物忘れ予防	うつ予防
予防給付または地域支援事業	③/5	1/2	0/3	1/2	0/3	0/5

1年	夫とやってきたガーデニングを続けて，2年後の夫の十三回忌には，祭壇を育てた花で飾りたい。

※「総合的課題」「目標」の項目は重要なポイントですので，文字サイズを大きく表記しています。

目標	支援計画					
	目標についての支援のポイント	本人等のセルフケアや家族の支援，インフォーマルサービス	介護保険サービスまたは地域支援事業	サービス種別	事業所	期間
立ち上がりや移動が負担なく安全に行え自宅での1人暮らしを続ける。	立ち上がる時は手すりにつかまり，膝の負担を減らす。	・朝起きる時は，痛みやめまいが治まっていることを確認してから動きはじめる。 ・自前の歩行器を屋内の狭いところでも無理せず使用する。	・手すりのレンタル ・手すりと歩行器の選定と活用方法の指導	介護予防福祉用具貸与△△病院（整形外科）	介護ショップ○○ 理学療法士	○○年○月○日〜△△年○月○日
ガーデニングを続け，仏壇に毎朝花を供える。	作業しやすい椅子などを選定し，無理をしない。	デイサービスで行っている体操や運動を腰の痛みに注意しながら自宅でも行う。	・運動の機会の提供 ・作業椅子の選定と活用方法の指導	通所型サービス（独自）△△病院（整形外科）	○○健康教室 理学療法士	○○年○月○日〜△△年○月○日
デイサービスや近所の人など，いろいろな人と交流し楽しく過ごす。	デイサービスでも2〜3人の少人数の交流の場をつくり，楽しく過ごせるような配慮をする。	積極的に会話や運動などに取り組む。	・運動やレクリエーションの声かけ ・カラオケ（例：大月みやこ）の機会の提供	通所型サービス（独自）	○○健康教室	○○年○月○日〜△△年○月○日

【本来行うべき支援ができない場合】
妥当な支援の実施に向けた方針

総合的な方針：生活不活発病の改善・予防のポイント

膝痛や腰痛の軽減とめまいによる転倒予防のために，環境を整えます。外出を続けるために体力の維持・向上ができるよう支援します。定期的に交流の機会が持て，楽しい時間がつくれるように支援します。

地域包括支援センター	【意見】
	【確認印】

計画に関する同意

上記計画について，同意いたします。

　　　　　　　　　　○○○○年○月○日　氏名　○○○○

事例15	右変形性股関節症： 写真好きの男性と20年ぶりに再会。 デートのために運動と美容を頑張る		

84歳	要介護状態区分	障害高齢者の日常生活自立度	認知症高齢者の日常生活自立度
女性	要支援2	自立・J1・(J2)・A1・A2・B1・ B2・C1・C2	(自立)・Ⅰ・Ⅱa・Ⅱb・Ⅲa・ Ⅲb・Ⅳ・M
把握経路	1．介護予防検診　(2)　本人からの相談　3．家族からの相談 4．非該当　　　　5．新予防からの移行　6．関係者 7．その他（　　　　　　　　　　　　　　　　　　　　　　　　　　）		

概要：75歳ごろまでは，親戚4人で月1回集まっていた「四つ葉会」や投資仲間の集まりである「すみれ会」などがあったが，メンバーの誰かが入院したり家族の介護の時間をとられたりすることが増え，次第に集まる機会が減り，1人の時間が増えた。そんな中，かつて仲が良かった写真好きの男性に20年ぶりに連絡を取るきっかけがある。61歳の時に夫が他界し身軽になったので，時々一緒に出かけるようになった。今では2人で出かける場所を探したり連絡を取り合ったりすることが楽しみになっている。これからも2人で一緒にいろいろな場所に出かけることを励みに，体力づくりや健康管理をすることが今の新しい目標になっている。

利用者基本情報

〈基本情報〉

本人の状況	(在宅)・入院または入所中（　　　　　　　　　　）　身長142cm　体重44.5kg　BMI22.1			
障害等認定	(身障)（　5級　）・療育（　　　）・精神（　　　）・難病（　　　）・その他（　　　　　）			
本人の 住居環境	(自宅)・借家　(一戸建て)・集合住宅　(自室)（(有)〈　2　階建ての　1　階〉・無） 住宅改修（(有)・無）　浴室（(有)・無）　便所（(洋式)・和式） 段差の問題（(有)・無）　床材，じゅうたんの状況（　　　　　　　　　　　　） 照明の状況（　　　　　　　　　）　履物の状況（　　　　　　　　　　）			
経済状況	(国民年金)・厚生年金・障害年金・生活保護 その他（　　　　　　　　　　）			

家族構成

☆：主たる介護者

	氏名	続柄	住所	連絡先
緊急連絡先	○○○○	長男	○○市	○○○－ ○○○○－ ○○○○
	△△△△	長女	△△市	○○○－ ○○○○－ ○○○○

90歳　88歳　　82歳　85歳
（同市内）
84歳
57歳　54歳　二世帯住宅　54歳　56歳
（市外）
30歳　26歳　28歳　26歳

〈介護予防に関する事項〉

<table>
<tr><td rowspan="2">今までの生活</td><td>2〜3歳のころに先天性股関節脱臼の診断を受ける。7歳の時に父が出征し満州で戦死してからは，母が仕事をしながら2人の娘を育ててきた。母はキリスト教信者だったので，子どもながら教会についていくことも多かった。
衣料品店の販売員だった時に知り合った大工の男性と恋愛の末，24歳で結婚。2人姉妹の長女だったため，婿養子になってもらう。結婚後は夫婦で工務店を営み，大工仕事も手伝ってきた。
61歳の時に夫が他界。同居していた母を介護してきたが，11年前（73歳）に他界した。
9年ほど前から変形性股関節症が悪化して股関節が曲がらなくなり，杖を手放せない生活になったため，介護保険を申請。要支援2と認定された。最近，かつて仲が良かった写真好きの男性の友人に連絡を取る機会があり，それ以来，会えることがハリになって時々出かけるようになる。</td></tr>
</table>

<table>
<tr><td rowspan="3">現在の生活状況</td><td colspan="2">1日の生活・過ごし方</td><td colspan="2">趣味・楽しみ・役割</td></tr>
<tr><td colspan="2">○○スーパーへの買い物や友人宅へのお出かけは自分のペースで行っている。
2世帯住宅で長男夫婦と同居しているが，生活は別々。家事や身の回りのことは休みながら自分で行っている。</td><td colspan="2">趣味：老後の生き方のヒントになる本を読むこと。
楽しみ：交流好きで，話題づくりのために情報収集（本，新聞，ラジオ，友人）もしている。
　デイサービスの連絡帳にコメントを書いたり，スマートフォンで事業所にメールしたりすること。</td></tr>
<tr><td>
<table>
<tr><td>時間</td><td>本人</td><td>介護者・家族・その他</td></tr>
<tr><td>5：00</td><td>起床</td><td>起床</td></tr>
<tr><td>6：00</td><td>長男と会話</td><td>お茶を飲みに来て仕事の話をしたりごみ捨てをしたりする。</td></tr>
<tr><td>7：00</td><td>朝食</td><td>長男，隣の工務店に出社</td></tr>
<tr><td>11：30</td><td>昼食</td><td></td></tr>
<tr><td>18：30</td><td>夕食</td><td></td></tr>
<tr><td>23：00</td><td>就寝</td><td>長男帰宅</td></tr>
</table>
</td><td colspan="2">友人・地域との関係
妹や親戚，友人との交流は多い。会う頻度は減ったが，電話やスマートフォンのメールやLINEでやり取りをしている。
いとこ（2人）と伯母，自分の4人で「四つ葉会」をつくってランチ会などをしている。
市外に住む長女が月に1〜2回訪れてくれる。
2階に住む長男は毎朝，茶の間に来てお茶を飲む。
50代にドライバーズクラブ○○の会員になる。
美容が欠かせない生活をしている。</td></tr>
</table>

〈現病歴・既往歴と経過〉（新しいものから書く・現在の状況に関連するものは必ず書く）

年月日	病名	医療機関・医師名 （主治医・意見作成者に☆）			経過	治療中の場合は内容
○○○○年 ○月○日 71歳	右変形性股関節症	○○クリニック	○○医師☆	TEL ○○○- ○○○○- ○○○○	治療中 (経観中) その他	歩行障害は進行性だが，人工関節などの手術は希望せず。経過観察中。
○○○○年 ○月○日 2〜3歳	先天性右股関節脱臼	△△総合病院		TEL ○○○- ○○○○- ○○○○	治療中 経観中 (その他)	ギプス固定術施行
				TEL	治療中 経観中 その他	
				TEL	治療中 経観中 その他	

〈現在利用しているサービス〉

公的サービス	非公的サービス
介護予防通所介護（週1回）	居住する市の無料バス

アセスメント

個別性のある 「活動」	・お気に入りのピンクの花柄のおしゃれな杖を使って散歩している。 ・買い物は，1人でバスに乗って○○スーパーまで行く。重いものを買う時は，週末に長男に○○スーパーまで連れて行ってもらう。 ・和食が好きで，自分で調理する。夕食前の食前酒は楽しみのひと時。 ・屈む動作が必要な風呂掃除は家族に任せるが，掃除機かけや洗濯干しなどは行っている。 ・ごみはひとまとめにしておくと，長男が朝の出勤時にごみ収集所まで運んでくれる。 ・朝は新聞を読み，家事をしている時はラジオから情報収集している。時間がある時は，自己啓発の本を読んでいる。
過去も含めた 「参加」	・夫婦で工務店を営んできたので，帳簿付けや大工補佐などは一通り経験してきた。 ・50代でドライバーズクラブ○○の会長になり，ガードレールやカーブミラーの掃除，交通安全週間の広報活動などをしてきた。 ・仲の良い親戚3人とのランチは「四つ葉会」，友人（投資仲間）2人とのランチは「すみれ会」と名付け，ほぼ毎月集まっていた。 ・「すみれ会」の友人2人と時々銀行に行き，投資の相談をしてきた。 ・キリスト教の教会での集まりに毎月出かけ，教会の掃除や世間話をしている。以前は教会が主催する各種セミナーにも頻繁に出かけていた。
個人因子 （性格，価値観， 生活信条，学歴， 職歴など）	【性格】相手に対して関心を寄せ，すぐに打ち解けられる。また，自分と違う意見を言われても，一度は受け入れて意見をすることができる。キリスト教の教えが染みついているおかげで，何気ないことにも感謝する習慣になっている。 人との出会いを大切にする。これまでデイサービスに来た実習生の名前をメモにして覚えている。デイサービスの誕生会の後にお礼のメールを送るなど，こまめに連絡する意識がある。 【価値観】若さと健康。若い人との会話や男性のデイサービススタッフの介添えで元気が出る（普段血圧は高くないが，男性スタッフだと血圧が180mmHgくらいになる）。 【おしゃれ】見た目の若さを保つため，毎朝，化粧をしてプロテイン（筋力，美肌，美髪）を飲んでいる。
環境因子 （家族，親族， 近隣，友人， 地域環境など）	【きょうだい】市内に住む妹夫婦との関係は良好。車の運転をしていたころは，数日おきに会いに行っていたが今は電話でのおしゃべりが中心。月に1回はバスを使っていとこたちとの「四つ葉会」の集まりを楽しんでいる。 【家族】市外に住んでいる長女（車で1時間の距離）とは，2〜3日おきにメールや電話をしている。月に一度は顔を見せに来てくれる。 長男とは毎朝話をする。長男から仕事の話を聞いてアドバイスをすることが楽しみである。 【地域】近所の友人の家に月に一度は遊びに行く。また，歩いて行けるところになじみの美容室○○（300m）がある。 【周辺環境】家のすぐそばにバス停があるので，○○スーパーへの買い物はバスで出かけられる。
阻害因子 （活動，参加を 阻む要因）	【移動】右変形性股関節症があり，おしゃれなピンクのT字杖を使って歩く。10分くらい歩くと痛みが出るため，痛みを感じたら休むようにしている。 今年，京都旅行をした時に歩き過ぎたせいか坐骨神経痛になった。
促進因子 （活動，参加を 促す要因）	【交友関係】写真好きの男性の友人が観光地や季節の花が見られる場所に連れて行ってくれ，写真を撮ってくれるので，洋服や美容に関して，以前よりも気を配るようになった。 【家族】長女には隠し事なく話ができていて，長女も母の気持ちをありのままに受け止めてくれている。長女は母を老後のモデル（見本）としてとらえていて，「好きなように過ごしてほしい。清潔感のある母でいてほしい」と願っている。本人もそれが励みになると考えている。 長男に対しては，仕事の指南役と母としてのかかわりを行っている。

自宅 1 階の間取り図

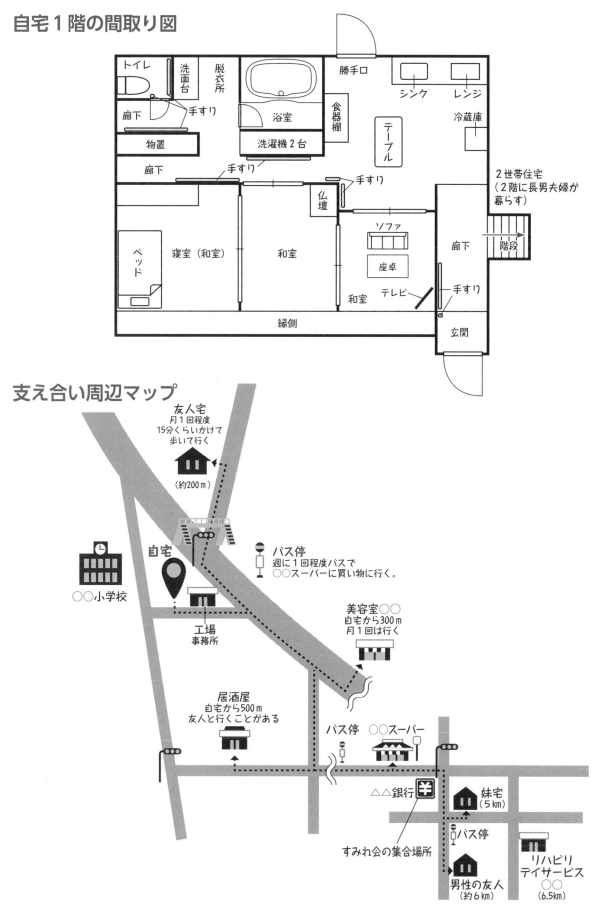

トイレ
洗面台
脱衣所
勝手口
シンク
レンジ
廊下
手すり
浴室
食器棚
冷蔵庫
物置
洗濯機 2 台
テーブル
廊下
手すり
手すり
2世帯住宅
（2階に長男夫婦が暮らす）
仏壇
階段
ソファ
廊下
ベッド
寝室（和室）
和室
座卓
和室
テレビ
手すり
縁側
玄関

支え合い周辺マップ

友人宅
月1回程度
15分くらいかけて
歩いて行く
（約200ｍ）

自宅

バス停
週に1回程度バスで
○○スーパーに買い物に行く。

○○小学校

工場
事務所

美容室○○
自宅から300ｍ
月1回は行く

居酒屋
自宅から500ｍ
友人と行くことがある

バス停
○○スーパー

△△銀行

妹宅
（5 km）

バス停

すみれ会の集合場所

男性の友人
（約6 km）

リハビリ
デイサービス
○○
（6.5km）

基本チェックリスト

No.	質問項目	回答 (いずれかに○を お付けください)		点数	事業 対象者 判定
1	バスや電車で1人で外出していますか	⓪.はい	1.いいえ		「とてもポジティブ ですね。 よく行かれるのは どちらですか?」
2	日用品の買い物をしていますか	⓪.はい	1.いいえ		
3	預貯金の出し入れをしていますか	⓪.はい	1.いいえ		
4	友人の家を訪ねていますか	⓪.はい	1.いいえ		
5	家族や友人の相談にのっていますか	⓪.はい	1.いいえ	**0**/5	
6	階段を手すりや壁をつたわらずに昇っていますか	0.はい	①.いいえ		「右変形性股関節症 がどのように 影響していますか?」
7	椅子に座った状態から何もつかまらずに立ち上がっていますか	0.はい	①.いいえ		
8	15分位続けて歩いていますか	0.はい	①.いいえ		3点〜 該当
9	この1年間に転んだことがありますか	1.はい	⓪.いいえ		
10	転倒に対する不安は大きいですか	①.はい	0.いいえ	**4**/5	
11	6カ月間で2〜3kg以上の体重減少がありましたか	1.はい	⓪.いいえ		2点〜 該当
12	身長 (141.7) cm, 体重 (44.5) kg ⇒ BMI=(22.2) ※(注) 参照			**0**/2	
13	半年前に比べて固いものが食べにくくなりましたか	1.はい	⓪.いいえ		2点〜 該当
14	お茶や汁物等でむせることがありますか	1.はい	⓪.いいえ		
15	口の渇きが気になりますか	1.はい	⓪.いいえ	**0**/3	
16	週に1回以上は外出していますか	0.はい	①.いいえ		「16」が 「いいえ」 で該当
17	昨年と比べて外出の回数が減っていますか	①.はい	0.いいえ	**2**/2	
18	周りの人から「いつも同じ事を聞く」などの物忘れがあると言われますか	1.はい	⓪.いいえ		「これは短縮ダイヤルを 使うからですか?」
19	自分で電話番号を調べて,電話をかけることをしていますか	0.はい	①.いいえ		1点〜 該当
20	今日が何月何日かわからない時がありますか	1.はい	⓪.いいえ	**1**/3	
(注) BMI=体重 (kg) ÷身長 (m) ÷身長 (m) が 18.5未満の場合に1点とする。		小計		**7**/20	10点〜 該当
21	(ここ2週間) 毎日の生活に充実感がない	1.はい	⓪.いいえ		「とてもポジティブ (前向き)ですね。 心がけていらっしゃる ことは何ですか?」
22	(ここ2週間) これまで楽しんでやれていたことが楽しめなくなった	1.はい	⓪.いいえ		
23	(ここ2週間) 以前は楽にできていたことが今ではおっくうに感じられる	1.はい	⓪.いいえ		2点〜 該当
24	(ここ2週間) 自分が役に立つ人間だと思えない	1.はい	⓪.いいえ		
25	(ここ2週間) わけもなく疲れたような感じがする	1.はい	⓪.いいえ	**0**/5	
※赤字はプレ・プランニング時の 「気づき促しフレーズ」		合計		**7**/25	

左側の縦項目: 運動機能 / 栄養状態 / 口腔機能 / 閉じこもり / 認知機能 / うつ病の可能性

「特に不安なところはどこですか?」

意欲・動機づけシート

作成日	○○○○ 年 5 月 13 日	※記入できるところから楽しみながら記入してください。

氏名	S．M	年齢	84歳	性別	女性	要支援	2	担当	○○○○

	私の「楽しみ・生きがい」(CADL)（該当するところに「○」を記入してください）	していた	している	してみたい		私の「楽しみ・生きがい」(CADL)（該当するところに「○」を記入してください）	していた	している	してみたい
1	家事（内容：洗濯・掃除・調理 ）		○		31	読書（内容：生き方などに関するもの ）		○	
2	日曜大工（内容： ）				32	創作（内容： ）			
3	料理作り（内容：煮物などの和食 ）		○		33	語学（種類： ）			
4	買い物（店：スーパー 内容：食品・日用品）		○		34	資格（種類： ）			
5	おしゃれ（内容：外出着 ）		○	○	35	カルチャー教室（内容： ）			
6	お出かけ（内容：季節の花を見に行く ）		○	○	36	絵画（内容： ）			
7	子ども・孫・ひ孫との関わり		○		37	パソコン・スマホ等（内容： ）		○	○
8	家族・親戚との集まり（四つ葉会 ）				38	SNS（内容： ）			
9	ペット（種類：犬 ）の世話	○			39	写真（種類： ）			
10	友達と会話（話題：親戚や健康，投資のこと ）		○		40	映画・観劇等（内容：舞台 ）	○		
11	友達と遊ぶ（内容： ）				41	茶道・華道（流派： ）			
12	異性との交流（内容：20年来の友人と観光や季節の花を見に行く）	○	○	○	42	歌唱（内容： ）			
13	ランチ・ディナー（店名：○○○○ ）	○	○		43	音楽（内容： ）			
14	食べ歩き（店名： 内容： ）				44	コンサート（内容： ）			
15	お取り寄せ（内容： ）				45	楽器演奏（内容： ）			
16	ボランティア（ ）				46	遊び（内容： ）			
17	地域活動（ドライバーズクラブの元会長 ）	○		○	47	運動（内容： ）			
18	集まり（ ）				48	散歩（場所： ）			
19	お参り（場所：キリスト教の教会 ）	○	○	○	49	アウトドア（内容： ）			
20	史跡巡り（場所： ）				50	エンタメ（内容： ）			
21	文化施設（内容： ）				51	スポーツ（内容： ）			
22	名所めぐり（場所：フラワーパーク，ダム巡り ）			○	52	観戦（内容： ）			
23	温泉・健康ランド（場所：△△温泉 ）			○	53	ダンス・踊り（内容： ）			
24	国内旅行（場所： ）				54	ギャンブル・賭け事（内容： ）			
25	海外旅行（国： ）				55	投資（種類：投資信託と株：すみれ会 ）		○	○
26	手芸（内容： ）				56	祭り（内容： ）			
27	工芸（内容： ）				57	就労（内容： ）			
28	家庭菜園（内容： ）				58	役割（内容： ）			
29	ガーデニング				59				
30	模型（内容： ）				60				

赤字のフレーズ（気づき促しフレーズ）：
- 「好きなブランドは何ですか？」
- 「勉強熱心なんですね。特に心に響いた本は，どのような内容でしたか？」
- 「スマホをどんなふうに使いこなしたいですか？」
- 「写真好きの男性の方とのお出かけが意欲の源ですね」
- 「会長に復活されたら，何を頑張りたいですか？」
- 「キリスト教は，○○さんにとってどのような支えになっていますか？」
- 「投資は脳トレにも良いと言われています。どのような気持ちになりますか？」
- 「どなたと，いつごろ行きたいですか？」

メモ	5．普段着は長女に買ってきてもらうが，外出用の服は自分で見て選びたいので長女にデパートに連れて行ってもらう。 6．12．写真好きの男性と継続的に季節の花や写真映えするところに出かけたいと思っている。自分の写真も撮ってくれるため，服装や化粧にも意識している。 13．親戚3人との「四つ葉会」や投資仲間の「すみれ会」の集まりでランチを食べ，世間話をするのが楽しみだった。 17．ドライバーズクラブの会長として，警察署長との会食（飲み会）に行くのが楽しみだった様子。 55．投資仲間3人で一緒に銀行に行き，相談しているのが楽しい。

※赤字はプレ・プランニング時の「気づき促しフレーズ」

介護予防サービス・支援計画書

●目標とする生活

1日	毎日の家事を行い，清潔感のある身だしなみを続ける。新聞・読書・テレビから日常に役立つ情報を収集し，長男や長女，「すみれ会」のみんなに伝える。

●支援計画

アセスメント領域と現在の状況	本人・家族の意欲・意向	領域における課題（背景・原因）	総合的課題	課題に対する目標と具体策の提案	具体策についての意向 本人・家族
運動・移動 屋内では伝い歩きで，転倒することなく移動できている。買い物や友人宅へはバスを利用して出かけている。立ち上がりや歩き出しに慌てるとふらつくことがある。	本人：買い物や友人とのお出かけを続けたいから，今の足腰の状態を保ちたい。	■有　□無 右変形性股関節症。加齢と筋力低下により股関節の痛みが増している。	右股関節痛で長距離歩行に不安があり，疲れやすさを感じるために長時間の外出に戸惑いがある。	（目標） 家事や買い物を続ける。 （具体策） ・デイサービスで運動する。 ・デイサービスで覚えた運動を自宅でも行う。 ・掃除や洗濯など，できる家事を行う。	本人：これからもいろいろなところにお出かけしたいわ。
日常生活（家庭生活） 買い物や掃除，調理や洗濯は自立。10分ほど活動すると右足が痛みはじめるため，休みながら家事をしている。ごみ捨ては長男に頼んでいる。	本人：家事はリハビリになるので，自分でやれるうちは自分でやっていきます。	□有　■無		（目標） いつもおしゃれして若々しくあり，ウキウキした気持ちで外出を続ける。（活動量が維持できる） （具体策） ・毎朝化粧をする。 ・プロテインを飲む。 ・話題づくりのための綿密な情報収集を行う。 ・月に一度は美容室○○で，髪をセットする。	本人：デパートに行っておしゃれをしたい。新聞や雑誌を読んで長男や○○さんと話す時の話題集めも頑張りたいわね。
社会参加・対人関係・コミュニケーション 毎朝長男と仕事の話をする。月に二度ほど親戚や知人と外食している。男性の友人と時々出かけている。教会での集まりも月一度は参加している。	本人：男性の友人とどこにお出かけするかを考えるだけで頭がいっぱい（笑）。	■有　□無 股関節痛がひどくなることがあり，長時間の外出に不安がある。			
健康管理 右足が変形性股関節症で曲げると痛むため，長女や妹に爪を切ってもらう。血圧がやや高めと指摘され，毎日血圧測定をして注意している。	本人：健康に気をつけながら若々しく過ごしたいです。	□有　■無 身だしなみと体調を整えて外出し，人と交流することで意欲を高めている。			

●健康状態について
□主治医意見書，生活機能評価等を踏まえた留意点

変形性股関節症の症状は進行しており，立位保持は10分が限界のようです。これからも痛みのため杖歩行が必要です。

基本チェックリストの（該当した質問項目数）／（質問項目数）をお書きください。
地域支援事業の場台は必要なプログラムの枠内の数字に○印をつけてください。

	運動不足	栄養改善	口腔内ケア	閉じこもり予防	物忘れ予防	うつ予防
予防給付または地域支援事業	④/5	0/2	0/3	②/2	①/3	0/5

1年	男性の友人と公園や観光地などに季節の花を見に出かけて写真撮影を続ける。

※「総合的課題」「目標」の項目は重要なポイントですので，文字サイズを大きく表記しています。

目標	支援計画					
	目標についての支援のポイント	本人等のセルフケアや家族の支援，インフォーマルサービス	介護保険サービスまたは地域支援事業	サービス種別	事業所	期間
おしゃれをして男性の友人や知人と○○公園や△△温泉などに気兼ねなく出かけられるようになる。	・運動時に右股関節の痛みに配慮した声かけをする。 ・デイサービスで他の利用者と交流できる場をつくる。	本人： ・デイサービスで覚えた体操を自宅でも無理のない範囲で行う。 ・できる家事を行う。 長男夫婦：見守り，励まし	・痛みに配慮した運動の実施 ・身体状態の観察と助言	通所型サービス（独自） 家族	リハビリデイサービス○○ 長男夫婦	○○年○月○日〜○○年○月○日
		本人： ・毎朝化粧をする。 ・プロテインを飲む。 ・話題づくりのための情報収集をする。 ・月に一度は美容室○○に行く。 友人たち：交流する機会をつくってもらう。		本人 地域資源 地域資源	本人 美容室○○（月1回） 友人たち	○○年○月○日〜○○年○月○日

【本来行うべき支援ができない場合】
妥当な支援の実施に向けた方針

総合的な方針：生活不活発病の改善・予防のポイント

外出や体操など運動の機会を持つことで筋力の増強を目指し，日常生活に支障が出ている歩行障害の改善ができるよう支援していきます。

計画に関する同意

上記計画について，同意いたします。

○○○○年○月○日　氏名　○○○○

地域包括支援センター	【意見】
	【確認印】

心臓弁膜症：趣味多き86歳の元高校教師。市民講座講師を続け，「奥の細道」完歩を目指す

86歳	要介護状態区分	障害高齢者の日常生活自立度	認知症高齢者の日常生活自立度
男性	要支援1	自立・(J1)・J2・A1・A2・B1・B2・C1・C2	(自立)・Ⅰ・Ⅱa・Ⅱb・Ⅲa・Ⅲb・Ⅳ・M
把握経路		1．介護予防検診　(2)　本人からの相談　3．家族からの相談 4．非該当　　　　　5．新予防からの移行　6．関係者 7．その他（　　　　　　　　　　　　　　　　　　　　　　　　　）	

概要：52歳で高校教師を退職。それからは難病の妻の看病がライフワーク。その後，両親が要介護状態となったので，難病の妻と実家に戻る。それからは，両親と妻の3人を1人で引き受ける。両親が他界し，続けて2年前に妻も他界し気落ちしていたが，「友人たちに心配をかけたくない。元気に活動している姿を見せよう」と決意。「生きているうちに達成したいこと」を考える。もともとは文学や音楽などに造詣が深く，何事にも前向きに取り組み，会のリーダーなどを担うタイプ。40代の時にチャレンジし中断していた「奥の細道」行脚を思い出し，「奥の細道」を完歩するという新たな目標を立て，体力づくりに取り組む。

利用者基本情報

〈基本情報〉

本人の状況	(在宅)・入院または入所中（　　　　　　　　　　　）　身長158cm　体重67kg　BMI26.8			
障害等認定	(身障)（　1級　）・療育（　）・精神（　）・難病（　）・その他（　　　　　）			
本人の住居環境	(自宅)・借家　(一戸建て)・集合住宅　自室（(有)〈　2　階建ての　2　階〉・無） 住宅改修（(有)・無）　　浴室（(有)・無）　便所（(洋式)・和式） 段差の問題（ 有 ・(無)）　　床材，じゅうたんの状況（　　　　　問題なし　　　　　） 照明の状況（　　　　　　　　　　）　履物の状況（　　　　スニーカー　　　　）			
経済状況	国民年金・(厚生年金)・障害年金・生活保護 その他（　　　　　　　　　　　　　）	家族構成		
緊急連絡先		氏名	続柄	住所	連絡先

	氏名	続柄	住所	連絡先
	○○○○	長男	東京都	○○○－○○○○－○○○○

☆：主たる介護者

90歳（県外在住）　88歳（県内在住）　86歳　（享年80歳）

55歳（県外在住）　51歳

28歳

〈介護予防に関する事項〉

今までの生活	現住所にて生まれる。3人きょうだいの末っ子。父親は中学校の校長で，人の優劣を学力で判断していた。常に成績優秀な兄姉と比べられることが嫌で，芸術的なものに興味がわく。 高校の国語教師として働いていたが，妻が難病を患い，看病のため52歳で退職。看病と家事をしながら生活してきた。その後，両親が要介護状態となったため難病の妻と実家に戻り，両親と妻の3人の介護を1人で引き受けてきた。 82歳の時，僧帽弁閉鎖不全症で手術が必要となり，妻に○○有料老人ホームに入居してもらうが，翌年他界する（享年80歳）。 もともと文才があり，83歳の時に地元新聞の小説コンクールに送った作品が出版社の目に留まり，絵本として自費出版した。

現在の生活状況	1日の生活・過ごし方			趣味・楽しみ・役割
	天気の良い日は30分ほど散歩をしている。 買い物は週に2～3回。リュックを背負って，○○スーパーに歩いて出かけている。 朝は近所の○○小学校のあいさつ運動でボランティア。 日中はフルートの練習や講座のための資料を作って過ごしている。			・市の生涯学習講座の講師に登録し，「万葉集」「源氏物語」「平家物語」「漢文・詩文」の講座を半年間，月1回行っていた。 ・宮沢賢治の会 ・木版画の会 ・△△合唱団での独唱やフルート演奏。

	時間	本人	介護者・家族・その他	友人・地域との関係
	3～5時	起床		・高校教師時代の同僚宅へ月に2～3回会いに行っている。 ・デイサービスで親しくなった人の自宅に行くことがある。 ・木版画の会の集まりに出かける。 ・宮沢賢治の会に参加している。 ・多くの友人に手紙やはがきで近況報告している。
	6時	散歩		
	7:30	近所の小学校正門であいさつ運動		
	12時	昼食。その後，1時間程度昼寝		
	18時	夕飯		
	21～23時	就寝		

〈現病歴・既往歴と経過〉（新しいものから書く・現在の状況に関連するものは必ず書く）

年月日	病名	医療機関・医師名 （主治医・意見作成者に☆）			経過	治療中の場合は内容
○○○○年○月○日 83歳	僧帽弁閉鎖不全症	○○大学病院	○○医師☆	TEL ○○○-○○○○-○○○○	治療中 (経観中) その他	僧帽弁形成術（人工弁置換術）施行。血管にステントを入れた。
○○○○年○月○日 60歳	逆流性食道炎	○○大学病院	◎◎医師	TEL ○○○-○○○○-○○○○	(治療中) 経観中 その他	内服
○○○○年○月○日 31歳	腰椎椎間板ヘルニア	○○大学病院	△△医師	TEL ○○○-○○○○-○○○○	治療中 経観中 (その他)	
27歳以降	尿路感染症，膀胱炎，腎盂腎炎	○○大学病院	□□医師	TEL ○○○-○○○○-○○○○	治療中 経観中 (その他)	何度も泌尿器科関連の病気を繰り返している。

〈現在利用しているサービス〉

公的サービス	非公的サービス
介護予防通所介護（週1回）	

アセスメント

個別性のある 「活動」	・買い物は○○スーパーまでリュックを背負って歩いて出かけている。飲み物などの重いものはインターネット注文をしている。 ・小学生のころから50代くらいまで，年賀状用に版画を作って刷っていたほどの凝り性。 ・妻の他界後，地元新聞の読者登壇に投稿を始め，4回掲載された。 ・宮沢賢治が好き。作品の時代背景と解釈を宮沢賢治の会で語り合うことが好き。 ・毎年5月に独唱のコンサートの会場を予約し，発表に向けてボイストレーニングを受けている。
過去も含めた 「参加」	【集い】60代のころは「奥の細道の会」の事務局をしていた。市の生涯学習の講師に登録し，半年間のプログラムで月に1回程度「平家物語」「源氏物語」「古典随筆」「万葉集」などを教えている。木版画の会では副会長を務めている。参加している宮沢賢治の会では，昨年まで会長だった。 【社会貢献】ボランティアで○○小学校のあいさつ運動に顔を出している。 【趣味】デイサービスの談話時間では，フルートを演奏したり古典の講義をしたりしている。居宅介護支援事業所の併設施設でもフルートを演奏する。独唱のコンサートも予定している。
個人因子 (性格，価値観， 生活信条，学歴， 職歴など)	【やりがい】好きな料理や芸術（版画や小説，絵本など）でみんなが喜ぶことをすることに楽しみを感じる。元高校教師なので教えることが好きである。人とのかかわりが途絶えるとやりがいがなくなる傾向がある。 【社会貢献】コロナの流行が始まった時期には，非接触体温計を大量に購入し，妻や自分がかかわった介護事業所などに配っていた。 【性格】市内の学校・図書館に自費出版した自分の絵本を献本した。作品に対して人の数だけ解釈があると考えており，他の物事に対しても柔軟にとらえる性格である。
環境因子 (家族，親族， 近隣，友人， 地域環境など)	【家族】1人暮らし。長男が県外に住む。 【友人】古くからの友人とは今も交流があり，月に2～3回は会っている。デイサービスで知り合った気の合う同級生には，郷土料理を届けるなど交流している。 【趣味】自分の興味のある木版画の会や宮沢賢治の会などで，人とのつながりを長く持っている。
阻害因子 (活動，参加を 阻む要因)	【集い】天候や感染症の流行の影響で会の参加や講座が中止になることがある。 【健康】・僧帽弁閉鎖不全症の既往があり，息切れや咳，呼吸困難が起こることもある。また，尿路感染症や膀胱炎になりやすい。 ・逆流性食道炎になりやすく，約2週間おきに下痢をする。 ・肩や首筋が凝って痛くなることがある。時々鍼治療をするくらい痛み，フルート演奏にも影響する。 ・寝つきが悪いため，朝の体調が万全ではなく，日中に2時間ほど昼寝をすることがある。
促進因子 (活動，参加を 促す要因)	【リハビリ】デイサービスで全身を動かすと首や肩の凝りが取れると感じている。そのため，運動を継続する意欲がある。 【自己実現】デイサービスでは，体操の休憩中にフルート演奏や好きな古典の講義の時間をつくってもらえるので，自己表現ができ楽しめている。

自宅の間取り図

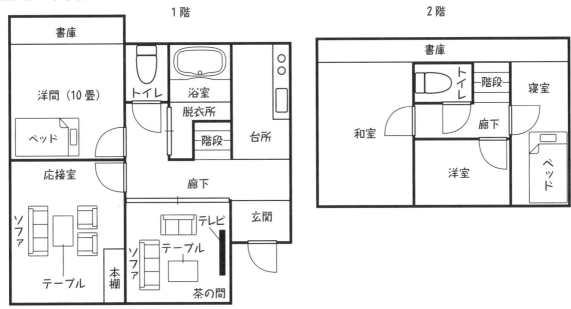

支え合い周辺マップ

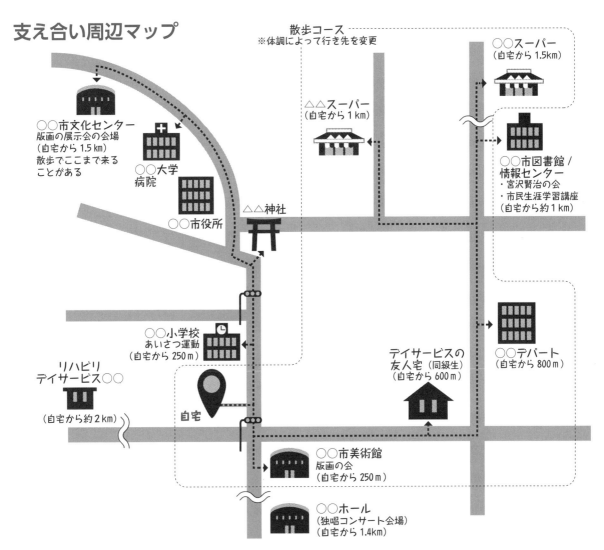

基本チェックリスト

No.	質問項目	回答 (いずれかに○をお付けください)		点数	事業対象者判定
1	バスや電車で1人で外出していますか	⓪.はい	1.いいえ		「とても前向きな暮らしぶり。どのような努力をしていらっしゃいますか?」
2	日用品の買い物をしていますか	⓪.はい	1.いいえ		
3	預貯金の出し入れをしていますか	⓪.はい	1.いいえ		
4	友人の家を訪ねていますか	⓪.はい	1.いいえ	**0**/5	
5	家族や友人の相談にのっていますか	⓪.はい	1.いいえ		
6	階段を手すりや壁をつたわらずに昇っていますか	0.はい	①.いいえ		「要注意ですね。詳しく聞かせていただけますか?」
7	椅子に座った状態から何もつかまらずに立ち上がっていますか	0.はい	①.いいえ		
8	15分位続けて歩いていますか 「どこまで歩いて行けますか?」	⓪.はい	1.いいえ		3点〜該当
9	この1年間に転んだことがありますか	1.はい	⓪.いいえ		
10	転倒に対する不安は大きいですか	①.はい	0.いいえ	**3**/5	
11	6カ月間で2〜3kg以上の体重減少がありましたか	1.はい	⓪.いいえ	**0**/2	2点〜該当
12	身長（158）cm，体重（67）kg ⇒ BMI=（26.8）※（注）参照				
13	半年前に比べて固いものが食べにくくなりましたか	1.はい	⓪.いいえ		2点〜該当
14	お茶や汁物等でむせることがありますか	①.はい	0.いいえ	**2**/3	
15	口の渇きが気になりますか 「どのような時ですか?」	①.はい	0.いいえ		
16	週に1回以上は外出していますか	⓪.はい	1.いいえ	**0**/2	「16」が「いいえ」で該当
17	昨年と比べて外出の回数が減っていますか	1.はい	⓪.いいえ		
18	周りの人から「いつも同じ事を聞く」などの物忘れがあると言われますか	1.はい	⓪.いいえ		「今日は何月何日ですか?」
19	自分で電話番号を調べて，電話をかけることをしていますか	⓪.はい	1.いいえ	**1**/3	1点〜該当
20	今日が何月何日かわからない時がありますか	①.はい	0.いいえ		
（注）BMI＝体重（kg）÷身長（m）÷身長（m）が18.5未満の場合に1点とする。		小計		**6**/20	10点〜該当
21	（ここ2週間）毎日の生活に充実感がない	1.はい	⓪.いいえ		「充実していますね。どのようなことを心がけていらっしゃいますか?」
22	（ここ2週間）これまで楽しんでやれていたことが楽しめなくなった	1.はい	⓪.いいえ		
23	（ここ2週間）以前は楽にできていたことが今ではおっくうに感じられる	1.はい	⓪.いいえ		2点〜該当
24	（ここ2週間）自分が役に立つ人間だと思えない	1.はい	⓪.いいえ		
25	（ここ2週間）わけもなく疲れたような感じがする	1.はい	⓪.いいえ	**0**/5	
※赤字はプレ・プランニング時の「気づき促しフレーズ」		合計		**6**/25	

左側縦項目：運動機能／栄養状態／口腔機能／閉じこもり／認知機能／うつ病の可能性

意欲・動機づけシート

作成日 ○○○○ 年 5 月 12 日　※記入できるところから楽しみながら記入してください。

| 氏名 | T.I | 年齢 | 86歳 | 性別 | 男性 | 要支援 | 1 | 担当 | ○○○○ |

#	私の「楽しみ・生きがい」(CADL)（該当するところに「○」を記入してください）	していた	している	してみたい	#	私の「楽しみ・生きがい」(CADL)（該当するところに「○」を記入してください）	していた	している	してみたい
1	家事（内容：　　　）				31	読書（内容：推理小説　　　）	○		
2	日曜大工（内容：　　　）		○		32	創作（内容：小説コンクール, 絵本）	○		
3	料理作り（内容：　　　）			○	33	語学（種類：　　　）			
4	買い物（店：　　内容：　　　）			○	34	資格（種類：　　　）			
5	おしゃれ（内容：　　　）				35	カルチャー教室（内容：万葉集, 平家物語, 源氏物語）		○	○
6	お出かけ（内容：　　　）				36	絵画（内容：木版画）	○		
7	子ども・孫・ひ孫との関わり				37	パソコン・スマホ等（内容：買い物, 調べもの）	○		
8	家族・親戚との集り				38	SNS（内容：　　　）			
9	ペット（種類：　　　）の世話				39	写真（種類：風景）	○		
10	友達と会話（話題：宮沢賢治　　　）		○		40	映画・観劇等（内容：　　　）			
11	友達と遊ぶ（内容：　　　）		○		41	茶道・華道（流派：　　　）			
12	異性との交流				42	歌唱（内容：オペラ）		○	○
13	ランチ・ディナー（店名：　　　）				43	音楽（内容：オペラ, クラシック）			
14	食べ歩き（店名：　　内容：　　　）				44	コンサート（内容：クラシック）	○		
15	お取り寄せ（内容：　　　）				45	楽器演奏（内容：フルート）			○
16	ボランティア（小学校のあいさつ運動）			○	46	遊び（内容：　　　）			
17	地域活動（　　　）				47	運動（内容：　　　）			
18	集り（　　　）				48	散歩（場所：特定はしていない　　　）		○	
19	お参り（場所：神社　　　）	○			49	アウトドア（内容：　　　）			
20	史跡巡り（場所：　　　）				50	エンタメ（内容：　　　）			
21	文化施設（内容：美術館, 博物館）				51	スポーツ（内容：　　　）			
22	名所めぐり（場所：奥の細道）			○	52	観戦（内容：スポーツ全般。特にラグビー, テニス）		○	
23	温泉・健康ランド（場所：　　　）				53	ダンス・踊り（内容：　　　）			
24	国内旅行（場所：40代に中断した「奥の細道」高月～大垣間の完歩）			○	54	ギャンブル・賭け事（内容：　　　）			
25	海外旅行（国：　　　）				55	投資（種類：株　　　）		○	
26	手芸（内容：　　　）				56	祭り（内容：町内の祭り）	○		
27	工芸（内容：　　　）				57	就労（内容：　　　）			
28	家庭菜園（内容：大根, ホウレンソウ）		○		58	役割（内容：　　　）			
29	ガーデニング（内容：　　　）				59				
30	模型（内容：　　　）				60				

（赤字の気づき促しフレーズ）
- 「これをやり続ける意欲はどこから湧いてくるのですか？」
- 「子どもたちの笑顔は規則正しい生活習慣に効果的ですね！！」
- 「『奥の細道』にかける思いを聞かせていただけますか？」
- 「健康づくりにもなる趣味ですね」
- 「カルチャー講師をされていて，どのようなやりがいがありますか」
- 「すごいです。どこで身につけられましたか？」
- 「独唱コンサートでは，どのような曲を歌われるのですか？」
- 「音楽は心の安定にとても効果的と言われていますね。」
- 「応援していらっしゃるチームはどちらですか？」
- 「株を続けてきた秘訣を教えてください」

| メ モ | 24・39　「奥の細道の会」では，東京や栃木方面の同じコースを引率も含め3回くらい歩いた。残りの道は自分のペースで歩きたいので，1人で出かける予定。中継地点のホテルに荷物を送り，最低限の荷物で歩くことを考えている。
39　「奥の細道」を歩く際，記録用の写真を撮るが，アングルやその場の良さが伝わるように撮りたいという気持ちが聞かれた。
42　独唱でコンサートを開いてみたいと先に会場を予約して練習を始めたとのこと。 |

※赤字はプレ・プランニング時の「気づき促しフレーズ」

介護予防サービス・支援計画書

●目標とする生活

1日	散歩などで毎日6,000歩を目標に歩くようにする。

●支援計画

アセスメント領域と現在の状況	本人・家族の意欲・意向	領域における課題（背景・原因）	総合的課題	課題に対する目標と具体策の提案	具体策についての意向 本人・家族
運動・移動 天気の良い日は散歩。買い物はリュックを背負い，長距離は杖を使って歩く。通院も歩いて行く。段差は手すりや壁を伝って上り下りしている。	本人：気持ちが乗らない日は散歩をさぼってしまうことがあります。	■有 □無 ○○スーパーまで距離がある。長時間歩くには強い意欲が必要。	1．1人でいると横になる時間が増えるので，身体機能と体力低下が心配である。	（目標） 体の凝りを緩和する。運動する習慣をつける。 （具体策） ・1日30分の散歩をする。 ・○○スーパーまで歩く。 ・全身運動をする。	運動する習慣がつくよう頑張ります。 「奥の細道」完歩という目標ができました。リュックを背負うので，体の凝りがないようにしたいです。
日常生活（家庭生活） 買い物で重い物はインターネットで注文している。料理は作り置きをして，週に2回は弁当を買っている。洗濯や掃除などは何とか行えている。	本人：無理をせず自分のペースでやっています。	□有 ■無 自分のペースで支障なく行えている。			
社会参加・対人関係・コミュニケーション 市民講座や趣味の集まり（木版画の会，宮沢賢治の会）が減り，心が不安定である。友人とは月2回程度の行き来がある。	本人：講座や友人との集まりが減り，生活の楽しみがすっかりなくなってしまった。	■有 □無 人との交流の機会が減っている。	2．交流の機会が減り意欲低下が心配である。	（目標） 交流の機会をつくる。 （具体策） ・市民生涯学習講座の講師を続ける。 ・趣味の集いに出かける。 ・デイサービスに通う。	誰とも会わないと気力をなくすので，定期的に集まりに行けるのは楽しみです。
健康管理 心臓弁膜症があり，息切れしやすい。逆流性食道炎になりやすく，2週間おきに下痢になる。口の渇きを感じ，食事中にむせることがある。首や肩の凝りが強い。	本人：時々むせるし，すぐに下痢になってしまいます。また，首や肩の凝りがつらいです。	■有 □無 ・加齢により口の渇きやむせがある。 ・偏った動作による首や肩の凝りがある。	3．口の渇きやむせの予防のため，口腔機能の維持・向上が心配である。	（目標） 口の渇きやむせを改善させる。 （具体策） ・口腔機能訓練を実施する。 ・朝夕，10分程度の口腔トレーニング。	むせが気になるので良くしたいです。胃腸も弱いので食材を選び，よく噛むように気をつけます。

●健康状態について

□主治医意見書，生活機能評価等を踏まえた留意点

心肺機能の低下や転倒骨折の心配が出てくるため，体を動かす活動を続けていくことが望ましい。

基本チェックリストの（該当した質問項目数）／（質問項目数）をお書きください。
地域支援事業の場合は必要なプログラムの枠内の数字に○印をつけてください。

	運動不足	栄養改善	口腔内ケア	閉じこもり予防	物忘れ予防	うつ予防
予防給付または地域支援事業	③/5	0/2	②/3	0/2	①/3	0/5

1年	「奥の細道」完歩を目指し，歩き残している高月から終着点・大垣までを完歩する。

目標	支援計画					
	目標についての支援のポイント	本人等のセルフケアや家族の支援，インフォーマルサービス	介護保険サービスまたは地域支援事業	サービス種別	事業所	期間
「奥の細道」の完歩を目指して運動を習慣化する。	運動の予定を立てることで自分のなまけ心に影響されずに続けられる。	散歩と○○スーパーに歩いて買い物に行くことを続ける。	全身を使った運動の実施	通所型サービス（独自）	リハビリデイサービス○○	○○年○月○日～○○年○月○日
デイサービスでは演奏を披露し，市民講座や宮沢賢治の会などに定期的に参加し，交流の機会を持つ。	交流の場では得意な演奏や教養や知識が活かせるように，体調を整える日々研鑽する。	新たな交流の場や発表の場を増やす。	交流の機会の提供 フルート演奏など，自己表現の場の提供	通所型サービス（独自） 地域資源 地域資源	リハビリデイサービス○○ 木版画の会 宮沢賢治の会	○○年○月○日～○○年○月○日
独唱コンサートを目指し，口の渇きやむせが気にならないようになる。	・定期的に訓練を実施することで口腔機能を維持・向上させる。 ・逆流性食道炎に注意する。	毎食後の歯磨き時の口腔トレーニングや食生活の中で訓練を取り入れる。 本人：食後，すぐに横にならない。	口腔機能訓練の実施 通院（内服）	通所型サービス（独自） ○○病院 地域資源	リハビリデイサービス○○ ◎◎医師 ボイストレーニング	○○年○月○日～○○年○月○日

【本来行うべき支援ができない場合】
妥当な支援の実施に向けた方針

総合的な方針：生活不活発病の改善・予防のポイント

・長距離を歩く体力が維持・向上できるよう支援します。
・交流の機会がつくれるよう支援します。
・口腔機能が維持・改善できるよう支援します。

計画に関する同意

上記計画について，同意いたします。

　　　　　　　　　　　　　　○○○○年○月○日　氏名　○○○○

地域包括支援センター	【意見】
	【確認印】

事例17	関節リウマチ・骨粗鬆症： 頑張り屋の元小学校教師。オペラコンサートと 四国旅行, 合唱サークル復帰を目指す		
67歳	要介護状態区分	障害高齢者の日常生活自立度	認知症高齢者の日常生活自立度
女性	**要支援2**	自立・J1・J2・(A1)・A2・B1・ B2・C1・C2	(自立)・Ⅰ・Ⅱa・Ⅱb・Ⅲa・ Ⅲb・Ⅳ・M
把握経路	1．介護予防検診　　(2) 本人からの相談　　3．家族からの相談 4．非該当　　5．新予防からの移行　　6．関係者 7．その他（　　　　　　　　　　　　　　　　　　　　　　　　　）		

概要：夫（70歳）と次女夫婦と, 孫2人の6人暮らし。元・小学校教師でとても活動的。30代の時に, 関節リウマチ, 強皮症, 乳がん, てんかんなどで入退院を繰り返す。38歳で退職。現在は, 関節リウマチのため両手指が変形・拘縮し, 小さなけがでも潰瘍となる危険が大きい。そのため, 屋内は常に杖移動である。やりたいことは数え切れないが, 現在目指しているのは, 1年後にオペラ歌手のコンサートに大阪まで行くことと四国旅行。そして, 合唱サークルへの復帰。これらを実現するために, 日々リハビリ体操と公園の散歩, 家事手伝い（洗濯物畳み）を頑張っている。
89歳になった母は, 特別養護老人ホームに入所中。

利用者基本情報

〈基本情報〉

本人の状況	(在宅)・入院または入所中（　　　　　　　　　　）　　身長152cm　体重52kg　BMI22			
障害等認定	身障（　）・療育（　）・精神（　）・難病（　　　）・その他（　　　　　）			
本人の 住居環境	(自宅)・借家　(一戸建て)・集合住宅　自室（(有)〈　　階建ての　1　階〉・無） 住宅改修（(有)・無）　浴室（(有)・無）　便所（(洋式)・和式） 段差の問題（(有)・無）　床材, じゅうたんの状況（　　　　畳　　　　） 照明の状況（　　問題なし　　）　　履物の状況（　　　問題なし　　）			
経済状況	国民年金・(厚生年金)・障害年金・生活保護 その他（　　　　　　　　　）	家族構成		

緊急連絡先	氏名	続柄	住所	連絡先
	○○○△△	夫	同居	○○○－ ○○○○－ ○○○○
	△△□□	次女	同居	○○○－ ○○○○－ ○○○○

☆：主たる介護者

89歳（施設入所）　（享年76歳）

67歳　70歳☆

43歳　40歳（隣市）　38歳　40歳

15歳　12歳　8歳　　14歳　10歳

〈介護予防に関する事項〉

今までの生活	夫（70歳），次女夫婦，孫2人との6人暮らし。1991年より関節リウマチ，強皮症，乳がん左乳房全摘。5年後にてんかんなどで入退院を繰り返す。両下肢は血流が悪く，細胞核注入の治療歴がある。2011年，左腕蜂窩織炎で入院。その後，2015年に左下肢潰瘍皮膚移植をする。2016年に陳旧性胸腰椎圧迫骨折，2017年に転倒し左肘裂傷と皮膚移植のために入院。傷が治りにくく両足指は紫色に変色してしまう。傷ができやすく潰瘍になりやすい。両手指が変形・拘縮がある。その後は自宅で治療とリハビリを続けている。

現在の生活状況	1日の生活・過ごし方	趣味・楽しみ・役割
	家族の生活習慣に合わせて日々を過ごしている。 8時ごろ起き，食事は9時，12時，18時。それ以外は，テレビを観て過ごし，23時ごろに就寝。週1回通所リハに通う。座ってできる家事や洗濯物畳みなどを行う。	趣味は音楽鑑賞。オペラ歌手のファンで，コンサートに行きたいと思っている。今は，コンサートの予定はなく，DVDなどで楽しんでいる。旅行も好きで，船旅をして楽しかった思い出がある。また，夫と旅行したい。歌を歌うのが好き。昭和の歌の合唱サークルに入っていた。

	時間	本人	介護者・家族・その他	友人・地域との関係
	8：00 9：00 10：00 12：00 15：00 16：00 18：00 19：00 23：00	起床 食事 テレビ 食事 座ってできる家事（洗濯物畳み） 入浴 食事 テレビ 就寝	次女：6時に起床し，8時に仕事に出かける。 夫：自宅にいて通院を手伝ってくれる。 次女：帰宅。家事をする。	近隣との関係は良好。以前，向かいの住民から嫌がらせを受けた（布団たたきでバンバンと音を鳴らされ，「出て行け」と言われた）。 地域にある昭和の歌を歌う合唱サークルに参加。

〈現病歴・既往歴と経過〉（新しいものから書く・現在の状況に関連するものは必ず書く）

年月日	病名	医療機関・医師名（主治医・意見作成者に☆）		経過	治療中の場合は内容
○○○○年 9月14日 60歳	骨折を伴う骨粗鬆症	○整形外科	△医師☆	TEL ○○○- ○○○○- ○○○○	（治療中） 経観中 その他	骨量を増やす注射
○○○○年 1月26日 60歳	陳旧性胸腰椎圧迫骨折	○整形外科	△医師	TEL ○○○- ○○○○- ○○○○	（治療中） 経観中 その他	痛み止めの内服
○○○○年 ○月○日 59歳	左下肢潰瘍皮膚移植	□大学病院	□医師	TEL ○○○- ○○○○- ○○○○	治療中 （経観中） その他	
○○○○年 ○月○日 54歳	左腕蜂窩織炎	□大学病院	□医師	TEL ○○○- ○○○○- ○○○○	治療中 （経観中） その他	
○○○○年 ○月○日 32歳	関節リウマチ 乳がん（左乳房全摘） エリテマトーデス 強皮症	□医科大学病院	×医師	TEL ○○○- ○○○○- ○○○○	（治療中） 経観中 その他	服薬

〈現在利用しているサービス〉

公的サービス	非公的サービス
介護予防通所リハビリテーション（週1回）	ベッドレンタル（自費）

アセスメント

個別性のある 「活動」	・とても行動的な人で，旅行や買い物はもちろん，評判が良いと聞けば県外の病院でも出かけて行くほど。 ・これまでコンサートのために大阪まで行くことも多かった。オペラが好きでお気に入りのバリトン歌手に会いたい。 ・指の拘縮と転倒が多く，皮膚の移植歴もあり，病気のことで気持ちが落ち込んだこともあったが，今は外に出るにはどうしたらよいかと考えるようになった。 ・身体が動かなくても歌えることに気づいたので，リハビリを続けて，昭和の歌を歌う合唱サークルを継続したい思いが強い。
過去も含めた 「参加」	・家では座ってできる家事をする。特に，洗濯物畳みが好き。 ・近隣住民と付き合いがあり，近所で親しくしているAさんの孫の面倒を見ることもあった。小学校の教師だったおかげだが，そのことは自分からは言わないようにしている。 ・今も，夫や次女と近くのスーパー△△へ買い物に行くのが楽しみ。 ・以前は手指の拘縮を見られたくなくて外出を避けてきたが，今は気にせず外出している。
個人因子 (性格，価値観， 生活信条，学歴， 職歴など)	【性格】もともと頑張り屋なので，最初はリハビリをすると無理をするのではないかと次女は心配していたが，今は通所リハにも慣れ，適度にリハビリに取り組めている。合唱サークルで健康食品を勧められ，購入してしまう人の良さもある。 【職歴】教育大学を卒業。小学校の教師をしていた。夫には転勤があったが，単身赴任をしていた。 【健康】自身の病気が分かり，夫の両親との同居を決めた。夫の両親との関係は良好で，自身の看病や日常生活にも協力してくれた。
環境因子 (家族，親族， 近隣，友人， 地域環境など)	【家族】同居する次女家族とは仲が良い。孫は中学生の男の子と小学生の女の子。 【夫婦】夫は定年退職後，自宅にいて本人の通院などを手伝ってくれる。自身を介助することが夫のボケ防止になっていると笑い合うほど仲が良い。 【地域】以前に嫌がらせをしてきた向かいの住民が亡くなり，今は静かである。 【人間関係】通所リハの利用者に誘われて，昭和の歌を歌う合唱サークル（市民センター）に夫と参加している。
阻害因子 (活動，参加を 阻む要因)	【疾患】関節リウマチ，強皮症乳がん，腰椎圧迫骨折。手指の変形・拘縮。潰瘍ができきやすく，左下肢にできた潰瘍の治療で皮膚移植をしたことがある。 【移動】病院で作った靴を履き，屋内は杖を使って移動する。屋外は誰かにつかまり移動する。足を上げて前に出すことができないため，転倒することが多い。 【精神面】病歴が長く，初めは受け入れられず外に出ることには消極的で，うつ傾向にあった。
促進因子 (活動，参加を 促す要因)	【性格】頑張り屋で前向きで明るい。昔のことにこだわらず，あっさりしている。人の悪口はほとんど言わず，冗談交じりに愚痴をこぼす程度。長く引きずることはない。 【家族関係】家族との関係は良く，皆協力的である。

210

自宅1階の間取り図

隣家

道路
（4ｍ）

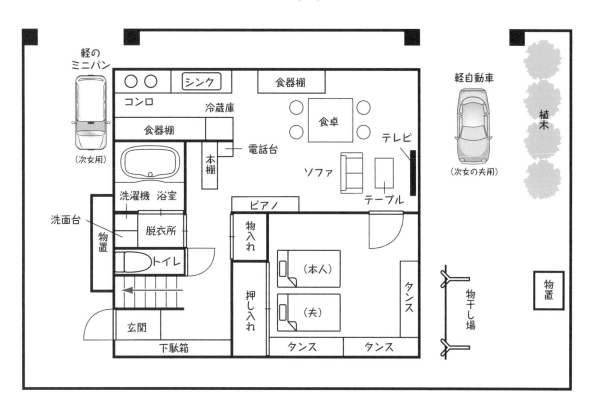

軽の
ミニバン
（次女用）

シンク

コンロ

食器棚

冷蔵庫

食器棚

電話台

本棚

洗面台

物置

洗濯機　浴室

脱衣所

トイレ

玄関

下駄箱

ピアノ

物入れ

押し入れ

（本人）

（夫）

タンス

タンス

食卓

テレビ

ソファ

テーブル

軽自動車
（次女の夫用）

植木

物干し場

物置

支え合い周辺マップ

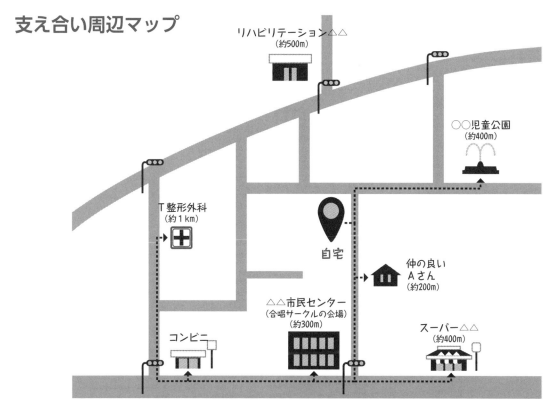

リハビリテーション△△
（約500m）

○○児童公園
（約400m）

Ｔ整形外科
（約1km）

自宅

仲の良い
Ａさん
（約200m）

△△市民センター
（合唱サークルの会場）
（約300m）

コンビニ

スーパー△△
（約400m）

基本チェックリスト

No.	質問項目	回答 (いずれかに○を お付けください)		点数	事業 対象者 判定
1	バスや電車で1人で外出していますか	0.はい	(1.いいえ)		
2	日用品の買い物をしていますか　「どなたのところに行っていらっしゃいますか?」	(0.はい)	1.いいえ		「どの辺りがつらくなってきましたか?」
3	預貯金の出し入れをしていますか	(0.はい)	1.いいえ		
4	友人の家を訪ねていますか	(0.はい)	1.いいえ	**1**/5	
5	家族や友人の相談にのっていますか	(0.はい)	1.いいえ		
6	階段を手すりや壁をつたわらずに昇っていますか	0.はい	(1.いいえ)		「どこまで歩いて行かれますか?」
7	椅子に座った状態から何もつかまらずに立ち上がっていますか	0.はい	(1.いいえ)		
8	15分位続けて歩いていますか　「原因は何だと思われますか?」	(0.はい)	1.いいえ		3点〜該当
9	この1年間に転んだことがありますか	(1.はい)	0.いいえ		
10	転倒に対する不安は大きいですか	(1.はい)	0.いいえ	**4**/5	
11	6カ月間で2〜3kg以上の体重減少がありましたか	(1.はい)	0.いいえ		2点〜該当
12	身長（152）cm，体重（52）kg ⇒ BMI=（22） ※(注) 参照			**1**/2	
13	半年前に比べて固いものが食べにくくなりましたか	1.はい	(0.いいえ)		「どなたと,どこに外出していらっしゃるのですか?」
14	お茶や汁物等でむせることがありますか	(1.はい)	0.いいえ		2点〜該当
15	口の渇きが気になりますか　「どういう時になりますか?」	(1.はい)	0.いいえ	**2**/3	
16	週に1回以上は外出していますか	(0.はい)	1.いいえ		「16」が「いいえ」で該当
17	昨年と比べて外出の回数が減っていますか	(1.はい)	0.いいえ	**1**/2	
18	周りの人から「いつも同じ事を聞く」などの物忘れがあると言われますか	(1.はい)	0.いいえ		「その時はどのような気持ちになりますか?」
19	自分で電話番号を調べて，電話をかけることをしていますか	(0.はい)	1.いいえ		1点〜該当
20	今日が何月何日かわからない時がありますか	(1.はい)	0.いいえ	**2**/3	
(注) BMI＝体重（kg）÷身長（m）÷身長（m）が18.5未満の場合に1点とする。		小計		**11**/20	10点〜該当

運動機能 / 栄養状態 / 口腔機能 / 閉じこもり / 認知機能

21	（ここ2週間）毎日の生活に充実感がない	1.はい	(0.いいえ)		「充実感のある楽しい生活が送れている秘訣は何ですか?」
22	（ここ2週間）これまで楽しんでやれていたことが楽しめなくなった	1.はい	(0.いいえ)		
23	（ここ2週間）以前は楽にできていたことが今ではおっくうに感じられる	(1.はい)	0.いいえ		「どういうところがおっくうになっていますか?」
24	（ここ2週間）自分が役に立つ人間だと思えない	(1.はい)	0.いいえ		2点〜該当
25	（ここ2週間）わけもなく疲れたような感じがする	1.はい	(0.いいえ)	**2**/5	
※赤字はプレ・プランニング時の「気づき促しフレーズ」　「どのような時にそう思われるのですか?」		合計		**13**/25	

うつ病の可能性

212

意欲・動機づけシート

作成日 ○○○○ 年 ○ 月 ○ 日　※記入できるところから楽しみながら記入してください。

氏名	T.N	年齢	67歳	性別	女性	要支援	2	担当	○○○○

No	私の「楽しみ・生きがい」(CADL)（該当するところに「○」を記入してください）	していた	している	してみたい	No	私の「楽しみ・生きがい」(CADL)（該当するところに「○」を記入してください）	していた	している	してみたい
1	家事（内容： ）		○		31	読書（内容：歴史）	○		
2	日曜大工（内容： ）			⚙	32	創作（内容：俳句）			
3	料理作り（内容：毎日のおかず）			○	33	語学（種類：英語 ）			⚙
4	買い物（店：コンビニに行く 東京のおいしいものを食べたい）		○		34	資格（種類：リンパマッサージ ）			
5	おしゃれ（内容：季節に合ったものを着たい）			○	35	カルチャー教室（内容： ）			○
6	お出かけ（内容：コンビニ, スーパー△△ ）		○		36	絵画（内容： ）			
7	子ども・孫・ひ孫との関わり		○		37	パソコン・スマホ等（内容：スマホ, タブレット ）		○	
8	家族・親戚との集まり		○		38	SNS（内容：LINE ）		○	
9	ペット（種類： ）の世話				39	写真（種類： ）			
10	友達と会話（話題：老後のこと 今のこと）		○		40	映画・観劇等（内容：映画, コンサート ）			
11	友達と遊ぶ（内容： ）				41	茶道・華道（流派： ）	○		
12	異性との交流（内容：同窓会）			○	42	歌唱（内容：昭和の歌）		○	
13	ランチ・ディナー（店名： ）			○	43	音楽（内容：昭和の歌, オペラ ）		○	
14	食べ歩き（店名：テレビでしている食べ歩き ）			○	44	コンサート（内容：歌謡曲, オペラ（バリトン歌手））		○	
15	お取り寄せ（内容：小豆島のもの）		○		45	楽器演奏（内容：ピアノ）			○
16	ボランティア（図書館）	○			46	遊び（内容：麻雀）			
17	地域活動（自治会）	○			47	運動（内容：体操）		○	
18	集まり（サークル同窓会 ）	○		○	48	散歩（場所：○○児童公園）			○
19	お参り（場所：お墓）		○		49	アウトドア（内容：ドライブ, 景色を見る ）			
20	史跡巡り（場所：京都, 鎌倉）			○	50	エンタメ（内容： ）			
21	文化施設（内容： ）				51	スポーツ（内容：テニス）			○
22	名所めぐり（場所：京都, 鎌倉）			○	52	観戦（内容：相撲）			○
23	温泉・健康ランド（場所： ）				53	ダンス・踊り（内容：社交ダンス）			○
24	国内旅行（場所：四国）			⚙	54	ギャンブル・賭け事（内容：競馬）		○	
25	海外旅行（国： ）				55	投資（種類：宝くじ）		○	
26	手芸（内容： ）				56	祭り（内容：宮祭り）			○
27	工芸（内容： ）				57	就労（内容： ）	○		
28	家庭菜園（内容： ）				58	役割（内容： ）			
29	ガーデニング（内容： ）				59				
30	模型（内容： ）				60				

メモ

【気づき促しフレーズ】
- 「すごいですね！何を作りたいですか？」
- 「具体的なメニューは？」
- 「再会したいお相手はどのような方ですか？」
- 「食べ歩きしたいお店はどこですか？」
- 「どなたといつごろ行ってみたいですか？」
- 「四国のどちらに行きたいと思っていますか？」
- 「SNSを使えば自宅学習ができますよね！」
- 「おしゃれは, どういうところに気を遣っていますか？」
- 「すごいですね！やっていて, 魅力は何ですか？」
- 「いつごろ行きたいと考えていますか？」
- 「誰かに教えたいと考えていますか？」
- 「いつまでに行けるようになりたいですか？」
- 「観戦はテレビですか？」
- 「どこで, どなたとやってみたいですか？」
- 「宮祭りはいつですか？どなたと宮祭りに行きたいですか？」

※赤字はプレ・プランニング時の「気づき促しフレーズ」

介護予防サービス・支援計画書

●目標とする生活

1日	近くの〇〇児童公園まで夫と一緒に約30分間散歩し，通所リハで習ったリハビリ体操を朝夕10分間ずつ行う。

●支援計画

アセスメント領域と現在の状況	本人・家族の意欲・意向	領域における課題（背景・原因）	総合的課題	課題に対する目標と具体策の提案	具体策についての意向 本人・家族
運動・移動 疾患による関節拘縮があり転倒歴がある。外出は夫や次女と一緒である。屋内での移動は杖を使い，転倒に気をつけている。	本人：けがをすると治りにくいため，移動には気をつけている。足のケアを続けて，外出を続けたい。	■有　□無 疾患により関節の変形・拘縮がある。皮膚が弱く血流も悪く，潰瘍になりやすい。フットケアの継続が必要。	・疾患により潰瘍ができやすい。 ・関節が拘縮変形しているため足の上がりが悪いことがあり，転倒のリスクが高い。 ・活動を制限すると不活動となるため，身体機能がさらに低下する恐れがある。	（目標） 旅行や趣味のサークル活動を再開したい。 （具体策） ・通院や買い物などの外出の継続と散歩を続ける。 ・通所リハを続ける。 ・環境を整え，危険な箇所に手すりやスロープを設置する。	本人：足をけがをするのは嫌だが，安静にしていると家にこもって不活動になる。定期的に足を診てもらえれば，安心して活動ができる。これからも通所リハを利用し，歩行機能を維持したい。 夫：妻と同じ思いです。散歩や通院，買い物など外出にはこれからも付き添う。妻のやりたい活動を制限しないように協力したい。
日常生活（家庭生活） 洗濯物畳みなど座ってできる家事をしている。主な家事は，夫と次女がしてくれている。	本人：できる家事はしていきたい。 夫：妻にはできる範囲のことはしてほしい。	□有　■無			
社会参加・対人関係・コミュニケーション 外出するのは通院と趣味活動の時。通所リハの利用時に交流がある。	本人：歌ったり音楽を聴いたり，旅行にも行きたい。そのために健康を維持したい。 夫：妻と同じです。	□有　■無			
健康管理 強皮症や関節リウマチなどがあり，複数の病院に通院。潰瘍ができやすく，足のケアを十分に行い生活できている。	本人：通院が多くて大変。足に潰瘍ができると治りにくく，定期的に足のケアをしてほしい。	■有　□無 定期受診をしてリハビリを行い，足の皮膚状態を見て潰瘍の早期発見と対応を行っている			

●健康状態について
□主治医意見書，生活機能評価等を踏まえた留意点

骨折を伴う骨粗鬆症，強皮症，陳旧性胸腰椎圧迫骨折の既往，関節リウマチの症状があり，転倒に注意が必要。

基本チェックリストの（該当した質問項目数）／（質問項目数）をお書きください。
地域支援事業の場台は必要なプログラムの枠内の数字に〇印をつけてください。

	運動不足	栄養改善	口腔内ケア	閉じこもり予防	物忘れ予防	うつ予防
予防給付または地域支援事業	④/5	1/2	②/3	1/2	②/3	②/5

1年	1年後の○月には大阪のオペラコンサートや四国旅行に行けるようになる。

※「総合的課題」「目標」の項目は重要なポイントですので，文字サイズを大きく表記しています。

目標	支援計画					
	目標についての支援のポイント	本人等のセルフケアや家族の支援，インフォーマルサービス	介護保険サービスまたは地域支援事業	サービス種別	事業所	期間
合唱サークルの活動を再開し，1年後には大阪のオペラコンサートや四国旅行に行けるようになる。	・転倒の不安が強く，外出は家族が付き添い続ける。 ・足のサイズに合った靴を履く。 ・足の状態チェックとケアを適宜行い，擦り傷などを早期に発見する。	本人：通所リハで習った自宅でできるリハビリ体操を朝夕10分間は行う。 夫・次女：外出時は付き添う。	・関節拘縮予防のストレッチ，マッサージ ・下肢の機能を維持する訓練 ・発声・嚥下リハビリ ・皮膚状態の観察など	介護予防通所リハ 本人 家族	リハビリテーション△△ 本人 夫・次女	○○年4月1日～○○年3月31日
	・手足を温かく保つように心がける。 ・リハビリスタッフから身体に合った用具類のアドバイスを随時受ける。		内服治療の継続	整形外科 医科大学病院 整形外科	△△医師 ××医師 リハビリスタッフ	○○年4月1日～○○年3月31日

【本来行うべき支援ができない場合】
妥当な支援の実施に向けた方針

地域包括支援センター	【意見】 【確認印】

総合的な方針：生活不活発病の改善・予防のポイント

国内の温泉旅行や合唱サークルの活動再開を目指して通所リハに取り組み，身体機能の維持・向上を引き続き目指していく必要があります。リハビリや外出時には皮膚トラブルを予防し，傷があれば早期発見できるように注意しましょう。

計画に関する同意

上記計画について，同意いたします。

○○○○年○月○日　氏名　○○○○

双極性障害・血管性認知症：
教会行事と選挙活動を頑張る82歳の夢は，長女との神戸＆カナダ旅行

82歳	要介護状態区分	障害高齢者の日常生活自立度	認知症高齢者の日常生活自立度
女性	要支援2	自立・J1・J2・(A1)・A2・B1・B2・C1・C2	自立・(Ⅰ)・Ⅱa・Ⅱb・Ⅲa・Ⅲb・Ⅳ・M
把握経路	\multicolumn{3}{l}{1．介護予防検診　(2) 本人からの相談　3．家族からの相談　4．非該当　　　5．新予防からの移行　6．関係者　7．その他（　　　　　　　　　　　　　　　　　　　　　　　　　）}

概要：神戸で生まれ育ち，高校卒業後は花嫁修業と家事手伝いで過ごす。22歳の時に父が紹介した男性（父の部下の息子）と結婚。夫の転勤に合わせて国内を転々とし，最後の赴任地となった栃木県で今も暮らしている。15年前に夫が他界してからは独居。慣れない方言（栃木弁）と近所付き合いがストレスとなり双極性障害を発症。心の支えは，キリストの教えと教会活動，支持する政党の選挙活動である。東京で大学教授を務める長女が週末に様子を見に帰省してくれる。介護予防デイサービスと介護予防ショートステイのおかげで何とか独居生活を続けている。夢は，1年後に計画している長女とのカナダ旅行である。

利用者基本情報

〈基本情報〉

本人の状況	\multicolumn{2}{l}{(在宅)・入院または入所中（　　　　　　　　　　　）　　身長145cm　体重67kg　BMI31}
障害等認定	\multicolumn{2}{l}{身障（　　　　　）・療育（　　　）・(精神)（2級）・難病（　　　）・その他（　　　　　　　）}
本人の住居環境	\multicolumn{2}{l}{(自宅)・借家　(一戸建て)・集合住宅　　自室（(有)〈 2 階建ての 1 階〉・無）　住宅改修（(有)・無）　浴室（(有)・無）　便所（(洋式)・和式）　段差の問題（有・無）　床材，じゅうたんの状況（　　　　　　　　）　照明の状況（　　　　　　　）　履物の状況（　　　　　）}
経済状況	\multicolumn{2}{l}{国民年金・厚生年金・障害年金・生活保護　その他（　　　　　　　　　　　）}

緊急連絡先	氏名	続柄	住所	連絡先
	○○○○	長女	東京都	○○○－○○○○－○○○○

家族構成

82歳
楽しみは
家猫・外猫
の世話

15年前に他界
（享年75歳）

☆
58歳
（東京在住）

☆：主たる介護者

〈介護予防に関する事項〉

<table>
<tr><td rowspan="2">今までの生活</td><td colspan="4">神戸生まれ。カトリック教会の信徒で，高校卒業後は花嫁修業と家事手伝い。22歳で結婚し，一女を出産する。15年前に夫が亡くなってからは独居。大学教授の長女は東京在住。週末には戻ってくる。双極性障害の診断あり。外出機会はカトリック教会の集まりや買い物，通院くらい。外出の機会が減り，体調不調を心配した友人と出かけることもある。教会の仲間に医師がいて，一過性のめまいで度々入院していたが，1年前から病院の方針が変わり入院できず，体調不良が長引いている。訪問介護と訪問看護の利用がコロコロ変わり，支援内容が落ち着かない。</td></tr>
</table>

<table>
<tr><td rowspan="5">現在の生活状況</td><td colspan="2">1日の生活・過ごし方</td><td colspan="2">趣味・楽しみ・役割</td></tr>
<tr><td colspan="2">ほとんど家にいて，日中はラジオの音楽番組を聴いたり昼寝をしたりして過ごす。体調の良い時は，歩行器を使って買い物や美容院に行くのが楽しみ。毎月3カ所に通院している。</td><td colspan="2">楽しみはラジオを聴くことと猫の○○の世話をすること。4年前までは教会の手伝いに行くことが楽しみであったが，1年前ぐらいから友人と会ったり，買い物に行ったりすることが増えた。長女と○○温泉に行くこともある。</td></tr>
<tr><td>時間</td><td>本人</td><td>介護者・家族・その他</td><td>友人・地域との関係</td></tr>
<tr><td>4時
7時
12時

17時

21時</td><td>起床
朝食
昼食
昼寝（30分程度）
夕食
入浴
ラジオを聴く
就寝</td><td>週末に長女が東京から戻ってくる。</td><td>・△△カトリック教会信者の仲間。教会の役割やボランティアに励んできた。
・支持政党があり，選挙になれば事務所に出向き，ポスター貼りなどに熱心に参加してきた。
・○○ショートステイの職員（最近は半年以上利用していない）</td></tr>
</table>

〈現病歴・既往歴と経過〉（新しいものから書く・現在の状況に関連するものは必ず書く）

年月日	病名	医療機関・医師名 （主治医・意見作成者に☆）			経過	治療中の場合は内容
2007年4月	高血圧，脂質異常症，脳梗塞後遺症	脳脊髄センター	○○医師☆	TEL ○○○- ○○○○- ○○○○	(治療中) 経観中 その他	服薬 外来通院月1回
1985年ごろ	双極性障害，血管性認知症	○○病院	△△医師	TEL ○○○- ○○○○- ○○○○	(治療中) 経観中 その他	服薬 外来通院月1回
1980年ごろ	ドライアイ	○○眼科医院	□□医師	TEL ○○○- ○○○○- ○○○○	(治療中) 経観中 その他	服薬，点眼薬 外来通院月1回
					治療中 経観中 その他	

〈現在利用しているサービス〉

公的サービス	非公的サービス
・介護予防訪問介護 週1回 ・介護予防福祉用具貸与（歩行器2台：室内用と外出用） ・介護予防ショートステイ，介護予防デイサービス ・障害支援で通院外出支援（月3回程度）	

アセスメント

個別性のある 「活動」	・歩行器を使って移動できるが，足の上がりが悪く，転倒の不安がある。 ・双極性障害のため躁鬱が激しく気持ちに波がある。体調の良い時は坂を下りてスーパーに行ったり，タクシーで大型ショッピングセンターに行ったりすることもある。 ・おしゃれ好きで，髪を紫色に染め，指輪などのアクセサリーが好き。出来合いの総菜は満足できず，自分で料理を楽しんでいる。 ・カトリック教徒で，教会の活動では役割を持っていた。 東京に住む長女が週末には戻ってくるので，一緒に出かけることもある。 ・人の好き嫌いに波があり，気になると止まらなくなって不安から長女への電話が頻回となる。
過去も含めた 「参加」	・神戸で生まれ育ち，仕事をした経験はなく，22歳で結婚。夫の転勤に合わせて国内を一緒に移動したが，夫が単身赴任していたの時は1人で長女を育てる。 ・熱心なカトリック信徒で，教会行事やボランティア活動をしていた。エルサレムに行ったこともある。 ・支持政党の選挙活動をするぐらい政治に関心がある。 ・長女は東京在住。週末には戻ってくる。本人は留守番が仕事であると話している。長女が家に戻ると「家事が忙しい」が口癖。 ・猫を飼っており，外猫が家に入ってきても気にせずエサをやっている。
個人因子 (性格，価値観， 生活信条，学歴， 職歴など)	【性格】明るくおしゃべりで笑顔で話す。人当たりが良い印象だが，好き嫌いははっきりしている。気分で人との関係を断ち切る時もある。「都会育ちの自分には，ここは田舎で何もない」などストレートな発言も多い。 【価値観】自分の言うことを全面的に聞き入れ，自分に合わせてくれる人が好き。 【信条】自分のペースに合わない人は排除する。 【職業】22歳で結婚。花嫁修業でお茶とお花を習っていた。仕事をしたことはない。 【学歴】高卒。父親は国立大学を卒業し，財閥系の企業に勤務していた。
環境因子 (家族，親族， 近隣，友人， 地域環境など)	【家族】夫は15年前に他界。長女は大学教授で週末には戻ってくる。何かあれば長女に連絡をしている。 【関係】近所付き合いはない。教会の仲間や教会の仲間の医師を頼っている。コロナ禍の時は交流が減り，家にこもっていた。 【環境】自宅は高台の住宅地。小さなコンビニがあるだけで坂を下りないと店はない。バス停までは100mある。自宅内は物が多く乱雑。雨戸やカーテンを開けない。天井にはクモの巣が張り，至る所にほこりがある。洗濯物は室内干し。換気ができていない。
阻害因子 (活動，参加を 阻む要因)	【疾患】血管性認知症，双極性障害（精神障害2級），高血圧，脂質異常症，ドライアイ，脳梗塞後遺症 【身体機能】屋外での移動は歩行器を使う。すり足で何かにつかまれば移動が安定する。室内でも常に何かにつかまって移動。排泄と入浴は何とか1人で行っている。 【症状】めまい，倦怠感，ふらつき，気分の低下。年に数回めまいがひどくなり，緊急搬送されることがある。 【感情】人に会ったり外出したりすることができる時と家にこもり誰にも会いたくない時がある。長女が週末しか戻ってこないので不安。
促進因子 (活動，参加を 促す要因)	【性格】明るい。気に入った人とは交流がある。 【関係】長女とは適宜電話でやり取りができている。長女は週末には戻っており，大学の夏休みは長期滞在している。教会の集まりが好きで，そこが居場所の一つになっていた。元気な時は選挙の手伝いや教会の人とランチに行くこともある。 【移動】肥満で足の運びが悪いが，自分なりに工夫して，常に歩行器のブレーキをかけながら移動している。自宅内は散らかっていて乱雑で，室内には段差もあるが，転倒はしていない。 【付き合い】広く浅い付き合いはせず，愛想笑いをしたり媚びたりすることもしない。嫌なことは嫌と言う。合わない人にも人格を否定するような言い方はしない。役に立つと思う人を身の回りに置く。感謝の言葉は言う。熱心なカトリック教徒だが，むやみに教会に誘ったりはしない。

自宅1階の間取り図

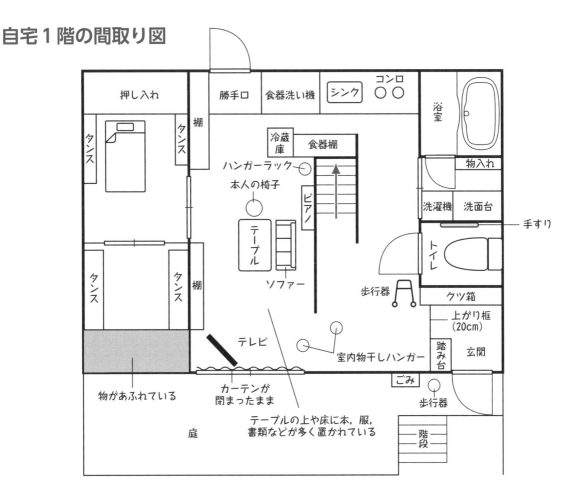

押し入れ

タンス

タンス

棚

勝手口　食器洗い機　シンク　コンロ

浴室

冷蔵庫　食器棚

ハンガーラック

本人の椅子

ピアノ

テーブル

ソファー

物入れ

洗濯機　洗面台

手すり

トイレ

歩行器

クツ箱

上がり框（20cm）

踏み台

玄関

タンス

タンス

棚

テレビ

室内物干しハンガー

ごみ

歩行器

階段

物があふれている

庭

カーテンが閉まったまま

テーブルの上や床に本，服，書類などが多く置かれている

支え合い周辺マップ

スーパー
自宅から約2km

○○郵便局
歩行器を使って15分

コンビニ
（約200m）
徒歩20分

ATM

坂

バス停
坂の上にある

（約100m）

散歩コース
（約100m）

自宅

散歩コース

坂

坂

坂

坂

坂

川

国道○号線

※もともとは山だったところが造成されて誕生した分譲地。自宅付近が最も高い。

月2泊する
○○ショートステイ
体調が良い時は
歩いていったこともある。

△△カトリック教会

○○歯科医院

コンビニ

○○浄水場

※高台にありどこに行くにも坂の上り下りが必要。
外出した帰りはタクシー。

基本チェックリスト

No.	質問項目	回答 (いずれかに○を お付けください)		点数	事業 対象者 判定
1	バスや電車で1人で外出していますか	0.はい	(1.いいえ)		「かなり頑張って おられますが, どんな工夫をして いらっしゃいますか?」
2	日用品の買い物をしていますか	(0.はい)	1.いいえ		
3	預貯金の出し入れをしていますか	(0.はい)	1.いいえ	1/5	
4	友人の家を訪ねていますか	(0.はい)	1.いいえ		
5	家族や友人の相談にのっていますか	(0.はい)	1.いいえ		
6	階段を手すりや壁をつたわらずに昇っていますか	0.はい	(1.いいえ)		「どれぐらいの距離を 歩いていらっしゃい ますか?」
7	椅子に座った状態から何もつかまらずに立ち上がっていますか	0.はい	(1.いいえ)		
8	15分位続けて歩いていますか	(0.はい)	1.いいえ	3/5	3点〜 該当
9	この1年間に転んだことがありますか	1.はい	(0.いいえ)		
10	転倒に対する不安は大きいですか	(1.はい)	0.いいえ		
11	6カ月間で2〜3kg以上の体重減少がありましたか	1.はい	(0.いいえ)	0/2	2点〜 該当
12	身長(145)cm, 体重(67)kg ⇒ BMI=(31)※(注)参照				
13	半年前に比べて固いものが食べにくくなりましたか	(1.はい)	0.いいえ		2点〜 該当
14	お茶や汁物等でむせることがありますか	1.はい	(0.いいえ)	2/3	
15	口の渇きが気になりますか	(1.はい)	0.いいえ		
16	週に1回以上は外出していますか	(0.はい)	1.いいえ		「16」が 「いいえ」 で該当
17	昨年と比べて外出の回数が減っていますか	1.はい	(0.いいえ)	0/2	
18	周りの人から「いつも同じ事を聞く」などの物忘れがあると言われますか	1.はい	(0.いいえ)		1点〜 該当
19	自分で電話番号を調べて,電話をかけることをしていますか	(0.はい)	1.いいえ	0/3	
20	今日が何月何日かわからない時がありますか	1.はい	(0.いいえ)		
(注)BMI=体重(kg)÷身長(m)÷身長(m)が 18.5未満の場合に1点とする。		小計		6/20	10点〜 該当
21	(ここ2週間)毎日の生活に充実感がない	1.はい	(0.いいえ)		「自分なりに工夫して いらっしゃることは ありますか?」
22	(ここ2週間)これまで楽しんでやれていたことが楽しめなくなった	1.はい	(0.いいえ)		
23	(ここ2週間)以前は楽にできていたことが今ではおっくうに感じられる	(1.はい)	0.いいえ		2点〜 該当
24	(ここ2週間)自分が役に立つ人間だと思えない	1.はい	(0.いいえ)		
25	(ここ2週間)わけもなく疲れたような感じがする	1.はい	(0.いいえ)	1/5	
※赤字はプレ・プランニング時の 「気づき促しフレーズ」		合計		7/25	

運動機能

栄養状態

口腔機能

閉じこもり

認知機能

うつ病の可能性

「どのような時に
不安を感じますか?」

「具体的に何が
食べにくく
なりましたか?」

「どのようなことがおっくう
になってきましたか?」

220

意欲・動機づけシート

作成日 ○○○○ 年 ○ 月 ○ 日　※記入できるところから楽しみながら記入してください。

氏名	H. K	年齢	82歳	性別	女性	要支援	2	担当	○○○○

No	私の「楽しみ・生きがい」(CADL)（該当するところに「○」を記入してください）	していた	している	してみたい	No	私の「楽しみ・生きがい」(CADL)（該当するところに「○」を記入してください）	していた	している	してみたい
1	家事（内容：調理，買い物，ごみをまとめる）	○	○		㉛	読書（内容：聖書　）	○	○	
2	日曜大工（内容：）				32	創作（内容：）			
③	料理作り（内容：毎日作っている。何でも作る）		○		33	語学（種類：）			
4	買い物（店：○○スーパー　内容：食品　）		○		34	資格（種類：）			
⑤	おしゃれ（内容：アクセサリー，髪染め　）	○	○		35	カルチャー教室（内容：）			
6	お出かけ（内容：通院，買い物。長女，ヘルパーと行く）	○			36	絵画（内容：水彩画（風景）　）		○	
7	子ども・孫・ひ孫との関わり（長女が時々帰ってくる）		○		37	パソコン・スマホ等			
8	家族・親戚との集まり（実家は関西で遠い）	○			38	SNS（内容：）			
9	ペット（種類：猫2匹と外猫　）の世話		○		39	写真（種類：風景）		○	
⑩	友達と会話（話題：健康，教会のこと，選挙活動のこと）		○		㊵	映画・観劇等（内容：演奏会　）	○	○	
⑪	友達と遊ぶ（内容：ランチ，教会の集まり）	○			41	茶道・華道（流派：）		○	
12	異性との交流（内容：）				㊷	歌唱（内容：カラオケ）			○
⑬	ランチ・ディナー（店名：）		○		㊸	音楽（内容：クラシック）		○	
14	食べ歩き（店名：）				㊹	コンサート（内容：クラシック）		○	
15	お取り寄せ				45	楽器演奏（内容：ピアノ）		○	
⑯	ボランティア（教会の行事　）	○		○	46	遊び（内容：）			
17	地域活動（　）				47	運動（内容：）			
⑱	集まり（教会）		○		㊽	散歩（場所：近所　）		○	○
19	お参り（場所：関西の実家の墓参り　）		○		49	アウトドア（内容：）			
20	史跡巡り（場所：学生の時　）	○			50	エンタメ（内容：）			
21	文化施設（内容：美術館，教会関係のこと　）	○			51	スポーツ（内容：バレー，走ること，水泳）	○		
22	名所めぐり（場所：イスラエル　）				㊵52	観戦（内容：サッカーは長女も好き）		○	
23	温泉・健康ランド（場所：長女と行く：△△温泉）		○		53	ダンス・踊り（内容：）			
24	国内旅行（場所：　）	○		○	54	ギャンブル・賭け事（内容：）			
25	海外旅行（国：イスラエル，カナダに行きたい　）			○	55	投資（種類：）			○
26	手芸（内容：編み物，レース編み　）		○		56	祭り（内容：）			
27	工芸（内容：　）				57	就労（内容：）			
28	家庭菜園（内容：プランターでトマト，ねぎ　）		○		㊹58	役割（内容：留守番，教会の役割，選挙手伝い）		○	
29	ガーデニング（内容：チューリップ　）	○			59				
30	模型（内容：　）				60				

メモ

赤字（気づき促しフレーズ）:
- 「こだわりのおしゃれを教えていただけますか？」
- 「信仰や選挙活動でどのような方々とつながっていらっしゃるのですか？」
- 「どのような行事を再開したいと考えていらっしゃいますか？」
- 「どなたといつごろ行きたいとお思いですか？」
- 「特に心の支えとなっている言葉は何ですか？」
- 「なぜ水彩画をやめられたのですか？」
- 「どのようなジャンルが好きですか？」
- 「どなたと行かれるのですか？」
- 「周辺マップに散歩コースを描き入れるといいですね」
- 「観戦してみたいチームはどちらですか？」
- 「やってみたいのは株ですか？宝くじですか？その理由は？」

※赤字はプレ・プランニング時の「気づき促しフレーズ」

介護予防サービス・支援計画書

●目標とする生活

1日	週1回の近所の30分散歩を目指し，朝夕の〇〇体操を10分間，15分間の散歩を頑張る。

●支援計画

アセスメント領域と現在の状況	本人・家族の意欲・意向	領域における課題（背景・原因）	総合的課題	課題に対する目標と具体策の提案	具体策についての意向 本人・家族
運動・移動 すり足で足の上がりが悪くなってきている。歩行器や何らかの支えがあれば移動はできている。	本人：調子が良い時は近所を歩いているが不安があります。 長女：転ばないようにしながらも家にこもらない生活がよい。	■有 □無 運動の機会が少なく身体機能の低下がある。精神状態に影響もあり，活動性の低下もある。	1．足腰の痛みやめまいがあり，ふらつき・転倒の危険がある。 2．買い物や掃除でできない動作があるので不安になる。 3．家にこもりがちで人との出会いが減っている。 4．定期的に受診できないと，病状が悪化した時の発見が遅れる。	（目標） 屋内・屋外の移動が不安なくできる。 （具体策） 歩行器を利用して，歩行機能を維持する。	本人：歩行器を使って，実家（神戸）に行きたい。 長女：家に戻った時は一緒に出かけたい。
日常生活（家庭生活） 体調の良い時は歩いて買い物に行く。かがむことが難しく転びそうになるため，掃除の支援を受けている。	本人：買い物に行けない時が困ります。買ってきてもらいたい。 長女：戻れない時は，買い物支援を希望します。	■有 □無 近くに店がなく，独居で体調により定期的な買い物ができない。必要なものが購入できないことがある。		（目標） 身の回りの自分でできることを増やす。 （具体策） 福祉用具や自助具を工夫してできることを増やす。	本人：めまいがあるため体を安定させたい。 長女：できることは，無理せずやってほしい。
社会参加・対人関係・コミュニケーション 精神状態に波があり，教会の友人たちとも会えなくなる時がある。	本人：体調の悪い時は人に会うのがおっくうです。 長女：家にこもらないようにしてほしい。	■有 □無 気持ちに波がある。精神状態が不安定だと家にこもって人と会わなくなることがある。		（目標） 教会やサークルの人たちとの交流の機会を持ち続ける。 （具体策） 電話で話し，集まりに参加する。	本人：友人たちに会い，教会や関西の実家に行きたい。 長女：無理のない範囲で人と交流を持ってほしい。
健康管理 毎月定期受診をしている。足の運びも悪く，精神状態に波がある。年に数回めまいにより緊急搬送される。	本人：めまいや体調が不安定な時は，相談したい。 長女：必要に応じた連絡相談体制があると安心です。	■有 □無 双極性障害とめまいによる体調の波があり，不安が強い。独居のため緊急時の対応がしにくい。		（目標） 病状が悪化せず，心身共に安定する。 （具体策） 不安な時に受診でき，緊急時に連絡を取れる体制をつくる。	本人：体調が悪い時に対応してもらえるとありがたい。 長女：年に1～2回体調が悪くなる。緊急の対応や不安の軽減をしてほしい。

●健康状態について

□主治医意見書，生活機能評価等を踏まえた留意点

基本チェックリストの（該当した質問項目数）／（質問項目数）をお書きください。
地域支援事業の場台は必要なプログラムの枠内の数字に〇印をつけてください。

	運動不足	栄養改善	口腔内ケア	閉じこもり予防	物忘れ予防	うつ予防
予防給付または地域支援事業	③/5	0/2	②/3	0/2	0/3	1/5

1年	1年後に長女と一緒に生まれ育った神戸やカナダを旅行をする。

※「総合的課題」「目標」の項目は重要なポイントですので，文字サイズを大きく表記しています。

目標	支援計画					
	目標についての支援のポイント	本人等のセルフケアや家族の支援，インフォーマルサービス	介護保険サービスまたは地域支援事業	サービス種別	事業所	期間
歩行器や杖を使い，転倒に注意しながら自由に買い物などの外出ができるようになる。	めまいやふらつきに注意し，歩行機能を継続できるように支援する。なじみの場所（○○教会など）に出かける。腰痛やめまいなどがある時は無理をしない。	本人：歩行器を使い毎日15分は近所に散歩に行く。○○教会の日曜学校に出かける。 長女：家に戻った時は一緒に買い物に行く。	定期的に人と話したり外出したりする機会を持つ。	介護予防福祉用具貸与 介護予防短期入所生活介護 地域資源 家族	○○ショートステイ ○○教会 長女	○○年5月1日～○○年4月30日
身の回りの生活行為（整容，入浴，着替えなど）は継続して行える。	自分でできることは続け，不安なこと（買い物や浴室掃除など）は支援を受けながら，一緒に行う。	本人：できる家事は自分でする。 長女：家にいる時は手伝うが，いない時は手伝ってほしい。	本人ができない浴室やトイレなどの掃除と買い物支援	介護予防訪問介護（自費サービス）家族	○○家事代行サービス 長女	○○年5月1日～○○年4月30日
病状（双極性障害，もの忘れ，高血圧など）が悪化しないように注意し，不安のない自宅での生活を続ける。	不安な気持ちを溜めないようにつらいことなどを傾聴する。定期受診を忘れずに行う。	本人：つらい時は人に話したり，相談をしたりする。 長女：小まめに電話でやりとりをする。電話に出られない時はかけ直す。	主治医や薬剤師と連携し，精神状態が安定する支援（服薬管理など）をする。 必要時の通院の介助	脳脊髄センター ○○病院 介護予防訪問看護 障害サービス 家族	○○医師 △△医師 □□訪問看護 障害サービス 長女	○○年5月1日～○○年4月30日

【本来行うべき支援ができない場合】
妥当な支援の実施に向けた方針

訪問支援とショートステイの利用を再開するが，教会の集まりだけでなく地域の集まりなどへの参加を促す。

地域包括支援センター	【意見】現在の生活が続けられるよう，サービスを有効に活用し，過ごしてください。 【確認印】

総合的な方針：生活不活発病の改善・予防のポイント

定期通院で病状管理を行っていきましょう。心身機能を維持し，ご自身で行える生活行為（家事，整容，入浴など）が増えるように支援していきます。屋内と居室内の環境整備を行い，つまずきや転倒が起こらないように日々注意しましょう。

計画に関する同意

上記計画について，同意いたします。

○○○○年○月○日　氏名　○○○○

事例19	肺気腫・間質性肺炎：在宅酸素療法を続け，生きがいだった老人会での音楽活動と公園清掃ボランティアの再開を目指す

78歳	要介護状態区分	障害高齢者の日常生活自立度	認知症高齢者の日常生活自立度
男性	要支援1	自立・J1・J2・(A1)・A2・B1・B2・C1・C2	(自立)・Ⅰ・Ⅱa・Ⅱb・Ⅲa・Ⅲb・Ⅳ・M

把握経路	1．介護予防検診　　2．本人からの相談　　3．家族からの相談 4．非該当　　5．新予防からの移行　　6．関係者 (7)　その他（　　　　　　　　地域包括支援センター　　　　　　　　）

概要：幼少期より足に障害があり，歩行時に少し足を引きずるものの支障なく生活できていた。○○地区自治会の役員として地域の活動や清掃活動をしていた。

少し体を動かしただけで息が上がるようになったため，○○内科を受診。△△大学病院の受診を勧められ，間質性肺炎と診断される。SpO$_2$が70％台の時もあり，76歳で在宅酸素療法が開始される。

体調が安定すれば，自治会の役員の時に行っていたような地域での公園清掃のボランティアを再開させたい。

趣味であるピアノやギターの演奏会を自宅や老人会のサロンで続けていきたい気持ちもある。

利用者基本情報

〈基本情報〉

本人の状況	(在宅)・入院または入所中（　　　　　　　　　　）　　身長165cm　体重60kg　BMI22.0
障害等認定	(身障)（　　　　　）・療育（　　　）・精神（　　　）・難病（　　　）・その他（　　　　　　）
本人の住居環境	(自宅)・借家　　一戸建て・集合住宅　　自室（(有) 2 階建ての 1 階〉・無 ） 住宅改修（ 有・無 ）　　浴室（(有)・無 ）　　便所（(洋式)・和式 ） 段差の問題（ 有・(無) ）　　床材，じゅうたんの状況（　　畳の上にじゅうたん　　） 照明の状況（　　　　　　　　　）　　履物の状況（　　　　運動靴　　　　）

経済状況	国民年金・(厚生年金)・障害年金・生活保護 その他（　　　　　　　　　　　　）

家族構成

☆：主たる介護者

※ 家系図：78歳（本人）と77歳（☆ 妻）の夫婦。子として54歳（近隣在住）─52歳、48歳（隣県在住）─45歳。54歳夫婦の子：26歳、24歳。48歳夫婦の子：18歳、16歳、7歳。

緊急連絡先	氏名	続柄	住所	連絡先
	○○○○	妻	○○○○	○○○－○○○○－○○○○
	△△△△	長女	○○○○	○○○－○○○○－○○○○

224

〈介護予防に関する事項〉

<table>
<tr><td rowspan="2">今までの生活</td><td colspan="4">本人と妻の2人暮らし。子どもは2人。長女は同市内，長男は隣県に住む。
4〜5歳の時に交通事故で左股関節を強打，27歳の時に左大腿骨を骨折し，金具留置の手術を受けている。58歳の時に金具に不具合が生じ，金具抜去とリハビリのため約10カ月入院する。左下肢は右下肢よりも約5cm短い。
75歳の時に特質性間質性肺炎と診断され，治療を開始する。76歳の時に入院したのを機に，酸素療法を導入した。現在，支えなく歩行することはできるが，呼吸苦から継続歩行は10m程度。食後はすぐに眠くなってしまい，身体を動かすことができない。長く在宅生活を維持できるように介護保険を申請した。</td></tr>
<tr></tr>
<tr><td rowspan="8">現在の生活状況</td><td colspan="2" align="center">1日の生活・過ごし方</td><td colspan="2" align="center">趣味・楽しみ・役割</td></tr>
<tr><td colspan="2">自宅にいることが多く，妻が連れ出して一緒に買い物や通院をする。
すぐ疲れてしまうので，よく居眠りをする。
着替えなど身の回りのことは自分でできている。</td><td colspan="2">ピアノやギターの演奏を趣味としていた。映画も好きで自宅でDVDをよく鑑賞する。家庭菜園でナスとキュウリを育てている。若いころは，家の改修や日曜大工仕事も積極的に行っていた。冗談を言って場を盛り上げることが好き。</td></tr>
<tr><td>時間</td><td>本人</td><td>介護者・家族・その他</td><td>友人・地域との関係</td></tr>
<tr><td>5：00</td><td>起床。雨戸を開けて湯を沸かす</td><td></td><td rowspan="5">・自治会役員として地域の活動や清掃活動を行っていた。そのころは地域の人とよく交流していたが，在宅酸素療法を行うようになってからは疎遠になっている。
・自宅でピアノやギターの演奏会を開いていたころは友人との交流も多かったが，在宅酸素療法を行うようになってからは疎遠になっている。</td></tr>
<tr><td>7：30</td><td>朝食。その後は昼食までウトウトして過ごす</td><td>妻が準備</td></tr>
<tr><td>12：00</td><td>昼食。午後もいすに座ってウトウトして過ごす</td><td>妻が準備</td></tr>
<tr><td>18：00</td><td>夕食</td><td>妻が準備</td></tr>
<tr><td>22：00</td><td>就寝</td><td></td></tr>
</table>

〈現病歴・既往歴と経過〉（新しいものから書く・現在の状況に関連するものは必ず書く）

年月日	病名	医療機関・医師名 （主治医・意見作成者に☆）		経過	治療中の場合は内容
○○○○年 ○月○日 77歳	間質性肺炎	△△大学病院	K.T医師	TEL ○○○- ○○○○- ○○○○	治療中 経観中 その他	月に1回受診 酸素療法
○○○○年 ○月○日 73歳	気腫合併肺線維症	○○内科クリニック	M.T医師☆	TEL ○○○- ○○○○- ○○○○	治療中 経観中 その他	月に1回受診 内服あり
				TEL	治療中 経観中 その他	
				TEL	治療中 経観中 その他	

〈現在利用しているサービス〉

公的サービス	非公的サービス
介護予防訪問看護（週2回リハビリ，全身状態観察）	

アセスメント

個別性のある 「活動」	・自治会の建物を補修したり自宅のテラスを作ったりと，日曜大工が得意。 ・家の前の公園の清掃も自発的に行っていた。 ・冗談を言って場を盛り上げることが好き。 ・音楽活動をしており，ピアノやギターを演奏する。友人と自宅や老人会のサロンで演奏会を開いていた。演奏を収録したCDも多数ある。 ・障害があっても長く自立していたので介護保険のサービスを利用して人の世話になることに抵抗感がある。
過去も含めた 「参加」	・庭木の手入れや家庭菜園での野菜作りはできる範囲で行っている。 ・老人会のサロンに行っていた。 ・自宅前の公園の清掃も続けたいと思っている。過去には，頼まれて自治会の建物や集会所の補修もしていた。 ・自宅で友人と演奏会をすることもあった。 ・音楽活動を再開したいという希望がある。
個人因子 （性格，価値観， 生活信条，学歴， 職歴など）	【性格】頑張り屋で前向きである。在宅酸素療法を行っているためにできないことがあると消極的になっている。 【職歴】高校卒業後，地元企業△△に事務職として就職。定年まで勤め上げた。 【生活信条】障害があってもできるだけ人の世話にならない。 【価値観】人の世話をするのは好き。自治会の役員として頑張っていたため，現在の自分は「役割」を喪失した状態だと感じている。
環境因子 （家族，親族， 近隣，友人， 地域環境など）	【友人】妻が言うには「夫に友人はいない。自分勝手で自分のことしか考えてない。演奏会がないと誰も来ない。冗談は言うが，自分のことだけで人の話を聞かない。謝らないしお礼も言わない」と，本人の前でも辛辣である。 【住環境】長女家族と同居していたことがあるため，広い二世帯住宅である。 【家族・親族】以前は長女家族と同居していた。現在，長女家族は近くに家を建てて別々に暮らしているが，決して関係が悪いわけではなく，時々様子を見に来てくれる。長女が家に来た時は孫の話をよくする。 【近隣】近所の人はよく夕食のおかずを持ってきてくれたり，何かと気にかけてくれている。
阻害因子 （活動，参加を 阻む要因）	【疾患・医療ケア】 ・間質性肺炎により在宅酸素療法を行っている。安静時でも，SpO$_2$が80％台のことがある。 ・疲れやすいので居眠りをすることが多い。その様子を見て妻が注意し，夫婦げんかの原因になっている。 ・常に息苦しいような状態のため，外出するのがつらい。 ・幼少期より左下肢に軽度の障害があり，歩行時に少し足を引きずる。
促進因子 （活動，参加を 促す要因）	【性格】多少足が悪くても努力して生活を維持してきた。努力して困難を乗り越えてきたことには自信を持っている。交流の場に参加し，冗談を言って場を盛り上げることが好き。 【特技】ピアノやギターの演奏ができる。人前で演奏することにも抵抗がない。

自宅1階の間取り図

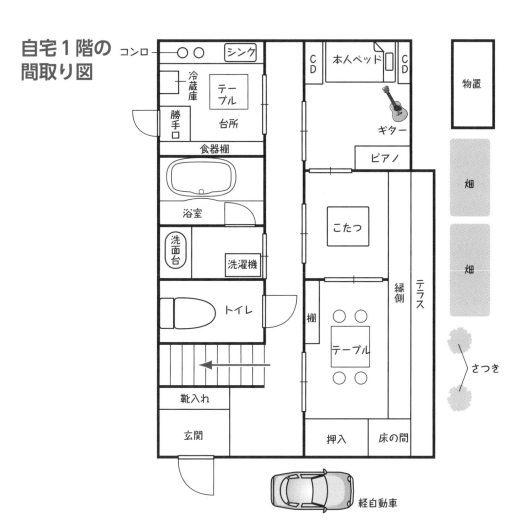

- コンロ
- シンク
- 冷蔵庫
- テーブル
- 勝手口
- 台所
- 食器棚
- 浴室
- 洗面台
- 洗濯機
- トイレ
- 靴入れ
- 玄関
- CD
- 本人ベッド
- CD
- ギター
- ピアノ
- こたつ
- 棚
- 縁側
- テラス
- テーブル
- 押入
- 床の間
- 物置
- 畑
- 畑
- さつき
- 軽自動車

支え合い周辺マップ

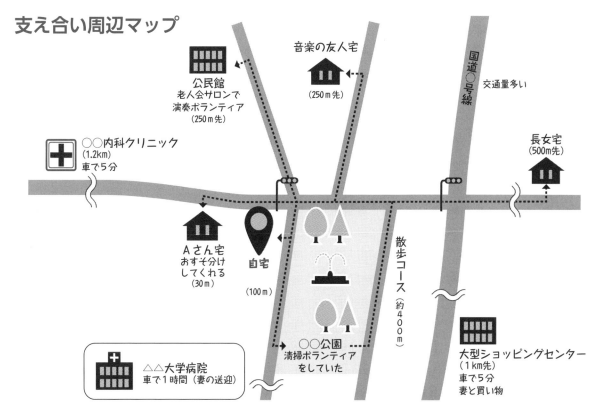

- 音楽の友人宅 (250m先)
- 公民館 老人会サロンで演奏ボランティア (250m先)
- 国道○号線 交通量多い
- ○○内科クリニック (1.2km) 車で5分
- 長女宅 (500m先)
- Aさん宅 おすそ分けしてくれる (30m)
- 自宅 (100m)
- 散歩コース (約400m)
- △△大学病院 車で1時間（妻の送迎）
- ○○公園 清掃ボランティアをしていた
- 大型ショッピングセンター (1km先) 車で5分 妻と買い物

基本チェックリスト

No.	質問項目	回答 (いずれかに○を お付けください)		点数	事業 対象者 判定
1	バスや電車で1人で外出していますか	0.はい	1.いいえ		「どのようなものを よく買われますか?」
2	日用品の買い物をしていますか	0.はい	1.いいえ		
3	預貯金の出し入れをしていますか	0.はい	1.いいえ		
4	友人の家を訪ねていますか	0.はい	1.いいえ	**4/5**	
5	家族や友人の相談にのっていますか	0.はい	1.いいえ		
6	階段を手すりや壁をつたわらずに昇っていますか	0.はい	1.いいえ		
7	椅子に座った状態から何もつかまらずに立ち上がっていますか	0.はい	1.いいえ		3点〜 該当
8	15分位続けて歩いていますか	0.はい	1.いいえ		
9	この1年間に転んだことがありますか	1.はい	0.いいえ		
10	転倒に対する不安は大きいですか	1.はい	0.いいえ	**4/5**	
11	6カ月間で2〜3kg以上の体重減少がありましたか	1.はい	0.いいえ		2点〜 該当
12	身長(165)cm, 体重(60)kg ⇒ BMI=(22) ※(注)参照			**1/2**	
13	半年前に比べて固いものが食べにくくなりましたか	1.はい	0.いいえ		2点〜 該当
14	お茶や汁物等でむせることがありますか	1.はい	0.いいえ		
15	口の渇きが気になりますか	1.はい	0.いいえ	**1/3**	
16	週に1回以上は外出していますか	0.はい	1.いいえ		「16」が 「いいえ」 で該当
17	昨年と比べて外出の回数が減っていますか	1.はい	0.いいえ	**1/2**	
18	周りの人から「いつも同じ事を聞く」などの物忘れがあると言われますか	1.はい	0.いいえ		1点〜 該当
19	自分で電話番号を調べて,電話をかけることをしていますか	0.はい	1.いいえ		
20	今日が何月何日かわからない時がありますか	1.はい	0.いいえ	**1/3**	

「どのようなものをよく買われますか?」

「特に不安なところはどちらですか?」

「どのような時にむせますか?」

「その時はどのようなお気持ちですか?」

運動機能 / 栄養状態 / 口腔機能 / 閉じこもり / 認知機能

(注)BMI=体重(kg)÷身長(m)÷身長(m)が 18.5未満の場合に1点とする。	小計	**12/20**	10点〜 該当

	No.	質問項目	回答		点数	事業対象者判定
う つ 病 の 可 能 性	21	(ここ2週間)毎日の生活に充実感がない	1.はい	0.いいえ		「特に再開したいと 思っていることは どんなことですか?」
	22	(ここ2週間)これまで楽しんでやれていたことが楽しめなくなった	1.はい	0.いいえ		
	23	(ここ2週間)以前は楽にできていたことが今ではおっくうに感じられる	1.はい	0.いいえ		2点〜 該当
	24	(ここ2週間)自分が役に立つ人間だと思えない	1.はい	0.いいえ		
	25	(ここ2週間)わけもなく疲れたような感じがする	1.はい	0.いいえ	**2/5**	

※赤字はプレ・プランニング時の 「気づき促しフレーズ」	合計	**14/25**	

「どのようなことがおっくうに思えるのですか?」

意欲・動機づけシート

作成日 ○○○○ 年　　月　　日　　※記入できるところから楽しみながら記入してください。

氏名	S.M	年齢	78歳	性別	男性	要支援	1	担当	○○○○

	私の「楽しみ・生きがい」(CADL)（該当するところに「○」を記入してください）	していた	している	してみたい		私の「楽しみ・生きがい」(CADL)（該当するところに「○」を記入してください）	していた	している	してみたい
1	家事（内容：　　　　　）	○	○		31	読書（内容：歴史小説が好き　　）	○		○
2	日曜大工（内容：　　　　　） 「どんなものを買う時にワクワクされますか？」	○			32	創作（内容：短歌，川柳，作曲　）	○	○	○
3	料理作り（内容：すいとん　　）	○			33	語学（種類：　　　　　） 「S.Mさんにとって創作，映画，音楽，演奏が動機づけですね」			
4	買い物（店：近くのスーパー　内容：せんべい，あめ，お菓子，酒）	○	○	○	34	資格（種類：　　　　　）			
5	おしゃれ（内容：　　　　　）				35	カルチャー教室（内容：　　　　　）			
6	お出かけ（内容：自家用車　　）	○			36	絵画（内容：水彩画　　）		○	
7	子ども・孫・ひ孫との関わり	○			37	パソコン・スマホ等		○	○
8	「盛り上げるのが好きなのですね。エピソードを聞かせていただけますか？」		○		38	SNS（内容：　　　　　）			
9					39	写真（種類：人物風景，植物）		○	○
10	友達と会話（話題：冗談を言って笑わせるのが好き）			○	40	映画・観劇等（内容：映画，演奏会）		○	○
11	友達と遊ぶ（内容：旅行・ピアノ・キーボード・ギターの演奏）			○	41	茶道・華道（流派：　　　　　）			
12	異性との交流（内容：　　　　　）				42	歌唱（内容：　　　　　）		○	○
13	ランチ・ディナー（店名：○○食堂のうなぎが好き）		○	○	43	音楽（内容：カラオケ，演歌）		○	○
14	食べ歩き（酒を飲みに行きたい　　）			○	44	コンサート（内容：クラシック）		○	○
15	お取り寄せ（内容：子どもや孫の好きなもの）		○	○	45	楽器演奏（内容：ピアノ，キーボード，ギター）	○	○	○
16	ボランティア（老人会サロンでのキーボード演奏，自治会の活動，公園の掃除など）	○			46	遊び（内容：将棋，麻雀）		○	
17	地域活動（同上） 「半年以内にしたいと思っていらっしゃるのはどれですか？」	○			47	運動（内容：　　　） 「まずはここからですね！」			○
18	集まり（演奏会）	○		○	48	散歩（場所：家の周り：○○公園）			○
19	お参り（場所：神社，墓参り）		○		49	アウトドア（内容：キャンプをした）	○		
20	史跡巡り（場所：京都，広島）			○	50	エンタメ（内容：　　　　　）			
21	文化施設（内容：音楽関係のもの）			○	51	スポーツ（内容：会社で休憩時間に卓球をしていた）	○		
22	名所めぐり（場所：演奏関係のこと）			○	52	観戦（内容：野球観戦，ジャイアンツファン）	○		
23	温泉・健康ランド（場所：　　　　　）	○	○		53	ダンス・踊り（内容：　　　　　）			
24	国内旅行（場所：子どもや兄弟と行きたい）	○	○	○	54	ギャンブル・賭け事（内容：たばこをやめてからは行ってないがパチンコ）	○		
25	海外旅行（国：ヨーロッパに行ったことがある）	○			55	投資（種類：　　　　　）			
26	手芸（内容：草履を編んだことがある）	○			56	祭り（内容：宮祭り）	○		
27	工芸（内容：　　　） 「得意の野菜はどれですか？」				57	就労（内容：　　　　　）			
28	家庭菜園（内容：ナス，キュウリ，トマト，ししとう）	○	○	○	58	役割（内容：自治会の役員，老人会サロン，公園でのボランティア）	○		○
29	ガーデニング（内容：庭木の剪定，さつき）	○	○	○	59	「特にしたいのはどれですか？」			
30	模型（内容：　　　　　）				60				

「どなたと、いつごろ行きたいと思っていらっしゃいますか？」

メモ	ピアノ・キーボード・ギターでクラシックから演歌や童謡まで幅広いジャンルの音楽を友人と演奏していた。自分たちで演奏した曲を収録したCDも作成していた。

※赤字はプレ・プランニング時の「気づき促しフレーズ」

介護予防サービス・支援計画書

●目標とする生活

1日	訪問看護の際に教わった体操に毎日取り組み，運動不足を解消して体力づくりに取り組む。

●支援計画

アセスメント領域と現在の状況	本人・家族の意欲・意向	領域における課題（背景・原因）	総合的課題	課題に対する目標と具体策の提案	具体策についての意向 本人・家族
運動・移動 以前は夫婦で散歩をしていた。現在は生活動作自体は概ね自立しているが，間質性肺炎にて在宅酸素療法を行っており，少しの動作でも息切れがするので運動習慣はない。	本人：すぐに息切れししんどい。家庭菜園や清掃ボランティアと楽器の演奏ができるぐらいにはなりたい。	■有　□無 生活不活発病を予防するため，医療的管理のもと運動やリハビリが必要。	間質性肺炎のため在宅酸素療法を行っている。息切れがあり生活不活発病が懸念され，医学的管理下での運動や療養指導が必要である。	（目標） 生活不活発を予防するため，医学的管理のもと運動・療養指導を受ける。 （具体策） ・訪問看護により運動療養指導を受ける。 ・訪問看護利用日以外は，指示内容に基づいて運動をする。 ・引き続き間質性肺炎治療のための在宅酸素療法を行う。 ・老人会のサロンで演奏ボランティアができるよう，家でキーボードの練習をする。	本人：ちょっと動くと息切れしてしまう。老人会サロンでの演奏会と公園清掃ボランティアが再開できるように体調を整えたい。 家族：食後に居眠りしてしまうのを改善してほしい。老人会のサロンでの演奏会開催を友人に期待されているので，元気になって頑張ってほしい。
日常生活（家庭生活） 日常生活動作は概ね自立。 家事全般は妻が行い外出時は妻がサポート。居室の椅子に座って，そのまま眠ってしまう。	本人：息切れをするため安静にしていることが多いので，少しでも動けるようになりたい。	■有　□無 息切れや居眠りで生活不活発病が懸念される。			
社会参加・対人関係・コミュニケーション 自治会の役員をしたり，老人会で楽器演奏（ボランティア）をしたりしていた。今は息切れあり，清掃ボランティアも難しい。	本人：表彰された公園清掃ボランティアを再開できるくらいになりたい。	■有　□無 息苦しさから役割や特技が生かせない状態が続いている。			
健康管理 在宅酸素療法を継続。在宅酸素を自己判断で外すことがある。動作時の息切れから傾眠となり生活不活発につながる。	本人：通院を続け，体調を維持したい。在宅酸素は邪魔だが，苦しい時はしている。	■有　□無 医学的管理のもと生活不活発病を予防するための運動や療養指導が必要。			

●健康状態について
□主治医意見書，生活機能評価等を踏まえた留意点

在宅酸素療法中（安静時 2L/分，労作時 4L/分）。労作時呼吸困難があり，ADLも低下してきているため，日常生活の支援をお願いします。

基本チェックリストの（該当した質問項目数）／（質問項目数）をお書きください。
地域支援事業の場合は必要なプログラムの枠内の数字に○印をつけてください。

	運動不足	栄養改善	口腔内ケア	閉じこもり予防	物忘れ予防	うつ予防
予防給付または地域支援事業	④/5	1/2	1/3	1/2	①/3	②/5

1年	老人会のサロン活動でのキーボード演奏や自宅前の公園の清掃ボランティアを再開する。

※「総合的課題」「目標」の項目は重要なポイントですので，文字サイズを大きく表記しています。

目標	支援計画					
	目標についての支援のポイント	本人等のセルフケアや家族の支援，インフォーマルサービス	介護保険サービスまたは地域支援事業	サービス種別	事業所	期間
生活不活発病を予防する運動・療養指導を受けて，老人会のサロンでの演奏会や表彰された公園清掃ボランティアの再開を目指す。	訪問看護の指導により，間質性肺炎に配慮した安全で効果的な運動を行う。	本人：訪問看護は週1回程度のため，利用日以外にも運動する習慣をつける。家族：・運動を声かけで促す。・一緒にできる運動をする。	訪問看護で療養指導，運動指導，在宅酸素療法の管理，指導	介護予防訪問看護	訪問看護ステーション○○	○年○月〜○年○月
	労作時の呼吸困難があるため，在宅酸素を状況に合わせて使用する。	本人・家族：週1回は長女や孫たちと自宅で楽器演奏している様子をスマートフォンで動画を収録し，YouTubeで発信する。		家族	長女家族	○年○月〜○年○月
		本人・家族：週1回，長女や孫たちと公園を散歩し，ごみ拾いから始める。		家族地域資源	長女家族シルバー人材センター清掃ボランティアの仲間（有償）	○年○月〜○年○月
		本人：・定期通院・服薬家族：通院の送迎	医療保険受診	医療機関	△△大学病院○○内科	○年○月〜○年○月

【本来行うべき支援ができない場合】
妥当な支援の実施に向けた方針

通所サービスなどの外に行く支援を本人・家族は好まない。新型コロナウイルスやインフルエンザが流行した際は，訪問支援を検討する。

総合的な方針：生活不活発病の改善・予防のポイント

在宅酸素療法を続け，息苦しさを軽減することで，以前行っていたピアノやギターの演奏，公園清掃のボランティアを再開できるように運動に取り組みましょう。

計画に関する同意

上記計画について，同意いたします。

○○○○年○月○日　氏名　○○○○

地域包括支援センター	【意見】医療機関と十分な連携の上目標達成に向けて支援を願います
	【確認印】

腰部脊柱管狭窄症・頸椎症性脊髄症：要支援になっても友人や民踊の仲間に支えられ「民踊の魅力」を伝え続ける

67歳	要介護状態区分	障害高齢者の日常生活自立度	認知症高齢者の日常生活自立度
女性	要支援2	自立・J1・J2・(A1)・A2・B1・B2・C1・C2	(自立)・Ⅰ・Ⅱa・Ⅱb・Ⅲa・Ⅲb・Ⅳ・M

把握経路	1．介護予防検診　　2．本人からの相談　　3．家族からの相談 4．非該当　　　　　5．新予防からの移行　　(6)　関係者 7．その他（　　　　　　　　　　　　　　　　　　　　　　　　　　　　　）

概要：28歳で民踊の師範に師事。才能を認められ日本全国，世界各地を巡演してきた。民踊だけでは生計が成り立たず，37歳で医療事務の仕事に就く。ずっと独身で，仕事と民踊を続けてきた。
　60歳の時に腰部脊柱管狭窄症を発症。手術をしたが，左上下肢に軽度麻痺が残り民踊ができず，人生をかけてきた民踊をあきらめてひきこもりがちな生活を送っていた。
　身の回りのことをするのもひと苦労だが，麻痺で苦しい思いをした時に支えてくれた友人や民踊の仲間のために，再び民踊の魅力を伝えていきたいと前向きにリハビリを頑張っている。

利用者基本情報

〈基本情報〉

本人の状況	(在宅)・入院または入所中（　　　　　　　　　　　　）　　　身長145cm　体重54kg　BMI25.7
障害等認定	(身障)（　1種1級　）・療育（　）・精神（　）・難病（　）・その他（　　　　　）
本人の 住居環境	自宅・(借家)　一戸建て・(集合住宅)　自室（(有)　2　階建ての　1　階）・無） 住宅改修（(有)・無）　　浴室（(有)・無）　　便所（(洋式)・和式） 段差の問題（(有)・無）　　床材，じゅうたんの状況（　居間にはシートを敷いている　） 照明の状況（　　日当たり良好　　）　　　履物の状況（　　　室内は靴下　　　　）

経済状況	(国民年金)・厚生年金・障害年金・生活保護 その他（　　　　　　　　　　　　　　　）	家族構成

緊急連絡先	氏名	続柄	住所	連絡先
	○○○○	友人	K市	○○○－○○○○－○○○○
	△△△△	甥	M市	○○○－○○○○－○○○○

家族構成図：
- 75歳（男性）
- 70歳（隣市在住）
- 67歳（本人，主たる介護者記号なし）
- 48歳（県外在住）
- 47歳（市内在住）☆
- ☆：主たる介護者

〈介護予防に関する事項〉

今までの生活	姉が隣接する市で，甥が同じ市内に住んでいる。28歳でN流派の民踊の師範に師事。師範に才能を認められ，日本各地で巡演を行ってきた。また，自宅や公民館で民踊教室を開き，子どもから高齢者まで多くの人たちに民踊を伝えてきた。民踊を地域の人たちに伝えながら，37歳の時に医療事務の仕事に就く。38歳の時にサルコイドーシスを発症，治療しながら仕事も民踊も続けてきた。60歳の時に腰部脊柱管狭窄症を発症。66歳の時に頸椎症性脊髄症を手術したが，左上下肢軽度麻痺の後遺症が残った。仕事も民踊もやめて治療しながら，Y電気店の店番をする。左上下肢軽度麻痺になってからは，職場の仲間や民踊の師匠とも一時疎遠となったが，今は，近所の友人や弟子に支えてもらい生活している。

現在の生活状況

1日の生活・過ごし方	趣味・楽しみ・役割
朝は左下肢にしびれがあるため，横になっている。日中気温が上がり身体が温まると動きやすくなるので，掃除や洗濯などを行っている。 しびれが強い時は，何もすることができず横になっていることが多い。 買い物は，友人や弟子が同行してくれている。	部屋でゆっくり民踊の音楽を聞きながら，踊り方を振り返っている。 体調が良い時は，特定の民踊の仲間（弟子たち）と買い物や外食に出かける。 以前は，N流派の民踊の師匠や仲間と交流し，民踊も教えていた。また，映画鑑賞や歴史の本を読むことも好きだった。

時間	本人	介護者・家族・その他	友人・地域との関係
6：00	起床		N流派の民踊の師匠や仲間，元同僚の友人の相談を受けている。また，買い物や病院受診には同行してもらっている。 住んでいるアパートは，若い世代が多く，住民とはあいさつ程度でのかかわりしかない。
7：00	朝食		
10：00	掃除，洗濯		
12：00	昼食		
15：00	テレビ視聴・買い物	友人や弟子たちが買い物に同行してくれる	
19：00	夕食		
21：00	就寝		

〈現病歴・既往歴と経過〉（新しいものから書く・現在の状況に関連するものは必ず書く）

年月日	病名	医療機関・医師名 （主治医・意見作成者に☆）		経過	治療中の場合は内容
○年 5月31日 66歳	頸椎症性脊髄症	○○病院	○○医師	TEL ○○○- ○○○○- ○○○○	(治療中) 経観中 その他	外用薬，内服薬
○年 8月17日 60歳	腰部脊柱管狭窄症	△△総合病院	□□医師☆	TEL ○○○- ○○○○- ○○○○	(治療中) 経観中 その他	内服薬，外用薬，物理療法
○年 4月19日 38歳	サルコイドーシス （指定難病）	△△総合病院	××医師	TEL ○○○- ○○○○- ○○○○	(治療中) 経観中 その他	内服（ステロイド）
				治療中 経観中 その他	

〈現在利用しているサービス〉

公的サービス	非公的サービス
介護予防福祉用具（玄関・浴室前・トイレの手すり） 介護予防通所リハビリ（週2回）	なし

個別性のある 「活動」	・「周囲に迷惑をかけることが嫌い」なので，ADL全般で手すりや歩行器を使用している。長時間の立位が困難なため，椅子に座って調理している。そのほかの家事や身の回りのことは，休憩しながらしている。 ・外出時はタクシーを使うか友人と一緒に行く。「自分で歩きたい，買い物は自分で選びたい」という思いが強く，杖で移動し，買い物も休憩しながらカートを押している。 ・温泉が好きだが，しびれや麻痺があるため頻回に行くことができない。自宅での入浴は浴槽が深いため，手すりを使っている。 ・就寝はしびれや麻痺があるので特殊寝台が体に負担がなく安全だが，畳に布団を敷いて寝たいこだわりがある。
過去も含めた 「参加」	・民踊の公演のため長く家を空けることが多かったので姉家族とのかかわりは薄いが，何かあった時は連絡を取っている。 ・引っ越してきたので，隣近所との付き合いはあいさつ程度である。 ・結婚歴はなく，民踊を生涯続けていこうと考えていた。現在も，民踊の仲間から相談を受けることがあり，音楽を聞きながらアドバイスしている。 ・サルコイドーシスの診断を受けてからも医療事務の仕事を続けていたため，今でも元同僚の相談や愚痴を聴いている。職場では話しにくいこともあると思い，傾聴しながら，必要な時はアドバイスしている。
個人因子 (性格，価値観， 生活信条，学歴， 職歴など)	【性格】我慢強く，弱音を吐かない。自分のことも大事にするが，人のためになることをしたい気持ちが強い。 28歳のころから民踊の公演をしたり，自宅や公民館で弟子たちに教えたりしてきた。 【特技】近所の病院で医療事務の仕事をしていたため，医療の請求や手帳，薬，制度などに詳しい。
環境因子 (家族，親族， 近隣，友人， 地域環境など)	【親族】姉は隣の市に，甥は同じ市内に住んでいるが，迷惑をかけたくない思いが強く，連絡はあまり取っていない。 【支え手】Ｙ電気店の奥さんや特定の民踊の仲間を頼っていて，一緒に外食や買い物などに出かけている。 【地域環境】近所に小学校があり子どもが多いが，昔からの住宅街のため高齢者も多く生活している。自治会には加入していない。車で数分の場所に外食や買い物ができる場所があり，特定の友人や民踊の仲間と一緒に出かけている。 【関係】今の自分の姿を民踊の仲間に見られたくない気持ち（恥ずかしい，カッコ悪い）もあり，民踊の仲間との連絡や会う機会が減っている。
阻害因子 (活動，参加を 阻む要因)	【疾患】サルコイドーシスの治療のため，ステロイドを服薬。食欲はあり，炭水化物を摂り過ぎで野菜が嫌いなため体重が増加傾向にある。サルコイドーシス，腰部脊柱管狭窄症術後の左上下肢麻痺と疼痛，頸椎症性脊髄症術後により，立ち上がりや歩行が不安定なため，日常生活や外出に支障を来している。 【心理的阻害要因】今の自分を特定の人以外には見せたくない思いが強く，人に頼むことを負担に感じている。踊れない，動けない自分が情けなく，絶望感からひきこもりがちな生活を送っている。
促進因子 (活動，参加を 促す要因)	【自立心】誰にも頼ることなく自分でできることをしながら生活していきたい思いが強い。 【人間関係】自分が心を許せる特定の友人や民踊の仲間とのつながりを持ちながら，少しでも，支えになってくれている人の力になりたいと考えている。 【夢】再び民踊の活動に参加したり，教えたりすることができるようになりたい思いがある。 【改装】玄関や浴室の入り口，トイレに手すりを設置したことで転倒が減っている。室内で歩行器を使いこなせるようになり，荷物の運搬や家事動作がスムーズにできている。

自宅の間取り図

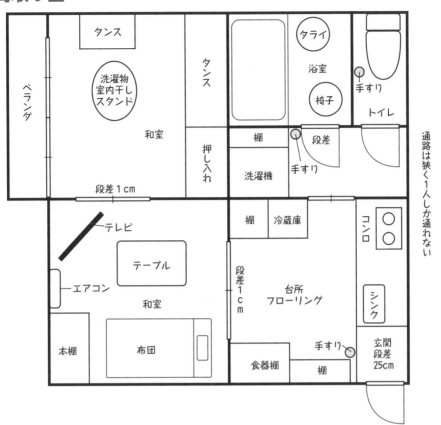

支え合い周辺マップ

基本チェックリスト

No.	質問項目	回答 (いずれかに○をお付けください)		点数	事業対象者判定
1	バスや電車で1人で外出していますか	0.はい	(1.いいえ)		
2	日用品の買い物をしていますか	(0.はい)	1.いいえ		「どのような相談にのっていらっしゃるのですか?」
3	預貯金の出し入れをしていますか 「どこまで歩いて行かれるのですか?」	(0.はい)	1.いいえ		
4	友人の家を訪ねていますか	0.はい	(1.いいえ)		
5	家族や友人の相談にのっていますか	(0.はい)	1.いいえ	**2**/5	
6	階段を手すりや壁をつたわらずに昇っていますか	0.はい	(1.いいえ)		「これができているのはなぜですか?」
7	椅子に座った状態から何もつかまらずに立ち上がっていますか	0.はい	(1.いいえ)		
8	15分位続けて歩いていますか 「特に不安が大きいところはどこですか?」	(0.はい)	1.いいえ		3点〜該当
9	この1年間に転んだことがありますか	(1.はい)	0.いいえ		
10	転倒に対する不安は大きいですか	(1.はい)	0.いいえ	**4**/5	
11	6カ月間で2〜3kg以上の体重減少がありましたか	1.はい	(0.いいえ)		2点〜該当
12	身長 (145) cm, 体重 (54) kg ⇒ BMI=(25.7) ※(注) 参照			**0**/2	
13	半年前に比べて固いものが食べにくくなりましたか	1.はい	(0.いいえ)		
14	お茶や汁物等でむせることがありますか	1.はい	(0.いいえ)		2点〜該当
15	口の渇きが気になりますか 「主に行かれるのはどちらですか?」	1.はい	(0.いいえ)	**0**/3	
16	週に1回以上は外出していますか	(0.はい)	1.いいえ		「16」が「いいえ」で該当
17	昨年と比べて外出の回数が減っていますか	(1.はい)	0.いいえ	**1**/2	
18	周りの人から「いつも同じ事を聞く」などの物忘れがあると言われますか	1.はい	(0.いいえ)		
19	自分で電話番号を調べて,電話をかけることをしていますか	(0.はい)	1.いいえ		1点〜該当
20	今日が何月何日かわからない時がありますか	1.はい	(0.いいえ)	**0**/3	
(注) BMI=体重 (kg)÷身長 (m)÷身長 (m) が 18.5未満の場合に1点とする。		小計		**7**/20	10点〜該当
21	(ここ2週間) 毎日の生活に充実感がない	1.はい	(0.いいえ)		「お弟子さんたちとの関係継続のおかげですか?」
22	(ここ2週間) これまで楽しんでやれていたことが楽しめなくなった	(1.はい)	0.いいえ		
23	(ここ2週間) 以前は楽にできていたことが今ではおっくうに感じられる	(1.はい)	0.いいえ		2点〜該当
24	(ここ2週間) 自分が役に立つ人間だと思えない	1.はい	(0.いいえ)		
25	(ここ2週間) わけもなく疲れたような感じがする	1.はい	(0.いいえ)	**2**/5	
※赤字はプレ・プランニング時の「気づき促しフレーズ」 「楽しめなくなったり,おっくうになったりするのはなぜですか?」		合計		**9**/25	

236

意欲・動機づけシート

作成日	○○○○ 年	月	日	※記入できるところから楽しみながら記入してください。				
氏名	K. K	年齢	67歳	性別	女性	要支援	2	担当 ○○○○

	私の「楽しみ・生きがい」(CADL) (該当するところに「○」を記入してください)	していた	している	してみたい		私の「楽しみ・生きがい」(CADL) (該当するところに「○」を記入してください)	していた	している	してみたい
1	家事（内容：　）		○		31	読書（内容：歴史の本　）	○		
2	日曜大工（内容：　）「何を作りたいですか？」			○	32	創作（内容：　）			
3	料理作り（内容：　）		○		33	語学（種類：　）			
4	買い物（店：スーパー，ディスカウントストア　内容：食料品・日用品）		○		34	資格（種類：民踊　）	○	○	
5	おしゃれ（内容：　）				35	カルチャー教室（内容：　）			
6	お出かけ（内容：友達，タクシー　）		○		36	絵画（内容：　）			
7	子ども・孫・ひ孫との関わり				37	パソコン・スマホ等（内容：　）			
8	家族・親戚との集まり	○			38	SNS（内容：　）			
9	ペット（種類：　）の世話				39	写真（種類：　）			
10	友達と会話（話題：民踊・世間話　）		○		40	映画・観劇等（内容：　）	○		
11	友達と遊ぶ（内容：外食・買い物　）		○		41	茶道・華道（流派：　）			
12	異性との交流		○		42	歌唱（内容：　）			
13	ランチ・ディナー（店名：　）		○		43	音楽（内容：　）			
14	食べ歩き（店名：　内容：和食　）			○	44	コンサート（内容：　）			
15	お取り寄せ（内容：　）「どこのお店にどなたと行きたいですか？」				45	楽器演奏			
16	ボランティア（無償で民踊を教えたい　）			○	46	遊び（内容：甥とトランプ　）	○		○
17	地域活動（　）「いつから民踊を教えたいですか？」				47	運動（内容：器械体操　）	○		
18	集まり（民踊　）			○	48	散歩（場所：近所を午前中，体調が良い時　）	○	○	
19	お参り（場所：お墓　）				49	アウトドア（内容：　）			
20	史跡巡り（場所：　）「どなたの墓参りに行きたいのですか？」				50	エンタメ（内容：　）			
21	文化施設（内容：　）				51	スポーツ（内容：　）			
22	名所めぐり（場所：　）「いつから再開されたいですか？」				52	観戦（内容：　）			
23	温泉・健康ランド（場所：スーパー銭湯△△の湯　）		○		53	ダンス・踊り（内容：民踊（N流派）：指導者　）	○		
24	国内旅行（場所：全国を民踊で　）		○	○	54	ギャンブル・賭け事（内容：　）			
25	海外旅行（国：ハワイ・中国・インド　）	○			55	投資（種類：　）			
26	手芸（内容：まつり縫い・ボタン付け　）			○	56	祭り（内容：神社　）	○		
27	工芸（内容：　）「どなたと行かれているのですか？」				57	就労（内容：医療事務　）	○		
28	家庭菜園				58	役割（内容：民踊を教えていきたい　）		○	○
29	ガーデニング「どんな服を仕立てたいと思っていらっしゃいますか？」				59				
30	模型（内容：　）				60	「民踊を教える魅力は何ですか？」			

「これができているのは友人やお弟子さんたちのサポートのおかげですか？」

「LINEを使えばできるかもしれません。いかがですか？」

メモ	※スーパー銭湯「△△の湯」の店員は，気さくにあいさつし，声をかけてくれるので，安心して温泉に入ることができる。 ※38歳の時サルコイドーシスを発症して落ち込んだが，職場の仲間や民踊の弟子，近所の友人が支えてくれた。 ※自分は動けなくても，民踊の弟子たちから連絡が来て，民踊のビデオを見たり，シミュレーションをしたりして伝えている。こもりがちな生活になっていたが，自分の民踊で気になることを伝えることで少しずつ元気になっている。要介護3〜4で車いすになっても民踊を教えていきたい気持ちになってきた。

介護予防サービス・支援計画書

●目標とする生活

1日	転倒に注意し，自分の力で身の回りのことや掃除，洗濯を続けていきたい。

●支援計画

アセスメント領域と現在の状況	本人・家族の意欲・意向	領域における課題（背景・原因）	総合的課題	課題に対する目標と具体策の提案	具体策についての意向 本人・家族
運動・移動 体重増により膝痛がある。自宅は手すりの伝い歩き，屋外は杖，買い物はカートで移動している。玄関の上がり框，手すりを支えに移動。	本人：転倒することなく家事や身の回りのことを続けていきたい。	■有　□無 ・左上下肢に麻痺があり，長時間の立位や歩行，身の回りのことが負担である。	・サルコイドーシスによる体調の不安定さがあり，活動に制限がある。体調の不安定さが続くことで，外出や活動の機会が減り，体調が悪化していく恐れがある。 ・腰部脊柱管狭窄症，頚椎症性脊髄症の術後の後遺症で左上下肢に麻痺があり，外出や身の回りのこと，家事全般において負担感がある。 ・体力や筋力，意欲の低下があり，転倒による骨折と精神的に不安定になる恐れがある。	食事内容を改善。 （具体策） ・受診時に内服，疼痛を相談。 ・水分補給とバランスの良い食事。 ・定期的に歯科検診。 ・8時間以上，睡眠する。	本人：感染しやすいので体調管理を行い，体重が増えてきたら食事内容を工夫したい。
日常生活（家庭生活） 長時間の立位が困難。皿洗いと調理は椅子に座ってしている。洗濯物は低い高さに干している。掃除は行えている。	本人：家事を人に頼らずに，できるうちは自分で続けていきたいです。	■有　□無 ・長時間の立位ができず，家事全般に負担がある。 ・外出，買い物などが困難である。		転倒に注意し，身の回りのことや家事を続ける。 （具体策） ・生活空間（住宅改修・福祉用具）の整備。 ・リハビリの評価を受け，自主トレーニング。	本人：特に転倒が心配。手すりを使いこなし，身の回りのことや家事を続けていきたい。
社会参加・対人関係・コミュニケーション 現在の姿を見られたくないため，特定の近所の友人や民踊の弟子のみと交流。医療事務時代の同僚との付き合いは続いている。	本人：民踊は言葉で伝えることはできるので，全国の指導者たちとのつながりを大切にしていきたい。	■有　□無 ・民踊の仲間や友人のみと交流している。 ・左上下肢麻痺で指導に困難。教える機会が減っている。			
健康管理 定期的に病院受診や内服管理をしている。ステロイドを服薬中。食欲はあり，炭水化物や甘い物が好きで野菜は嫌い。体重は増加傾向。	本人：薬の調整で食欲があり，活動（民踊）ができず体重が増えて膝に痛みがあります。	■有　□無 ・内服により，体調や感染症に注意している。 ・栄養が偏った食生活に要注意。		友人や民踊の仲間と協力し，民踊を伝えていく。 （具体策） ・定期的に連絡を取り合う。 ・定期的に交流の場を持つ。	本人：友人や民踊の仲間の手助けもらい民踊の魅力を伝えていきたい。

●健康状態について

□主治医意見書，生活機能評価等を踏まえた留意点

△△病院の医師：上下肢不全麻痺があるので，転倒に注意するようにお願いします。特に左肩，肘の筋力訓練と可動域訓練をお願いします。左肩と足関節の拘縮予防をお願いします。

基本チェックリストの（該当した質問項目数）／（質問項目数）をお書きください。
地域支援事業の場台は必要なプログラムの枠内の数字に○印をつけてください。

	運動不足	栄養改善	口腔内ケア	閉じこもり予防	物忘れ予防	うつ予防
予防給付または地域支援事業	④/5	0/2	0/3	1/2	0/3	②/5

	身の回りのことやリハビリを続けて，民踊を通じた交流や指導を続けている。
1年	

※「総合的課題」「目標」の項目は重要なポイントですので，文字サイズを大きく表記しています。

目標	支援計画					
	目標についての支援のポイント	本人等のセルフケアや家族の支援，インフォーマルサービス	介護保険サービスまたは地域支援事業	サービス種別	事業所	期間
栄養バランスの良い食事をとり，民踊を教えられるように身体機能の改善し，体力をつける。	・内服や食事内容・水分を確認する。 ・内服の副作用による感染症に注意する。 ・生活リズムと夜間の睡眠状況を確認する。 ・体調や活動の状況を確認する。 ・膝の痛みを軽減するために食べ過ぎない。	本人： ・定期受診し，主治医に相談する。 ・手洗いやうがい，歯磨きを行う。 ・栄養バランスと水分補給，内服に注意する。 ・8時間以上の睡眠をとる。 友人： ・受診に立ち会う。 ・安否確認し，緊急時は主治医に連絡。	・主治医の診察，検査，内服や外用薬の調整，助言，緊急時の対応，医療機関との連携。 ・体調管理や内服の確認，体重測定，身体機能の評価，しびれや痛みを確認し，思いを傾聴。 ・口腔や栄養面の評価や説明を行う。	医療機関 介護予防通所リハビリテーション 地域資源	△△総合病院 ○○通所リハビリテーション 友人（M.Kさん）	○年1月31日～○年9月30日
移動時には転倒に注意し，身の回りのことや家事を続ける。	・左上下肢の麻痺や痛みと，日常生活での負担や不安を確認する。 ・内服，外用薬で疼痛の緩和を図り，体力や筋力を付ける。	本人： ・体操やストレッチ。 ・食事の準備，掃除，洗濯。 ・屋内の移動，着替え。 友人： ・安否確認の声かけ。 ・掃除の声かけ，買い物に同行。	・左上下肢の麻痺や疼痛の確認を行い，必要時は検査や内服，外用薬を調整する。 ・玄関の段差解消，台所・浴室前・トイレに手すり設置と段差解消を行う。 ・送迎時に住環境や生活の様子を確認する。	介護予防福祉用具貸与 特定介護予防福祉用具販売 介護予防通所リハビリテーション	□□福祉用具 ○○通所リハビリテーション	○年1月31日～○年9月30日
友人に支えられ民踊の仲間と「民踊の魅力」を伝え続ける。	・民踊仲間との交流を確認する。	本人： ・民踊の相談を受ける。 ・民踊を会場や電話でアドバイスをする。 友人： ・民踊の相談をする。 ・民踊に一緒に出かける。		地域資源	民踊の仲間	○年1月31日～○年9月30日

【本来行うべき支援ができない場合】
妥当な支援の実施に向けた方針

総合的な方針：生活不活発病の改善・予防のポイント

①左上下肢の麻痺やしびれがあるので，体調や生活リズムが整い，リハビリで体力や筋力を付けられるように支援します。②友人や民踊の仲間との交流を図り，楽しみや役割のある生活が送れるように支援します。③一人暮らしであり，親戚や友人，民踊の仲間，「関係機関」とも相談しながら支援します。

地域包括支援センター	【意見】
	【確認印】

計画に関する同意

上記計画について，同意いたします。

　　　　　　　　　○○○○年○月○日　氏名　○○○○

脊柱管狭窄症：
認知症の妻の見守りと執筆の両立に葛藤。地元の偉人の同人誌発行に頑張る

91歳	要介護状態区分	障害高齢者の日常生活自立度	認知症高齢者の日常生活自立度
男性	要支援2	自立・J1・(J2)・A1・A2・B1・B2・C1・C2	(自立)・Ⅰ・Ⅱa・Ⅱb・Ⅲa・Ⅲb・Ⅳ・M

把握経路	1．介護予防検診　(2)　本人からの相談　3．家族からの相談 4．非該当　　　　5．新予防からの移行　6．関係者 7．その他（　　　　　　　　　　　　　　　　　　　　　　　　　）

概要：近所でも評判の90歳を超えた元気夫婦。しかし，半年前の夏に急性膵炎を発症し1カ月入院。安静加療によって筋力が低下した。持病の脊柱管狭窄症で歩行時に痛みとしびれもあったので，さらに活動が減少。下肢筋力が低下した。

妻は，夫が入院した際に，自宅で転倒し，腰部圧迫骨折となった。骨粗鬆症・脊柱管狭窄症も診断され，しばらく寝たきりとなり認知機能が低下する。

夫は退院後，妻に任せていた家事と認知機能が低下した妻の介護を担うことになる。文章を書くためのまとまった時間をつくりにくいが，歴史勉強会に参加し，同人誌への寄稿を続けたいと頑張る。

利用者基本情報

〈基本情報〉

本人の状況	(在宅)・入院または入所中（　　　　　　　　　　　）　身長156cm　体重52kg　BMI21.4
障害等認定	身障（　　　）・療育（　　）・精神（　　）・難病（　　）・その他（　　　　）
本人の住居環境	(自宅)・借家　(一戸建て)・集合住宅　自室（(有)〈 2 階建ての 1 階〉・無） 住宅改修（(有)・無）　浴室（(有)・無）　便所（(洋式)・和式） 段差の問題（(有)・無）　床材，じゅうたんの状況（　　滑りやすさなし　　） 照明の状況（　問題なし　）　履物の状況（　　靴など適切　　）

経済状況	国民年金・(厚生年金)・障害年金・生活保護 その他（　　　　　　　　　　　　）

緊急連絡先	氏名	続柄	住所	連絡先
	○○○○	長男	近隣在住	○○○－○○○○－○○○○
	○○○○	長女	隣県在住	○○○－○○○○－○○○○

家族構成

☆：主たる介護者

月に1回訪問

週末に訪問

91歳　91歳
62歳　65歳(近隣在住)☆　62歳　60歳(隣県在住)
38歳　32歳　32歳　28歳

〈介護予防に関する事項〉

今までの生活	三重県の名門中学・高校を卒業後，東京のK大学に進学。地元のH銀行に勤め，秘書室長や数店舗の支店長を歴任して60歳で定年退職。定年後は地元企業の監査役などを務め，70歳で引退。60歳から82歳まで年に2回は妻と日本全国を旅行した。また，地元出身の蘭学者を研究する会を設立し，その監事を務め，勉強会を開催するほか，会報を隔月で発行し，寄稿もしている。ウォーキングが日課の元気な夫婦として近所でも有名。

	1日の生活・過ごし方	趣味・楽しみ・役割
現在の生活状況	昼食後にその日の夕食のメニューや作り方などを妻と相談し，役割分担を決める。認知症の妻が調理している時は鍋を焦がさないか食卓でパソコン作業をしながら見守る。妻は腰痛のため料理しながら食卓椅子に腰掛け，居眠りすることもある。午後は2階の書斎で執筆活動をしたいが，脇腹痛と脊柱管狭窄症のため階段の上り下りがつらくなっている。	○○図書館で地元の偉人である蘭学者の資料を調べ，会報に寄稿する文章をパソコンで執筆することが生きがい。元銀行員の知識や経験を活かし，研究会の監事や檀家の責任役などで出納関係の雑務を担う。

時間	本人	妻	友人・地域との関係
7：30～8：00	起床。朝食（パンと果物）	起床。朝食	・自動車運転免許証は88歳で返納。
午前	ごみ出し・洗濯	ベッドで寝る	・月1回行われる蘭学者の研究会関連の調べ物で図書館に行く際にはバスやタクシーで移動している。
12：00	配食弁当	配食弁当	・監事をしている研究会の勉強会や檀家の責任役をしているお寺の集まりに参加する際は，研究会の会員が送迎してくれる。
12：30～13：30	妻とコーヒーを飲み談笑。夕食メニューの打ち合わせ	夫とコーヒーを飲み談笑。夕食メニューの打ち合わせ	・研究会の写真資料は長男が休みの日に撮影してきてくれ，長女は月1回様子を見に来る。
13：30～15：00	2階の書斎で執筆活動。または○○図書館で調べもの	庭で散歩	
15：00～17：00	妻の夕食作りのサポート	夕食作り	
18：00	夕食	夕食	
19：00	入浴	入浴	
20：00	入浴後就寝	入浴後就寝	

〈現病歴・既往歴と経過〉（新しいものから書く・現在の状況に関連するものは必ず書く）

年月日	病名	医療機関・医師名（主治医・意見作成者に☆）			経過	治療中の場合は内容
○○年7月7日90歳	急性膵炎，膵嚢胞	○○総合病院		TEL○○○-○○○○-○○○○	治療中 (経観中) その他	
○○年○月○日84歳	脊柱管狭窄症	△△クリニック	△△院長☆	TEL○○○-○○○○-○○○○	(治療中) 経観中 その他	服薬中
○○年○月○日84歳	胃ポリープ，慢性胃炎	△△クリニック	同上	同上	(治療中) 経観中 その他	服薬中
○○年○月○日84歳	高血圧	同上	同上	同上	(治療中) 経観中 その他	服薬中

〈現在利用しているサービス〉

公的サービス	非公的サービス
介護予防住宅改修（階段部手すり），妻の介護予防住宅改修（浴室・トイレ・廊下），介護予防福祉用具貸与（玄関置き型手すり踏み台付き），介護予防福祉用具購入（シャワーいす・浴槽縁手すり），介護予防通所リハ週2回，介護予防訪問介護：夫婦各週1回	配食弁当

アセスメント

個別性のある 「活動」	【料理】夫婦共に煮魚が好き。調理をする妻を本人が見守る。しかし，妻は腰部圧迫骨折後の腰痛のため，調理中に立っているのが難しく，すぐに食堂の椅子に腰掛け，やがて居眠りをしてしまうことが多い。本人も脊柱管狭窄症による下腿後面のしびれ痛があり，見守り中でも立っていられない。本人がパソコン作業中に目を離している間に台所の妻が調理を始めてしまい，魚を焦がして火災警報器が作動したこともある。 【洗濯・掃除】洗濯は本人が行うようになった。掃除はできないので，ヘルパー支援を受ける。
過去も含めた 「参加」	【役割】幕末に活躍した地元出身の蘭学者の研究会を設立し，その活動は現在も続いている。本人と弟子の功績を調べて，世に伝えたい気持ちが強く，会報に寄稿するためにパソコンで文書作成することも覚えた。 【社会貢献】H銀行で秘書室長や支店長を務めていたため，金融・資産運用に詳しく，定年後は多くの地元企業の監査役を務めた。現在も研究会の監事，寺の檀家の責任役を継続して務めている。
個人因子 (性格，価値観， 生活信条，学歴， 職歴など)	【価値観】東京のK大学創立者の理念に影響を受け，自分の良心にしたがって生きてきた。どんな圧力にも屈しない強い気持ちを持ち続けている。 【性格】紳士的で芯は強い。 【生活信条】「良心に従い，真実に向かって生きる」
環境因子 (家族，親族， 近隣，友人， 地域環境など)	【家族】妻と2人暮らし。妻は現在要介護1で軽度の認知症がある。妻は大学の薬学部を卒業。家事が苦手ないわゆる理系女子だったが，夫が仕事に邁進できるよう家庭を守ってくれた。妻は刺繍が趣味。 【長男】両親が居住する団地内に家を建て妻と住む。名古屋の大手企業に勤め，週末に訪問し家事を手伝ってくれる。長男の妻は専業主婦だが，腰部椎間板ヘルニアと坐骨神経痛のため，手伝いには来られない。 【長女】月に1度訪問してくれている。 【仕事関係】銀行時代の友人や学校の同級生など，グループごとに月に1回程度昼食会で集まっている。 【地域】県庁所在地の駅に近い高級団地に住む。周囲には，県庁や役所関係，美術館，博物館，図書館などがあり，便利。
阻害因子 (活動，参加を 阻む要因)	【妻の体調】認知症の妻は「デイサービスなど行きたくない」と言うため，一緒に週2回短時間デイケアを利用。本人は脊柱管狭窄症で下肢のしびれ痛があり，公共交通機関を使用して出かけることがつらくなってきた。 【悩み】研究会の監事，寺の檀家の責任役をそろそろ引退したいと考えているが，後任が見つからない。 【自分時間】研究会の勉強会・会報作成にもっと取り組みたいが，妻の見守りがあり，図書館へ行き資料を集めたりパソコンで集中して執筆したりすることが難しくなっている。
促進因子 (活動，参加を 促す要因)	【誠実さ】良心を大切にし，人生や役割に真摯に向き合う点。 【妻への愛情】妻の意向を尊重し，煮魚を作りたいという気持ちに寄り添っている。 【周囲の期待】研究会や寺の役職を引退したいが，送迎をするので続けてもらいたいと周囲は願っている。 【長男の協力】長男は研究会の会報作成に協力し，写真の撮影をしてくれる。

本人居室

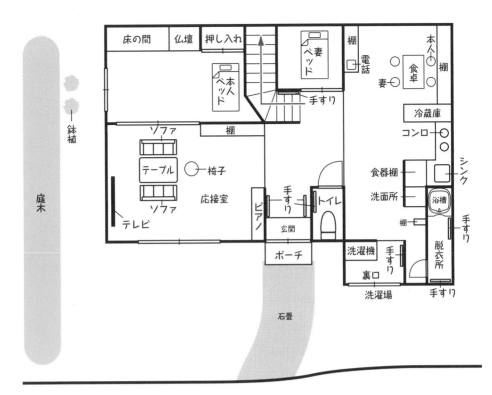

支え合い周辺マップ

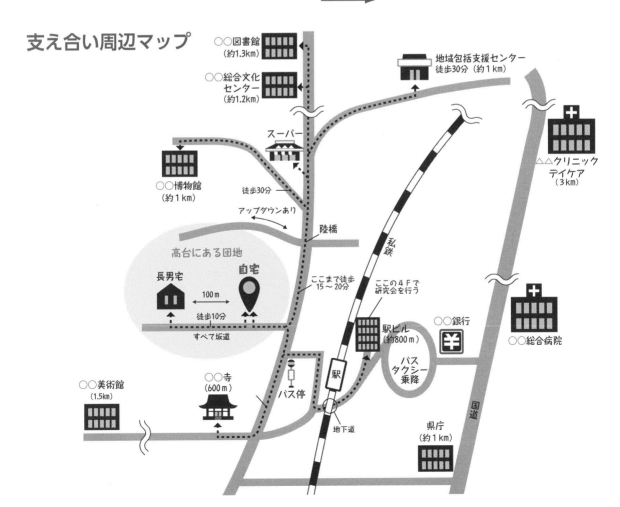

基本チェックリスト

No.	質問項目	回答 (いずれかに○を お付けください)		点数	事業 対象者 判定
1	バスや電車で1人で外出していますか	(0.はい)	1.いいえ		「困ったことは ありますか?」
2	日用品の買い物をしていますか	0.はい	(1.いいえ)		
3	預貯金の出し入れをしていますか	(0.はい)	1.いいえ		「外出先でどのように 工夫されていますか?」
4	友人の家を訪ねていますか	0.はい	(1.いいえ)		
5	家族や友人の相談にのっていますか	(0.はい)	1.いいえ	**2**/5	
6	階段を手すりや壁をつたわらずに昇っていますか	0.はい	(1.いいえ)		「何分くらい, どこまで歩いて 行かれるのですか?」
7	椅子に座った状態から何もつかまらずに立ち上がっていますか	0.はい	(1.いいえ)		
8	15分位続けて歩いていますか	(0.はい)	1.いいえ		3点~ 該当
9	この1年間に転んだことがありますか	(1.はい)	0.いいえ		
10	転倒に対する不安は大きいですか	(1.はい)	0.いいえ	**4**/5	
11	6カ月間で2~3kg以上の体重減少がありましたか	1.はい	(0.いいえ)		2点~ 該当
12	身長(156)cm,体重(52)kg ⇒ BMI=(21.4) ※(注) 参照			**0**/2	
13	半年前に比べて固いものが食べにくくなりましたか	1.はい	(0.いいえ)		2点~ 該当
14	お茶や汁物等でむせることがありますか	1.はい	(0.いいえ)		
15	口の渇きが気になりますか	1.はい	(0.いいえ)	**0**/3	
16	週に1回以上は外出していますか	(0.はい)	1.いいえ		「16」が 「いいえ」 で該当
17	昨年と比べて外出の回数が減っていますか	(1.はい)	0.いいえ	**1**/2	
18	周りの人から「いつも同じ事を聞く」などの物忘れがあると言われますか	1.はい	(0.いいえ)		「どのような気持ちに なりますか?」
19	自分で電話番号を調べて,電話をかけることをしていますか	(0.はい)	1.いいえ		1点~ 該当
20	今日が何月何日かわからない時がありますか	(1.はい)	0.いいえ	**1**/3	
(注) BMI=体重(kg)÷身長(m)÷身長(m)が 18.5未満の場合に1点とする。		小計		**8**/20	10点~ 該当
21	(ここ2週間)毎日の生活に充実感がない	(1.はい)	0.いいえ		「どのような時に, 楽しめなかったり, おっくうになったり, 疲れたと感じたり するのですか?」
22	(ここ2週間)これまで楽しんでやれていたことが楽しめなくなった	(1.はい)	0.いいえ		
23	(ここ2週間)以前は楽にできていたことが今ではおっくうに感じられる	(1.はい)	0.いいえ		
24	(ここ2週間)自分が役に立つ人間だと思えない	1.はい	(0.いいえ)		2点~ 該当
25	(ここ2週間)わけもなく疲れたような感じがする	(1.はい)	0.いいえ	**4**/5	

質問項目の左側の区分:運動機能、栄養状態、口腔機能、閉じこもり、認知機能、うつ病の可能性

赤字のコメント:
- 「どのような気持ちになりますか?」(No.1~5付近)
- 「転倒の不安を感じるのはどこですか?」(No.8付近)
- 「ご自分では何が原因だと思われますか?」(No.16付近)

※**赤字はプレ・プランニング時の**
「気づき促しフレーズ」

	合計	**12**/25

意欲・動機づけシート

作成日 ○○○○ 年 5 月 20 日　※記入できるところから楽しみながら記入してください。

| 氏名 | N.T | 年齢 | 91歳 | 性別 | 男性 | 要支援 | 2 | 担当 | ○○○○ |

#	私の「楽しみ・生きがい」(CADL)（該当するところに「○」を記入してください）	していた	している	してみたい	#	私の「楽しみ・生きがい」(CADL)（該当するところに「○」を記入してください）	していた	している	してみたい
1	家事（内容：洗濯，掃除）		○		31	読書（内容：歴史物語・日本文学　）		○	
2	日曜大工（内容：　）				32	創作（内容：　）			
3	料理作り（内容：朝食，夕食）		○		33	語学（種類：　）			
4	買い物（店：生協の宅配サービス　内容：日用品）		○		34	資格（種類：　）			
5	おしゃれ（内容：　）	○		○	35	カルチャー教室（内容：○○○○研究会　）		○	
6	お出かけ（内容：病院，○○○○研究会，老人会）		○		36	絵画（内容：　）			
7	子ども・孫・ひ孫との関わり		○		37	パソコン・スマホ等（内容：投稿・寄稿・書類作成　）		○	
8	家族・親戚との集まり		○		38	SNS（内容：　）			
9	ペット（種類：　）の世話				39	写真（種類：スナップ・花・旅　）		○	
10	友達と会話（話題：現役時代の思い出，持病，健康）				40	映画・観劇等（内容：能楽　）		○	
11	友達と遊ぶ（内容：旅行，ゴルフ　）	○			41	茶道・華道（流派：裏千家茶道　）		○	
12	異性との交流（内容：同窓会　）	○			42	歌唱（内容：謡曲　）		○	
13	ランチ・ディナー（店名：○○ホテル　）	○	○		43	音楽（内容：　）			
14	食べ歩き（店名：○○，○○　内容：寿司，肉料理）		○		44	コンサート（内容：　）			
15	お取り寄せ（内容：鰻，配食弁当　）		○		45	楽器演奏（内容：　）			
16	ボランティア（　）				46	遊び（内容：　）			
17	地域活動（文化活動，寺行事　）		○		47	運動（内容：　）			
18	集まり（　）				48	散歩（場所：自宅周辺　）		○	
19	お参り（場所：伊勢神宮　）		○		49	アウトドア（内容：　）			
20	史跡巡り（場所：全国各地　）	○		○	50	エンタメ（内容：　）			
21	文化施設（内容：美術館，博物館　）		○		51	スポーツ（内容：ゴルフ　）	○		
22	名所めぐり（場所：全国各地　）	○		○	52	観戦（内容：プロ野球・中日ファン　）		○	
23	温泉・健康ランド（場所：全国各地　）	○		○	53	ダンス・踊り（内容：　）			
24	国内旅行（場所：全国各地　）	○		○	54	ギャンブル・賭け事（内容：　）			
25	海外旅行（国：ヨーロッパ・中国・オーストラリア）	○			55	投資（種類：資産運用　）		○	
26	手芸（内容：　）				56	祭り（内容：　）			
27	工芸（内容：　）				57	就労（内容：　）			
28	家庭菜園（内容：　）				58	役割（内容：○○○○研究会監事，○○寺責任役）		○	
29	ガーデニング（内容：芝生・花・鉢植え　）	○	○		59				
30	模型（内容：　）				60				

「すごいですね！どのようにしていらっしゃるのですか？」

「どのようなおしゃれを楽しみたいですか？」

「どなたと，どこに行かれるのですか？」

「いつごろ，どこに行きたいですか？」

「91歳でこれはスゴイ！いつまで続けたいと思っていらっしゃいますか？」

「もし再開できるなら，特にやりたいものはどれですか？」

「自宅周辺の散歩でどのような楽しみがありますか？」

「どの選手のファンですか？」

「後継者として託したい人はいらっしゃいますか？」

メモ

※赤字はプレ・プランニング時の「気づき促しフレーズ」

介護予防サービス・支援計画書

●目標とする生活

1日	煮魚を調理したい妻をサポートしながら，集中して原稿を書く時間を確保する。

●支援計画

アセスメント領域と現在の状況	本人・家族の意欲・意向	領域における課題（背景・原因）	総合的課題	課題に対する目標と具体策の提案	具体策についての意向本人・家族
運動・移動 半年前に浴室で滑って転倒。左脇腹を強打し，急性膵炎を発症する。3週間入院して安静加療。足腰の力が弱り，2階に上がれなくなった。	本人：首から下が思うように動かない。妻が認知症となり，妻に任せていた家事をしなければならないが，困難である。	■有 □無 整形疾患があり，動線が狭い自宅で慣れない家事をするのは困難。	夫婦共に煮魚が好きだが，認知症の妻が鍋を焦がすことが多く，常時見守りが必要である。	妻が好きな魚の料理ができる。	妻が魚を煮る時に見守りを行う。
日常生活（家庭生活） 妻が転倒で腰部打撲し，脊柱管狭窄症も発症。一時寝たきり状態になったため，掃除，洗濯は本人が行うようになる。	本人：妻が通販で大量注文したり調理時に鍋焦がしするため，妻と一緒に食事を作る。レトルト食品が多い。	■有 □無 自分たちで調理した魚を食べたい。掃除は下肢のしびれもあるのでつらい。	掃除は2人ともできないため，部屋が散らかり転倒の危険がある。	転倒しないために室内環境の整備をする。 ・ヘルパーの掃除支援。 ・転倒防止の手すりを設置。	・掃除は，ヘルパーさんにお願いしたい。 ・手すりは風呂場，トイレ，玄関，階段にほしい。
社会参加・対人関係・コミュニケーション 研究会の監事や檀家の責任役などを送迎付きで継続している。認知機能の低下はない。	本人：図書館で地元の偉人の史実を調べて寄稿したり，会報作りを続けたい。	■有 □無 会報の集まりに行きたいが，妻の見守りが必要なため執筆作業もはかどらない。	妻の調理の見守りで集中できず，パソコン執筆と会報の定期発行に支障が出ている。	パソコン執筆のために妻が介護サービスを利用する。	デイサービスに行っている時に集中して執筆できるとよい。
健康管理について 急性膵炎は回復したが，体力低下を自覚。脊柱管狭窄症でしびれがあるため，バスでの通院ができなくなり，タクシーで通院。	本人：デイケアを利用した日は下肢のしびれで動けなくなることが減った。	■有 □無 脊柱管狭窄の疼痛コントロールが困難，鎮痛剤で調整し，活動も調整している。	下肢の筋力低下のリスクが高い。下肢のしびれを改善し外出の機会を増やす必要がある。	妻と共に自宅周辺を30分程度散歩する。	以前は，○○図書館まで夫婦で散歩していた。新しい散歩コースを作りたい。

●健康状態について

□主治医意見書，生活機能評価等を踏まえた留意点

> 84歳の時より，慢性胃炎・高血圧治療中。当初めまいがあったが，現在は安定している。大学病院で膵嚢胞フォロー中。昨年7月，急性膵炎にて治療。脊柱管狭窄症は疼痛コントロールを受けているが，すっきりしない。転倒・移動能力の低下・心肺機能の低下・閉じこもり・意欲低下のリスクがある。

基本チェックリストの（該当した質問項目数）／（質問項目数）をお書きください。
地域支援事業の場合は必要なプログラムの枠内の数字に○印をつけてください。

	運動不足	栄養改善	口腔内ケア	閉じこもり予防	物忘れ予防	うつ予防
予防給付または地域支援事業	4/5	0/2	0/3	1/2	1/3	4/5

1年	妻と支え合いながら，地元の偉人の功績を調べ，勉強会に参加し，1年後も会報の定期発行を続けている。

※「総合的課題」「目標」の項目は重要なポイントですので，文字サイズを大きく表記しています。

目標	支援計画					
	目標についての支援のポイント	本人等のセルフケアや家族の支援，インフォーマルサービス	介護保険サービスまたは地域支援事業	サービス種別	事業所	期間
夕食には妻が調理した煮魚を2人でおいしく食べる。	①妻が料理できるよう本人がサポートする。②体力アップと疼痛コントロール。	・生協の宅配サービスと配食サービスを利用・毎日，メニューや手順を妻と確認・妻の日課に合わせて時間調整する	台所の整理整頓，メニューの助言 健康チェックと疼痛コントロール 気分転換と認知症ケアへの助言	本人 介護予防訪問介護 介護予防通所リハ	本人 介護センター○○ △△クリニック	○○年5月1日〜○○年11月30日
転倒の危険が高い屋内の住環境を整備し，転倒予防を行う。	浴室・脱衣場・トイレ・洗濯場・干し場・玄関・2階書斎までの動線・環境を確認し，対策する。	家事を効率的かつ安全に行うための住環境の整備。	掃除 浴室・トイレ・廊下・階段に手すり 浴室シャワーいす 玄関の上がり框に踏み台付き手すり	介護予防訪問介護 介護予防住宅改修 介護予防福祉用具購入 介護予防福祉用具貸与	介護センター○○ ○○テクノサービス	○○年5月1日〜○○年11月30日
妻の介護と執筆を両立させ，会報を隔月で出す。	妻がデイサービスを利用している時に時間を確保する。	・本人が執筆活動に取り組める環境づくり・長男の声かけと仲間の送迎支援・○○交通のバス利用		本人 家族 地域資源	本人 長男 ○○研究会の皆さん	○○年5月1日〜○○年11月30日
1日1回は妻と自宅周辺の散歩を行う。	薬を調整し，痛みを軽減する。	歩行器貸与を検討する。	歩行器貸与 転倒予防教室 移動・歩行訓練	介護予防福祉用具貸与 デイケア	○○テクノサービス 地域包括支援センター △△クリニック	○○年5月1日〜○○年11月30日

【本来行うべき支援ができない場合】
妥当な支援の実施に向けた方針

地域包括支援センター	【意見】ご無理なさらず，転倒に気をつけ，お過ごしください
	【確認印】

総合的な方針：生活不活発病の改善・予防のポイント

新たに家事を役割分担し，妻の○○さんが煮魚を無事に作り2人で食べられるよう，介護保険も利用して生活環境を整えられるように支援します。研究会の会報が今後も発行できるよう疼痛コントロールを行いましょう。妻の○○さんの介護サービスを整え，執筆の時間確保の調整についても支援していきます。

計画に関する同意

上記計画について，同意いたします。

○○○○年○月○日　氏名　○○○○

「介護サービス計画書の様式及び課題分析標準項目の提示について」の一部改正について（令和5年10月16日）

	新	

基本情報に関する項目

No.	標準項目名	項目の主な内容（例）
1	基本情報（受付，利用者等基本情報）	居宅サービス計画作成についての利用者受付情報（受付日時，受付対応者，受付方法等），利用者の基本情報（氏名，性別，生年月日，住所，電話番号等の連絡先），利用者以外の家族等の基本情報，居宅サービス計画作成の状況（初回，初回以外）について記載する項目
2	これまでの生活と現在の状況	利用者の現在の生活状況，これまでの生活歴等について記載する項目
3	利用者の社会保障制度の利用情報	利用者の被保険者情報（介護保険，医療保険等），年金の受給状況（年金種別等），生活保護受給の有無，障害者手帳の有無，その他の社会保障制度等の利用状況について記載する項目
4	現在利用している支援や社会資源の状況	利用者が現在利用している社会資源（介護保険サービス・医療保険サービス・障害福祉サービス，自治体が提供する公的サービス，フォーマルサービス以外の生活支援サービスを含む）の状況について記載する項目
5	日常生活自立度（障害）	「障害高齢者の日常生活自立度（寝たきり度）」について，現在の要介護認定を受けた際の判定（判定結果，判定を確認した書類（認定調査票，主治医意見書），認定年月日），介護支援専門員からみた現在の自立度について記載する項目
6	日常生活自立度（認知症）	「認知症高齢者の日常生活自立度」について，現在の要介護認定を受けた際の判定（判定結果，判定を確認した書類（認定調査票，主治医意見書），認定年月日），介護支援専門員からみた現在の自立度について記載する項目
7	主訴・意向	利用者の主訴や意向について記載する項目 家族等の主訴や意向について記載する項目
8	認定情報	利用者の認定結果（要介護状態区分，審査会の意見，区分支給限度額等）について記載する項目
9	今回のアセスメントの理由	今回のアセスメントの実施に至った理由（初回，要介護認定の更新，区分変更，サービスの変更，退院・退所，入所，転居，そのほか生活状況の変化，居宅介護支援事業所の変更等）について記載する項目

課題分析（アセスメント）に関する項目

No.	標準項目名	項目の主な内容（例）
10	健康状態	利用者の健康状態及び心身の状況（身長，体重，BMI，血圧，既往歴，主傷病，症状，痛みの有無，褥そうの有無等），受診に関する状況（かかりつけ医・かかりつけ歯科医の有無，その他の受診先，受診頻度，受診方法，受診時の同行者の有無等），服薬に関する状況（かかりつけ薬局・かかりつけ薬剤師の有無，処方薬の有無，服薬している薬の種類，服薬の実施状況等），自身の健康に対する理解や意識の状況について記載する項目

基本情報に関する項目

No.	標準項目名	項目の主な内容（例）
1	基本情報（受付，利用者等基本情報）	居宅サービス計画作成についての利用者受付情報（受付日時，受付対応者，受付方法等），利用者の基本情報（氏名，性別，生年月日，住所，電話番号等の連絡先），利用者以外の家族等の基本情報について記載する項目
2	生活状況	利用者の現在の生活状況，生活歴等について記載する項目
3	利用者の被保険者情報	利用者の被保険者情報（介護保険，医療保険，生活保護，身体障害者手帳の有無等）について記載する項目
4	現在利用しているサービスの状況	介護保険給付の内外を問わず，利用者が現在受けているサービスの状況について記載する項目
5	障害老人の日常生活自立度	障害老人の日常生活自立度について記載する項目
6	認知症である老人の日常生活自立度	認知症である老人の日常生活自立度について記載する項目
7	主訴	利用者及びその家族の主訴や要望について記載する項目
8	認定情報	利用者の認定結果（要介護状態区分，審査会の意見，支給限度額等）について記載する項目
9	課題分析（アセスメント）理由	当該課題分析（アセスメント）の理由（初回，定期，退院退所時等）について記載する項目

課題分析（アセスメント）に関する項目

No.	標準項目名	項目の主な内容（例）
10	健康状態	利用者の健康状態（既往歴，主傷病，症状，痛み等）について記載する項目

No.	標準項目名	項目の主な内容（例）
11	ADL	ADL（寝返り，起きあがり，座位保持，立位保持，立ち上がり，移乗，移動方法（杖や車椅子の利用有無等を含む），歩行，階段昇降，食事，整容，更衣，入浴，トイレ動作等）に関する項目
12	IADL	IADL（調理，掃除，洗濯，買物，服薬管理，金銭管理，電話，交通機関の利用，車の運転等）に関する項目
13	認知機能や判断能力	日常の意思決定を行うための認知機能の程度，判断能力の状況，認知症と診断されている場合の中核症状及び行動・心理症状の状況（症状が見られる頻度や状況，背景になりうる要因等）に関する項目
14	コミュニケーションにおける理解と表出の状況	コミュニケーションの理解の状況，コミュニケーションの表出の状況（視覚，聴覚等の能力，言語・非言語における意思疎通），コミュニケーション機器・方法等（対面以外のコミュニケーションツール（電話，PC，スマートフォン）も含む）に関する項目
15	生活リズム	1日及び1週間の生活リズム・過ごし方，日常的な活動の程度（活動の内容・時間，活動量等），休息・睡眠の状況（リズム，睡眠の状況（中途覚醒，昼夜逆転等）等）に関する項目
16	排泄の状況	排泄の場所・方法，尿・便意の有無，失禁の状況等，後始末の状況等，排泄リズム（日中・夜間の頻度，タイミング等），排泄内容（便秘や下痢の有無等）に関する項目
17	清潔の保持に関する状況	入浴や整容の状況，皮膚や爪の状況（皮膚や爪の清潔状況，皮膚や爪の異常の有無等），寝具や衣類の状況（汚れの有無，交換頻度等）に関する項目
18	口腔内の状況	歯の状態（歯の本数，欠損している歯の有無等），義歯の状況（義歯の有無，汚れ・破損の有無等），かみ合わせの状態，口腔内の状態（歯の汚れ，舌苔・口臭の有無，口腔乾燥の程度，腫れ・出血の有無等），口腔ケアの状況に関する項目
19	食事摂取の状況	食事摂取の状況（食形態，食事回数，食事の内容，食事量，栄養状態，水分量，食事の準備をする人等），摂食嚥下機能の状態，必要な食事の量（栄養，水分量等），食事制限の有無に関する項目
20	社会との関わり	家族等との関わり（家庭内での役割，家族等との関わりの状況（同居でない家族等との関わりを含む）等），地域との関わり（参加意欲，現在の役割，参加している活動の内容等），仕事との関わりに関する項目
21	家族等の状況	本人の日常生活あるいは意思決定に関わる家族等の状況（本人との関係，居住状況，年代，仕事の有無，情報共有方法等），家族等による支援への参加状況（参加意思，現在の負担感，支援への参加による生活の課題等），家族等について特に配慮すべき事項に関する項目
22	居住環境	日常生活を行う環境（浴室，トイレ，食事をとる場所，生活動線等），居住環境においてリスクになりうる状況（危険個所の有無，整理や清掃の状況，室温の保持，こうした環境を維持するための機器等），自宅周辺の環境やその利便性等について記載する項目
23	その他留意すべき事項・状況	利用者に関連して，特に留意すべき状況（虐待，経済的困窮，身寄りのない方，外国人の方，医療依存度が高い状況，看取り等），その他生活に何らかの影響を及ぼす事項に関する項目

旧

No.	標準項目名	項目の主な内容（例）
11	ADL	ADL（寝返り，起きあがり，移乗，歩行，着衣，入浴，排泄等）に関する項目
12	IADL	IADL（調理，掃除，買物，金銭管理，服薬状況等）に関する項目
13	認知	日常の意思決定を行うための認知能力の程度に関する項目
14	コミュニケーション能力	意思の伝達，視力，聴力等のコミュニケーションに関する項目
15	社会との関わり	社会との関わり（社会的活動への参加意欲，社会との関わりの変化，喪失感や孤独感等）に関する項目
16	排尿・排便	失禁の状況，排尿排泄後の後始末，コントロール方法，頻度などに関する項目
17	褥そう・皮膚の問題	褥そうの程度，皮膚の清潔状況等に関する項目
18	口腔衛生	歯・口腔内の状態や口腔衛生に関する項目
19	食事摂取	食事摂取（栄養，食事回数，水分量等）に関する項目
20	問題行動	問題行動（暴言暴行，徘徊，介護の抵抗，収集癖，火の不始末，不潔行為，異食行動等）に関する項目
21	介護力	利用者の介護力（介護者の有無，介護者の介護意思，介護負担，主な介護者に関する情報等）に関する項目
22	居住環境	住宅改修の必要性，危険個所等の現在の居住環境について記載する項目
23	特別な状況	特別な状況（虐待，ターミナルケア等）に関する項目

意欲・動機づけシート

		作成日		年		月		日	※記入できるところから楽しみながら記入してください。
氏名				年齢			性別		要支援		担当		

	私の「楽しみ・生きがい」(CADL) (該当するところに 「○」を記入してください)	していた	している	してみたい		私の「楽しみ・生きがい」(CADL) (該当するところに 「○」を記入してください)	していた	している	してみたい
1	家事 (内容：　　　　　)				31	読書 (内容：　　　　　)			
2	日曜大工 (内容：　　　　　)				32	創作 (内容：　　　　　)			
3	料理作り (内容：　　　　　)				33	語学 (種類：　　　　　)			
4	買物 (店：　　内容：　　)				34	資格 (種類：　　　　　)			
5	おしゃれ (内容：　　　　　)				35	カルチャー教室 (内容：　　　　　)			
6	お出かけ (内容：　　　　　)				36	絵画 (内容：　　　　　)			
7	子ども・孫・ひ孫との関わり				37	パソコン・スマホ等 (内容：　　　　　)			
8	家族・親戚との集り				38	SNS (内容：　　　　　)			
9	ペット（種類：　　　）の世話				39	写真 (種類：　　　　　)			
10	友達と会話 (話題：　　　　　)				40	映画・観劇等 (内容：　　　　　)			
11	友達と遊ぶ (内容：　　　　　)				41	茶道・華道 (流派：　　　　　)			
12	異性との交流 (内容：　　　　　)				42	歌唱 (内容：　　　　　)			
13	ランチ・ディナー (店名：　　　　　)				43	音楽 (内容：　　　　　)			
14	食べ歩き (店名：　　内容：　)				44	コンサート (内容：　　　　　)			
15	お取り寄せ (内容：　　　　　)				45	楽器演奏 (内容：　　　　　)			
16	ボランティア (　　　　　　　)				46	遊び (内容：　　　　　)			
17	地域活動 (　　　　　　　)				47	運動 (内容：　　　　　)			
18	集り (　　　　　　　)				48	散歩 (場所：　　　　　)			
19	お参り (場所：　　　　　)				49	アウトドア (内容：　　　　　)			
20	史跡巡り (場所：　　　　　)				50	エンタメ (内容：　　　　　)			
21	文化施設 (内容：　　　　　)				51	スポーツ (内容：　　　　　)			
22	名所めぐり (場所：　　　　　)				52	観戦 (内容：　　　　　)			
23	温泉・健康ランド (場所：　　　　　)				53	ダンス・踊り (内容：　　　　　)			
24	国内旅行 (場所：　　　　　)				54	ギャンブル・賭け事 (内容：　　　　　)			
25	海外旅行 (国：　　　　　)				55	投資 (種類：　　　　　)			
26	手芸 (内容：　　　　　)				56	祭り (内容：　　　　　)			
27	工芸 (内容：　　　　　)				57	就労 (内容：　　　　　)			
28	家庭菜園 (内容：　　　　　)				58	役割 (内容：　　　　　)			
29	ガーデニング (内容：　　　　　)				59				
30	模型 (内容：　　　　　)				60				
メモ									

作成：高室成幸　　　　このシートはダウンロードしてお使いいただけます。ダウンロードの方法は目次（P.8）をご覧ください。

252

あとがき

　2019年に『本人を動機づける介護予防ケアプラン作成ガイド』を高室氏と執筆してから5年が経過しました。その間に歴史的な出来事がありました。2020年2月5日，大型客船ダイヤモンド・プリンセス号の乗客・乗員に新型コロナウイルス感染症が確認された時から，「三密禁止」がスタンダードとなり，世界は一変しました。

　対面での研修はキャンセルが続き，希望となったのはオンライン研修への移行でした。この種のスキルが全くなかった私は，大学などで必死に研修を受け，5月ごろからは大学の授業やゼミをすべてオンラインで行うことができるようになりました。ケアマネジャーの法定研修も，万全の感染防止対策が行われ，同時並行でオンライン研修への移行を進めることができました。

　しかし，遠方にある実家では，深刻な事態が進んでいました。高齢の両親への感染を避けるため，私は3年という長い期間，帰省を控えていました。電話で話す母の声はいつも元気があり，ひとまず安心していたのですが，3年後の親族旅行で，私は深刻な現実に向き合うことになりました。

　85歳になった父は，脊柱管狭窄症のため杖をつき，脚を震わせながら歩いていました。78歳になった母は，何度も同じ話題を繰り返し，料理を父に任せるようになっていました。コロナ禍で，地域の集まりも，母が大好きだった神社で集う太極拳もカラオケもなくなり，家に閉じこもる生活を送っていたためです。後日，母はアルツハイマー型認知症と診断されました。

　これは，私の両親に限ったことではなく，日本全体の高齢者の状況だったのではないでしょうか。コロナ禍で高齢者の心身の状態は確実に悪化したのです。私たちは，「人とかかわる活動的で文化的な日常生活」がどれほど大切で必要なのかという経験をしました。

　本書は，専門職の皆さんが，要支援となった高齢者に充実して豊かで文化的な生活を送ってもらうためのサポートをしていただくことを目指しています。21の記載事例はICFとCADLの視点に立ち，健康・医療面に配慮し，間取り図や周辺支え合いマップで見える化も図りました。

　本書を通じて「自立・自律とモチベーションアップへの支援」と「目標指向型」を可能とするCADLの視点を活かし，本人と作る介護予防ケアプランになることを願っています。

　そして，次に目指すステージは「自分で作る（セルフ）介護予防ケアプラン」への支援ではないかと，私は期待しています。

奥田亜由子

主な参考文献

1）高室成幸，奥田亜由子：本人を動機づける 介護予防ケアプラン作成ガイド，日総研出版，2019.

2）高室成幸：介護予防ケアマネジメント〜「質問力」で磨こうアセスメントとプランニング〜，中央法規出版，2007.

3）高室成幸：30のテーマでわかる! 地域ケア会議コーディネートブック，第一法規出版，2018.

4）高室成幸：ケアマネ・福祉職のためのモチベーションマネジメント〜折れない心を育てる21の技法〜，中央法規出版，2020.

5）上田敏：ICFの理解と活用〜人が「生きること」「生きることの困難（障害)」をどうとらえるか〜，KSブックレット，No.5，きょうされん，萌文社（発売)，2005.

6）日本作業療法士協会編著：事例で学ぶ生活行為向上マネジメント 第2版，医歯薬出版，2021.

7）辻一郎監修，三菱総合研究所ヒューマン・ケア研究グループ編：実践事例で学ぶ介護予防ケアマネジメントガイドブック，中央法規出版，2007.

8）服部真治，結城康博監修，総合事業・介護予防ケアマネジメント研究会編著：入門 介護予防ケアマネジメント〜新しい総合事業対応版〜，ぎょうせい，2016.

著者略歴

たか むろ しげ ゆき
高室成幸
ケアタウン総合研究所 代表／ケアプラン評論家
CADL（文化的日常生活活動・行為）理論提唱者

　京都市生まれ。日本福祉大学社会福祉学部卒業。「分かりやすく元気が湧いてくる講師」として全国のケアマネジャー，地域包括支援センター，施設リーダーの研修で活躍中。受講者は延べ22万人。その指導方法には定評があり，対面からオンラインまで柔軟に対応している。

　主なテーマは，ケアマネジメント，施設マネジメント，介護予防ケアマネジメント，地域ケア会議，ハラスメント，モチベーション，質問力，ファシリテーション，ケアプラン点検など幅広く，「ケアマネジメントのイノベーション」を目指して執筆活動を展開。

　主な著書に，『本人を動機づける介護予防ケアプラン 作成ガイド』（共著：日総研出版），『地域包括ケア時代の施設ケアプラン記載事例集～チームケア実践～』（共著：日総研出版），『ケアマネ育成指導者用講義テキスト』（日総研出版），『新・ケアマネジメントの仕事術』（中央法規出版），『ケアマネジャーの質問力』（中央法規出版），『ケアマネジャーの会議力』（中央法規出版），『ケアマネ・福祉職のためのモチベーションマネジメント～折れない心を育てる21の技法～』（中央法規出版），『30のテーマでわかる！ 地域ケア会議コーディネートブック』（第一法規出版）など多数。近著に『利用者・家族に伝わるケアプラン書き方術』（中央法規出版）がある。

　業界の雑誌・ネットサイトにも多数寄稿。

　日本ケアマネジメント学会会員，日本福祉大学ケアマネジメント技術研究会会員，次世代ケアマネジメント研究会副理事長。

公式サイト　http://caretown.com/

おく だ あ ゆ こ
奥田亜由子
（主任介護支援専門員・社会福祉士・成年後見人）
ふくしの人づくり研究所 所長
日本ケアマネジメント学会 理事／認定ケアマネジャー
日本福祉大学大学院 社会福祉学 福祉マネジメント学修士

　日本福祉大学社会福祉学部卒業後，知的障害者入所施設の生活指導員を経て，愛知県高浜市在宅介護支援センターでソーシャルワーカー（社会福祉士）として勤務。平成11年から介護支援専門員も兼務し，特別養護老人ホームの施設ケアマネジャーと居宅介護支援事業所のケアマネジャーとしても実践を重ねる。介護支援専門員の実務研修・更新研修・主任介護支援専門員研修などの指導者となる。

　これまで，日本福祉大学，立教大学，金城学院大学の非常勤講師を歴任。日本福祉大学ケアマネジメント技術研究会会員，日本福祉大学福祉社会開発研究所客員研究所員。現在もNPO法人でケアマネジャーとして利用者を支援している。

　著書に，『地域包括ケア時代の施設ケアプラン記載事例集～チームケア実践～』（共著：日総研出版），『ケアマネジメントの実務』（共著：新日本法規出版），『多職種連携の技術』（共著：中央法規出版）などがある。

公式サイト　https://carecare.net/about/

事例協力者（50音順）

阿部鮎美	主任介護支援専門員／看護師／社会福祉士／認定ケアマネジャー
天川　恵	主任介護支援専門員／社会福祉主事
大河内美穂	主任介護支援専門員／介護福祉士
神澤　都	主任介護支援専門員／社会福祉士／精神保健福祉士 介護福祉士／認知症ケア専門士
北村由佳	主任介護支援専門員／看護師／社会福祉士／認定ケアマネジャー
砂川由美子	主任介護支援専門員／看護師／認定ケアマネジャー
髙橋寛美	主任介護支援専門員／社会福祉士／介護福祉士
瀧ノ上将司	主任介護支援専門員／介護福祉士
竹内伸全	主任介護支援専門員／社会福祉士／精神保健福祉士
出張由起	主任介護支援専門員／社会福祉士／歯科衛生士
中村丈康	主任介護支援専門員／社会福祉士
古澤悦子	主任介護支援専門員／社会福祉士／介護福祉士
堀内範海	主任介護支援専門員／社会福祉士
山本哲也	社会福祉士／介護福祉士

目標指向型　介護予防ケアプラン記載事例集

2024年3月29日 発行　　第1版第1刷

著者：高室成幸　奥田亜由子©
（たか むろ しげ ゆき）　（おく だ あ ゆ こ）

企　画：日総研グループ
代　表　岸田良平
発行所：日総研出版

本部　〒451-0051 名古屋市西区則武新町3-7-15（日総研ビル）
☎ (052) 569-5628　　FAX (052) 561-1218

日総研お客様センター
名古屋市中村区則武本通1-38
日総研グループ縁ビル　〒453-0017
電話 ☎ 0120-057671　FAX 0120-052690

［札　幌］☎ (011)272-1821　［仙　台］☎ (022)261-7660　［東　京］☎ (03)5281-3721
［名古屋］☎ (052)569-5628　［大　阪］☎ (06)6262-3215　［広　島］☎ (082)227-5668
［福　岡］☎ (092)414-9311　［編　集］☎ (052)569-5665